Thomas Fontaine

DÉPORTATIONS & GÉNOCIDE
l'impossible oubli

Ce livre a été réalisé à l'initiative de la Fédération nationale des déportés et internés, résistants et patriotes (FNDIRP).

Il est publié avec la participation de la Direction de la mémoire, du patrimoine et des archives (DMPA), Secrétariat général pour l'administration du ministère de la Défense.

Tallandier

Remerciements

Ce livre est le fruit d'un travail mené conjointement avec **la FNDIRP**, qui m'a demandé de réécrire *L'Impossible Oubli*, sa plaquette éditée pour la première fois en 1970. Il n'aurait pu être réalisé sans le concours et l'appui constant du secrétaire général, Robert Créange, et du personnel de la fédération, tout particulièrement Irène Michine, Danièle Baron, Andrée Carment et Dominique Vitrant. Merci de leur confiance et de leur patience !

Un merci particulier à Hélène Renauld, qui a réussi la mise en page de ce livre.

Ce livre doit beaucoup à tous ceux qui y ont contribué, en m'offrant textes et conseils tout au long de ce travail :

Jean-Luc Bellanger, ancien déporté dans les prisons du Reich, journaliste, membre de la Commission histoire-mémoire de la FNDIRP.
Claudine Cardon-Hamet, agrégée d'histoire, auteur de la seule thèse universitaire en langue française sur un convoi de déportation, celui des « 45 000 ».
Pierre-Serge Choumoff, ancien déporté à Mauthausen et Gusen, physicien, auteur de différents travaux historiques incontournables sur les assassinats par gaz menés par les nazis en Autriche.
Maurice Cling, ancien déporté à Auschwitz et Dachau, enseignant, membre de la Commission histoire-mémoire de la FNDIRP et président du jury du prix Marcel Paul.
Bertrand Hamelin, agrégé d'histoire, doctorant à l'université de Caen, qui rédige une thèse sur l'historien et ancien déporté Michel de Boüard.
Paul Le Goupil, ancien déporté à Auschwitz et à Buchenwald, enseignant, auteur de différents ouvrages historiques importants sur le sujet.
Yves Le Maner, agrégé de l'Université, directeur du Centre d'histoire et de mémoire du Nord–Pas-de-Calais, La Coupole, spécialiste de la Seconde Guerre mondiale et auteur d'une synthèse essentielle sur la déportation et le génocide.
Franck Liaigre, enseignant, qui termine une thèse attendue sur les Francs-tireurs et Partisans français et la lutte armée.
Cédric Neveu, doctorant à l'université de Caen, qui achève une thèse sur la répression en Alsace-Moselle annexée.
Denis Peschanski, directeur de recherche au CNRS, auteur de l'ouvrage de référence *La France des camps,* un des meilleurs spécialistes de la période.
André Sellier, ancien déporté à Buchenwald et à Dora, historien, auteur d'une remarquable monographie du camp de Dora.
Laurent Thiery, doctorant à l'université de Lille III, qui termine une thèse sur la répression dans le Nord–Pas-de-Calais durant la Seconde Guerre mondiale. Il collabore également à l'histoire des déportés du camp de Dora, initiée par La Coupole.
Maurice Voutey, ancien déporté à Dachau, historien spécialiste du système concentrationnaire, président délégué de la FNDIRP.

Je remercie les différents centres d'archives et organismes qui m'ont ouvert leurs fonds et m'ont permis d'éditer certains de leurs documents, tout particulièrement :

Les services de la DMPA, Éric Lucas et Marie-Hélène Joly, qui m'ont aussi fait participer à la rédaction de l'exposition permanente du mont Valérien, Claire Cameron et Franck Segrétain.
Le service historique de la Défense, son chef le général Gilles Robert, la responsable du DIMI Nathalie Rouffiac, le chef du Bureau Résistance Stéphane Longuet, le chef du Bureau des archives des victimes des conflits contemporains Christian Le Marchand, ainsi que tout le personnel du BAVCC.
La Coupole, Centre d'histoire et de mémoire du Nord–Pas-de-Calais, son directeur Yves Le Maner.
La Fondation de la Résistance, pour sa confiance. Un merci particulier à Bruno Leroux et Christine Lévisse-Touzé.
Les archives départementales de la Seine-Saint-Denis et tout son personnel.
Le musée de la Résistance nationale (MRN), Guy Krivopissko, Éric Brossard, Xavier Aumage et Céline Heytens.
Le Mémorial de la Shoah et notamment Lior Lalieu-Smadja.
L'association Mémoires d'Humanité, et son président Alexandre Courban.
L'amicale de Mauthausen, merci à Daniel Simon, son président.

Mais ce livre n'aurait pas pu être écrit sans l'amitié, l'aide et l'accueil de Madeleine Choumoff, Joël Clesse et Sylvie Zaidman.
Merci également à Thomas Pouty pour sa participation.

Enfin, merci à « toute la famille élargie Fontaine-Pilet-Gaudet ».
À Catherine, Zoé et Capucine, pour leur patience et leur amour.

À mon père.

ISBN : 978-2-84734-618-3

Deuxième édition
Création, réalisation maquette et cartographie :
Hélène Renauld

Préface

L'Impossible Oubli. La déportation dans les camps nazis... Sous ce titre, la Fédération nationale des déportés et internés, résistants et patriotes (FNDIRP) a publié, en 1970, une plaquette rééditée à maintes reprises après épuisement des tirages successifs. Au total, plusieurs centaines de milliers d'exemplaires ont été diffusés par ses adhérents à destination de tous publics, mais en grande partie dans les établissements du second degré, notamment à l'occasion du Concours national de la Résistance et de la Déportation. Un succès de librairie en tous points remarquable, d'autant plus remarquable qu'il fut réalisé hors les circuits commerciaux traditionnels !

Le stock de ces plaquettes étant à nouveau épuisé, était-il envisageable de procéder, une fois encore, à un simple retirage, avec quelques adaptations nécessaires ? Certes, rien ne l'interdisait !

C'est un autre parti que la FNDIRP a fait sien : tout en conservant dans le titre le rappel à « *L'Impossible Oubli* » — qui lui tient à cœur —, présenter un ouvrage nouveau à la fois par le fond et par la forme, afin, d'une part, de tenir compte de l'évolution des connaissances historiques sur la déportation et, d'autre part, de mieux répondre aux attentes des lecteurs, des jeunes en particulier auxquels cet ouvrage est en premier lieu destiné.

Du point de vue de la forme, d'abord : il était impossible de ne pas tenir compte de l'évolution des techniques de communication et de l'attente des lecteurs du XXIe siècle !

Du point de vue du fond, ensuite : le travail des historiens a entraîné, en effet, une double prise de conscience, plus nette que par le passé, de la diversité de ce que l'on désigne globalement comme « la déportation » et de la place que les exactions ainsi désignées occupent dans la conception nazie du monde.

Et d'abord, donc, la prise de conscience que sous ce terme de « déportation » sont considérés des modes de persécution ou de répression différents, même s'ils ont un point commun, le transport hors de France — telle que l'avaient remodelée les autorités d'occupation annexant une partie du territoire national — et l'acheminement, au-delà des frontières, vers des lieux divers de détention voire d'assassinat immédiat : centres de mise à mort du génocide des juifs, prisons de statuts variables, camps de concentration du système concentrationnaire *stricto sensu*, camps de statuts divers, camps de détention des Alsaciens et Lorrains internés en Haute-Silésie, ceux que la législation française désigne comme les Patriotes résistant à l'Occupation (PRO)... Une mémoire des répressions et des persécutions dont la souffrance imposée aux victimes fait l'unité, mais qui est porteuse d'une grande diversité. Une telle diversité qu'il a semblé nécessaire à l'auteur d'employer le pluriel : *les déportations*.

Et ensuite, prise de conscience que ces persécutions et répressions n'étaient pas des accidents banalement liés à une conjoncture d'exception à laquelle la dictature nazie aurait dû faire face, mais qu'elles étaient inséparables de la conception du monde que s'étaient forgée les nazis. Qu'elles n'étaient pas un déplorable accident qui aurait, malencontreusement, changé le cours de l'histoire. Nécessité, donc, de faire toute la place qui convient au contexte duquel elles sont indissociables : on ne saurait dissocier le nazisme des crimes qui lui sont associés tant en Allemagne, à partir de 1933, que dans les territoires ultérieurement occupés ou annexés.

La publication de ce nouvel ouvrage a été confiée à un éditeur non associatif, ce qui en facilitera la diffusion dans le circuit commercial. Ce qui n'interdira pas, bien au contraire, à ceux de nos militants de la mémoire qui vont inlassablement témoigner, notamment dans les établissements d'enseignement, de diffuser ce nouvel outil de connaissance comme, par le passé, ils ont diffusé la plaquette jusqu'ici en usage.

Nouveau aussi, cet ouvrage l'est en ce sens que la conception et la rédaction n'en ont pas été confiées à un militant ou à un collaborateur de la FNDIRP, mais à un historien confirmé, travaillant en toute indépendance. Thomas Fontaine qui prépare, sous la direction du professeur Denis Peschanski, une thèse de doctorat consacrée à la déportation de répression, a déjà publié, en 2005, *Les Oubliés de Romainville, un camp allemand en France (1940-1944)*, et qui a activement collaboré au *Livre-mémorial des déportés de France arrêtés par mesure de répression* édité par la Fondation pour la mémoire de la déportation, a bien voulu assumer cette lourde responsabilité. Qu'il en soit remercié et qu'il soit félicité d'avoir brillamment réussi !

Il ne fait pas de doute que *Déportations et génocide. L'Impossible Oubli* connaîtra un succès égal à celui qu'a connu la plaquette dont il a repris partiellement le titre !

L'histoire des déportations et du génocide des juifs perpétrés par les nazis n'est pas un banal chapitre de la connaissance d'un passé qui, parce qu'ils en furent victimes, serait précieux à la seule mémoire des survivants. Le rappel de cette histoire est surtout un avertissement que les anciens déportés ont tenu à lancer aux jeunes générations parce que la vigilance ne doit pas faiblir : nul ne doit oublier qu'il est de la responsabilité de chacun d'assurer l'avenir !

Maurice Voutey,
président délégué de la FNDIRP

Introduction

Déportation, camp de concentration, génocide : ces termes sont aujourd'hui associés aux crimes contre l'humanité commis par les nazis. Longtemps, les mémoires ont réuni les deux principaux phénomènes recouverts par ces notions : la répression de la résistance, qui entraîne la déportation vers les camps de concentration nazis, et la persécution des juifs d'Europe, qui vise à leur assassinat systématique dans des « centres de mise à mort » spécialement conçus pour cela.

Ecrire aujourd'hui un manuel sur les déportations et le génocide des juifs, destiné d'abord aux lycéens et à leurs professeurs, c'est pour l'historien relever l'enjeu posé par cette approche globale, qui n'est plus celle aujourd'hui généralement suivie par l'historiographie. Il s'agit pourtant d'éclairer conjointement des phénomènes complexes et différents. Face aux violences de masse qui continuent chaque jour de se produire dans le monde, la tâche de l'historien est en effet de les comprendre et de les faire connaître, condition nécessaire pour espérer les prévenir. Il importe donc d'abord de bien cerner l'idéologie nazie, sa mentalité meurtrière et génocidaire, ainsi que les processus qui ont permis sa réalisation au sein d'un État moderne. C'est pourquoi seront abordés ensemble les déportations vers le système concentrationnaire et le génocide des juifs, la répression et la persécution. Ce faisant, il ne s'agit pas d'effacer les différences entre des réalités spécifiques, ou de les banaliser en les amalgamant. Au contraire, il importe de faire ressortir des processus pluriels mais contemporains, et même parfois entremêlés, voire interdépendants, menés par des acteurs identiques, au nom d'une même idéologie. La spécificité de l'extermination des juifs d'Europe n'en ressort que plus nettement.

Mais lire ce manuel, c'est interroger préalablement ses propres représentations et le vocabulaire utilisé pour nommer ces crimes. C'est pourquoi ce livre propose d'abord un retour sur la libération des camps : les photographies prises alors ont en effet largement forgé nos représentations. Il faut aussi avoir à l'esprit les évolutions des mémoires et des termes. Durant la guerre, le mot « déporté » est déjà employé par ceux qui partent. Pour évoquer ces départs, les autorités allemandes emploient indifféremment les mots *Deportation* ou *Abtransport*, signifiant ainsi surtout le déplacement. Le gouvernement de Vichy collabore activement aux « déportations » des juifs de France sans pouvoir ignorer que le sort qui leur est réservé est sans doute meurtrier. Dès la fin de l'année 1941, il n'ignore pas les principales évolutions de la répression de la Résistance par l'occupant. A Londres, puis à Alger, le gouvernement de la France libre ne perçoit pas ce qui se déroule. Il utilise le terme de « déporté » pour évoquer d'abord le prisonnier de guerre et le requis du travail. Ce n'est donc qu'avec l'ouverture des camps en 1945, et le retour des survivants, que cette réalité apparaît, violemment.

Le mot essentiel est donc alors « le camp ». Si l'on savait que d'autres lieux de détention avaient été ouverts pendant la guerre, avec des statuts différents (camps d'internement, « d'éducation par le travail », « de punition », de prisonniers de guerre, etc.), la nouveauté du système concentrationnaire est clairement perçue dès l'immédiat après-guerre : celle d'une institution stable et mûrement réfléchie, d'un instrument de gouvernement lié à une conception du monde et à une conception raciale de l'humanité, dont l'issue était la mort. Ici, plus question de sanctionner une faute ou un crime jugé, le camp de concentration nazi avait été mis en place pour se débarrasser rapidement et sûrement de tous les êtres jugés « nuisibles » au régime.

Dans cette appréhension du phénomène, le mot « déportation » continue de recouvrir une signification très large, loin d'une définition historique précise, où le sort spécifique des juifs ne ressort pas nettement. Les mémoires se résument ainsi vite, surtout après les débuts de la guerre froide, à une déportation résistante et patriotique. Les lois de reconnaissance nationale accentuent encore cette évolution. Car si en 1945 l'on fit un temps la différence entre le « déporté politique » et le « déporté racial », le premier englobant toutefois souvent le second, trois ans plus tard, deux lois figent juridiquement deux catégories de déportés : le « déporté résistant », à la définition restreinte, et le « déporté politique », pour toutes les autres victimes, y compris juives. Pour rendre compte de réalités historiques complexes et plurielles, le législateur fut obligé de multiplier les dénominations : dans le cas particulier des familles alsaciennes et mosellanes internées dans les camps de Haute-Silésie est ainsi voté, en 1959, le statut de « Patriote résistant à l'Occupation » (PRO). Au terme d'un long conflit juridique, les requis du travail forcé et du STO (Service du travail obligatoire), qui n'étaient pas partis vers les camps de concentration, mais que l'on dénommait à la Libération les « déportés du travail », se virent interdire l'usage du mot « déporté ».

Depuis les années 1960 et 1970, la mémoire de l'extermination des juifs d'Europe s'est progressivement imposée en France, au point qu'elle recouvre parfois aujourd'hui l'ensemble du sujet. Pour la nommer, c'est le terme de « génocide », celui forgé par le juriste Raphaël Lemkin, qui a d'abord été utilisé. Depuis le succès du film de Claude Lanzmann, *Shoah* (pour « catastrophe », « destruction »), ce terme issu de la langue liturgique s'est imposé. Dans les pays anglo-saxons et en Israël, c'est celui « d'holocauste », vocable emprunté à la Bible exprimant l'idée d'un sacrifice, qui domine à partir des années 1960. En Allemagne enfin, les termes de « solution finale » – les nazis évoquaient « la solution finale de la question juive » (*Endlösung der Judenfrage*) – ou de « destruction » (*Vernichtung*), sont les plus utilisés.

Sans être sûr d'être en dehors de ces évolutions, j'ai dans ce livre essayé de répondre aux enjeux posés par l'enseignement de cette histoire, à commencer par sa globalité. Celle-ci repose d'abord sur le socle idéologique du nazisme : le deuxième chapitre le résume en présentant toutes les politiques et les victimes du régime. Le troisième chapitre revient sur les « outils » du meurtre : les camps de concentration, placés d'emblée au cœur du système nazi, et les centres de mise à mort des juifs. Les deux chapitres qui suivent détaillent les différentes étapes de la répression et de la persécution menées à l'échelle d'un territoire occupé, la France de 1940 à 1945. Le dernier chapitre est une conclusion sur la manière dont on a pensé ces événements depuis la Libération : elle a vocation à être prolongée.

sommaire

chapitre 1 p. 8

le choc de l'horreur
1945 : la découverte des camps

chapitre 2 p. 24

le nazisme : idéologie politiques victimes
1933-1945

chapitre 3 p. 44

le système concentrationnaire et les centres de mise à mort du génocide des juifs
1933-1945

chapitre 4 p. 74

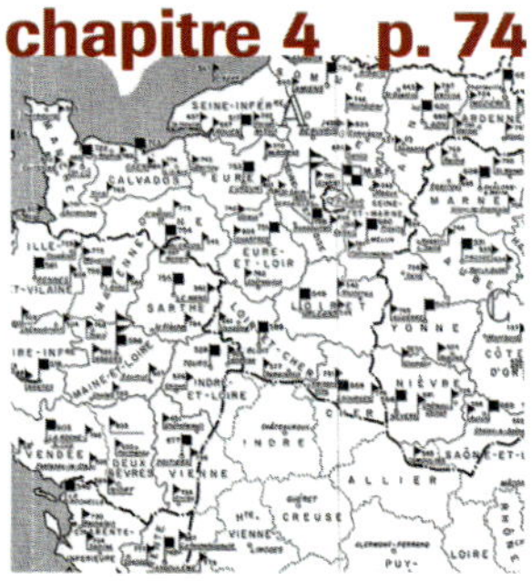

répression et persécution
l'exemple français
été 1940 - automne 1942

chapitre 5 p. 96

répression et persécution
l'exemple français
automne 1942 - été 1944

chapitre 6 p. 120

penser l'événement
juger, témoigner, commémorer, enseigner

bibliographie p. 142

crédits p. 144

1945 : le choc de l'horreur

la découverte des camps

Je n'ai jamais de ma vie éprouvé un choc aussi profond.

Le général américain D. Eisenhower en découvrant le camp d'Ohrdruf, 1945

À trop concentrer notre attention sur les épisodes qui marquèrent certes un aboutissement de la barbarie, mais qui n'intervinrent qu'à l'extrême fin des camps, je pense qu'on risquerait de masquer l'horreur quotidienne que nous avons vécue, qu'on s'interdirait de saisir la barbarie dans son fonctionnement quotidien. Je veux témoigner de cette horreur par réaction à une image stéréotypée qu'on nous a constamment demandé de valider.

Georges Petit, *Retour à Langenstein. Une expérience de la déportation*, 2001

En 1945, la **découverte des camps** est un **événement**. Il est toujours au cœur de nos représentations du système concentrationnaire et de la déportation. À la Libération, voici comment était, par exemple, annoncé le livre de Paul Tillard, *Mauthausen*, écrit dès son retour du camp :

« Ce livre n'a pas besoin d'être présenté. Pas plus que Mauthausen, Dachau, Dora, Auschwitz, Ravensbrück, Bergen-Belsen, Sachsenhausen, Buchenwald, n'ont encore besoin d'être définis. Chacun de ces noms a pris une valeur absolue, existe dorénavant dans la mémoire des peuples comme un élément, et provoque par soi-même, une brûlure instantanée. »

Ainsi, à l'été 1945, au moment où les déportés survivants sont rapatriés, les camps nazis ont une claire signification dans l'opinion publique : celle de l'horreur absolue, qui « brûle » déjà instantanément et brutalement les consciences. La vision de ces énormes charniers, de ces corps nus, décharnés et entassés, de ces squelettes carbonisés, est dans toutes les têtes. Les *« portes de l'enfer sont ouvertes »* comme l'écrit alors un journaliste (John Berkeley, dans le journal *Cadran*).

le choc de la découverte masque l'ensemble du phénomène

Mais le choc de la découverte masque l'ensemble du phénomène, brouillant une grande partie de sa diversité et supprimant ses bornes chronologiques. La situation découverte en avril 1945 fonde alors la vision de tout le système concentrationnaire et n'éclaire pas la spécificité du génocide des juifs.

Encore aujourd'hui, pour beaucoup d'entre nous, c'est cette vision traumatique qui définit le sujet, ce qui rend encore plus nécessaire le fait de la comprendre et de la décrypter. Elle ne rend compte en effet ni de ce qu'ont été les camps de concentration avant leur décomposition finale face à l'avancée des troupes alliées en Allemagne, ni de l'existence des centres de mise à mort où a été perpétré l'essentiel du génocide des juifs d'Europe. Reprenons les éléments de ce choc et détaillons ses conséquences.

Photographie prise en avril 1945 au « petit camp » de Buchenwald par Éric Schwab.
Probablement une des images les plus caractéristiques diffusées en 1945

L'effondrement du système concentrationnaire

Durant leur avancée vers le cœur du Reich, les troupes alliées découvrent le système concentrationnaire installé par les nazis depuis 1933 et qui recouvrait toute l'Allemagne et l'ensemble des territoires annexés. Il se composait de plusieurs grands camps de concentration (*Konzentrationslager*, KL ou, dans le langage courant dès l'origine, « KZ ») et de centaines de *Kommandos* extérieurs de ces derniers, où des dizaines de milliers de détenus venus de toute l'Europe travaillaient et mouraient dans des conditions inhumaines, selon les règles d'un système codifié où les droits de l'homme et la notion même « d'individu » avaient disparu.

À l'Est, sur le territoire polonais conquis, les nazis avaient également mis en place des centres de mise à mort dotés de chambre à gaz pour y exterminer la population juive d'Europe. Ils les avaient fait fonctionner au maximum de leurs capacités, avant de les détruire pour masquer leur crime.
La particularité du camp d'Auschwitz est qu'il s'inscrit dans ce double dispositif, étant à la fois un camp de concentration et un centre d'extermination.

SYSTÈME CONCENTRATIONNAIRE ET CENTRES DE MISE À MORT

territoire sous contrôle allemand, ou allié du Reich — centre d'extermination — camp de concentration — Kommando extérieur ou autre camp

un système concentrationnaire en pleine décomposition

Mais les Alliés découvrent en 1945 les camps d'un système concentrationnaire en pleine décomposition, profondément marqués et désorganisés par la fin du conflit. En effet, durant les dernières semaines, beaucoup de camps ont reçu un afflux de détenus évacués d'autres lieux du système concentrationnaire, avant que leurs responsables ne soient, eux aussi, obligés d'organiser de nouveaux départs. Les conditions de survie, à l'intérieur des camps et des *Kommandos*, ou lors des évacuations, deviennent extrêmement difficiles et meurtrières.

Le 27 janvier, les Soviétiques arrivent à Auschwitz. Le camp est déserté par ses gardiens, mais ils trouvent des centaines de cadavres, environ 7 000 malades et de nombreux objets ayant appartenu aux juifs d'Europe exterminés. Neuf jours plus tôt, près de 60 000 détenus avaient été évacués de force lors d'une « marche de la mort » jusqu'à Gleiwitz, en Haute-Silésie, où ils avaient ensuite été emmenés en train vers différents camps de l'Ouest. Ces évacuations traduisent la volonté systématique des SS de conserver les détenus des camps, jusqu'au bout. À l'Est encore, celle de Gross Rosen commence le 8 février 1945.

Les conditions de ces évacuations sont terribles : en plein hiver, sans vêtements chauds, souvent sur des wagons découverts, sans nourriture, selon des trajets longs et imprévus. La mortalité est considérable.

« Marche de la mort » de détenus de Dachau

Avec cet afflux de détenus, les camps du centre de l'Allemagne sont vite saturés. La famine y règne, autant que les épidémies de typhus. On estime à 45 000 le nombre de morts à Mauthausen et dans ses *Kommandos*, en Autriche annexée, durant les trois mois précédant sa libération. Pour la même période, ils sont 35 000 à Bergen-Belsen, devenu un vaste camp-mouroir, où les nazis envoient les détenus malades de plusieurs camps.

ÉVACUATIONS DES CAMPS DE L'EST (janvier-février 1945)

© La Coupole, Centre d'histoire et de mémoire du Nord–Pas-de-Calais

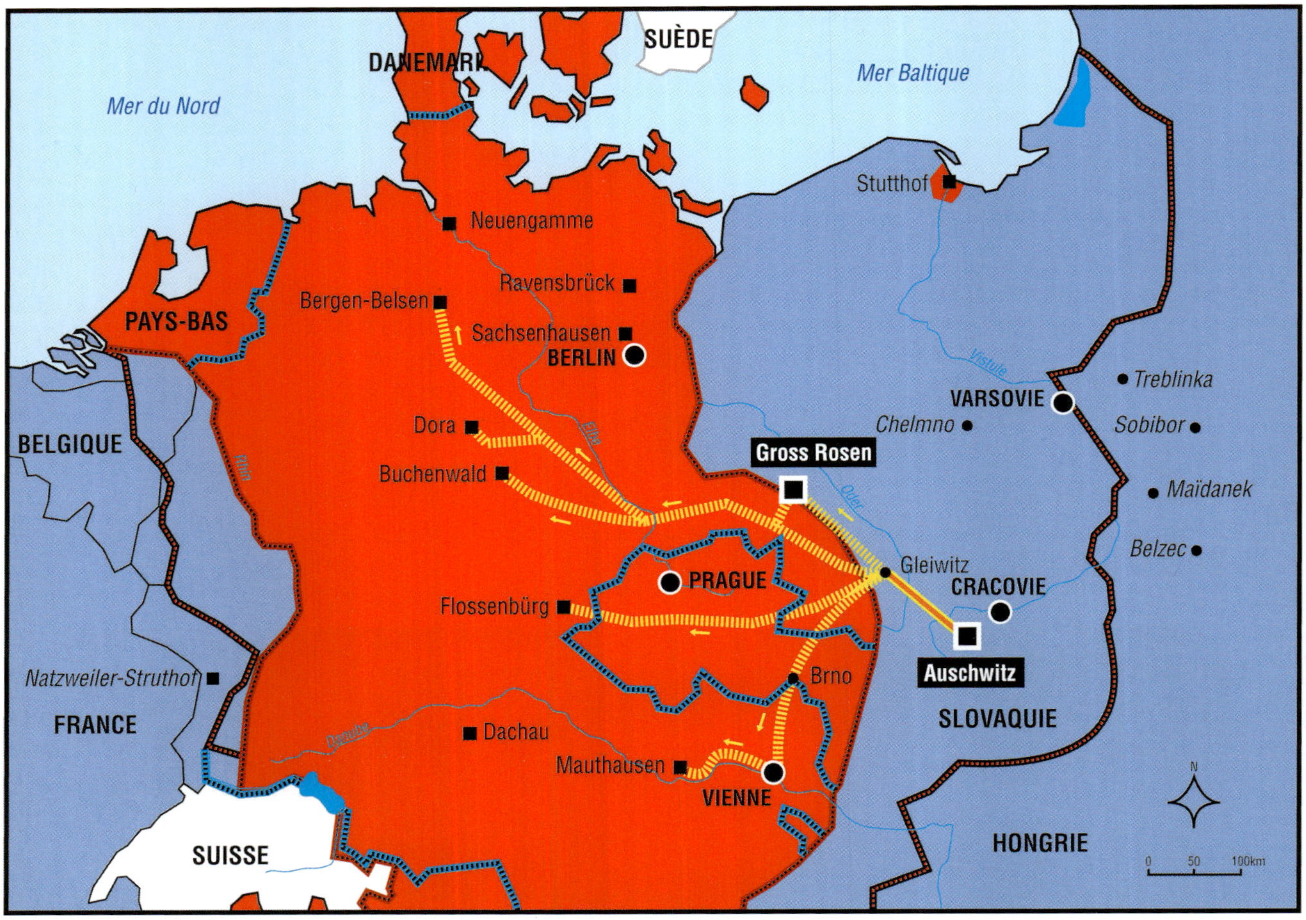

ligne de front début janvier 1945 — ligne de front début avril 1945 — évacuation par la marche — évacuation par voie ferrée

● centre d'extermination — ■ camp de concentration — Le Reich — territoire évacué par les Allemands

En avril 1945, l'étau des forces alliées s'est considérablement resserré, à l'Est comme à l'Ouest. Berlin est encerclé. Cela déclenche de nouvelles évacuations de camps, dès que les troupes alliées s'en approchent.

Au début du mois, face à la progression des Américains, les camps de Dora et de Buchenwald sont évacués, le premier totalement, le second partiellement. Les transports ferroviaires partis de Buchenwald arrivent à Dachau ; alors que les différents convois d'évacuation de Dora et de ses *Kommandos* suivent des trajets chaotiques entre les différents fronts alliés. À partir du 18 avril, c'est d'abord Neuengamme, puis Flossenbürg (le 20), Sachsenhausen (le 21) et Ravensbrück (le 24) qui sont ainsi presque totalement vidés de leurs détenus, Dachau (le 26) ne l'étant qu'en partie. Beaucoup de transports arrivent à Bergen-Belsen et à Mauthausen, deux camps non évacués. Beaucoup se disloquent en chemin.

ÉVACUATIONS DES CAMPS DE L'OUEST (avril-mai 1945)

© La Coupole, Centre d'histoire et de mémoire du Nord–Pas-de-Calais

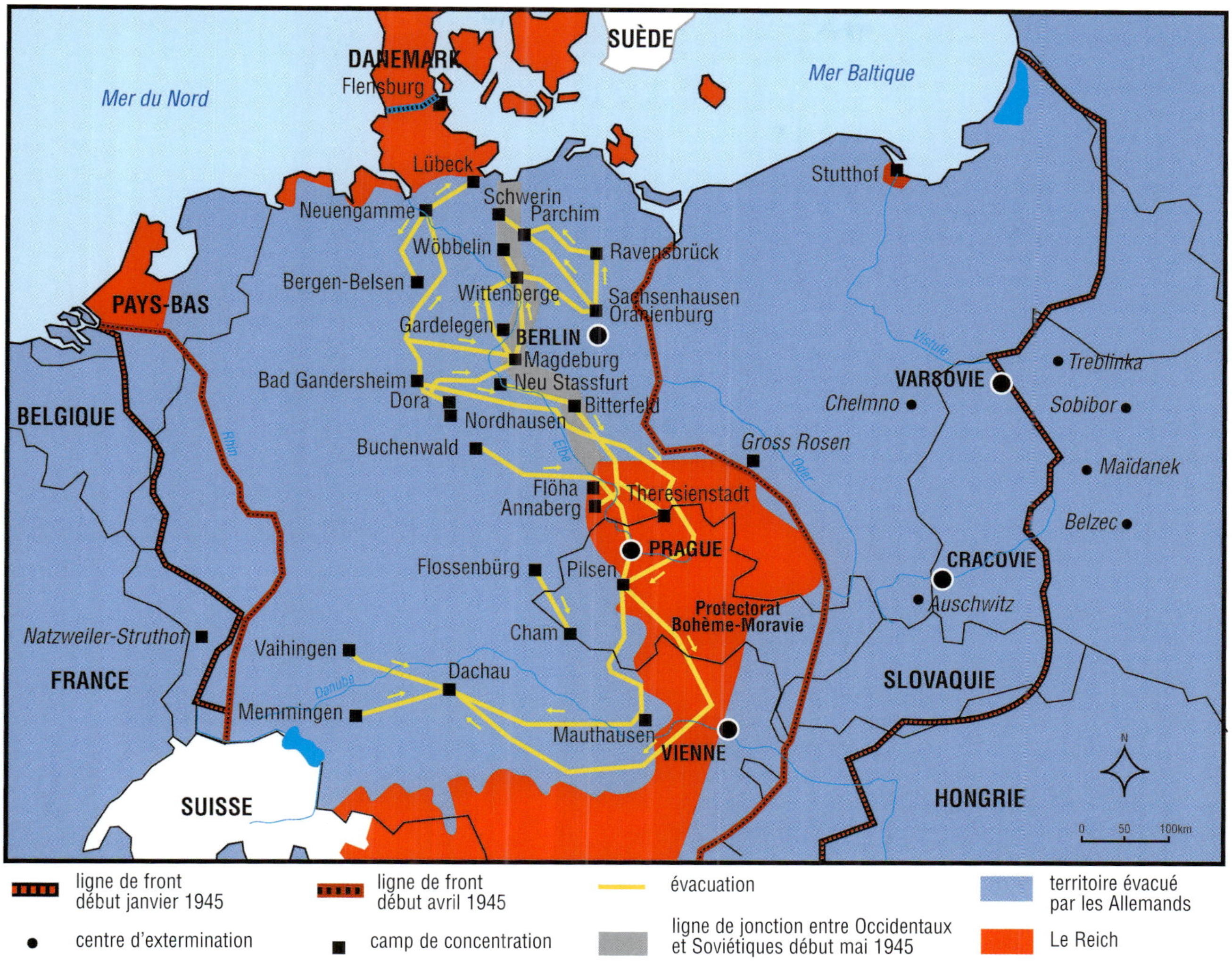

En règle générale, les SS essayent surtout de fuir l'avancée russe, qui libère les camps d'Auschwitz en janvier 1945, de Sachsenhausen et de Ravensbrück en avril, et découvre en mai le camp abandonné de Gross Rosen. Les autres camps sont libérés par les Américains et les Britanniques. Si une partie des évacuations se fait en convois ferroviaires, dans les conditions déjà décrites, le manque de moyens provoque beaucoup de départs à pied. Dans les deux cas, la mortalité est énorme. Le convoi parti de Buchenwald le 7 avril arrive à Dachau le 28 seulement : sur les 5 080 partants, on ne compte plus que 816 survivants. À Gardelegen, 1 200 détenus sont assassinés dans une grange, brûlés vifs. Des évacués de Neuengamme qui avaient atteint les rives de la Baltique et qui avaient été entassés dans trois bateaux sont bombardés par erreur par l'aviation britannique le 3 mai 1945 : les morts se comptent par milliers.

Au total, malgré des incertitudes nombreuses, on estime à 720 000 le nombre des évacués, dont un tiers de tués.

évacuation évacuation évacuation

un exemple caractéristique : l'évacuation du camp de Dora, avril 1945

André Sellier

Pendant toute la durée du système concentrationnaire allemand, les SS n'ont pas cessé de déplacer leurs prisonniers, en organisant des « transports », le mot utilisé en allemand étant identique au mot français. On a pu ainsi étudier les transports de France en Allemagne ; ceux de Buchenwald vers les ***Kommandos*** extérieurs, comme Dora ; ceux de malades à destination des camps de « repos », comme Bergen-Belsen. Tout mouvement d'un endroit à un autre de l'univers concentrationnaire était un « transport ».

Les « évacuations » de la phase finale, en 1944-1945, ont été une nouvelle variété de « transport », mais les règles de cette sorte de logistique n'ont pas varié. Le risque de mourir dans un transport avait toujours existé. Il a été multiplié dans les évacuations de la période finale du régime. Ce qu'il est advenu des *Häftlinge*, des détenus, de Dora, en avril 1945, est caractéristique des événements de cette époque.

Le camp de Dora-Mittelbau proprement dit était associé à une usine souterraine d'armes secrètes (les V1 et V2) lancées notamment sur Londres et Anvers. Lui étaient associés les camps d'Ellrich et de Harzungen, pour le creusement de nouveaux souterrains. Dans une caserne à l'intérieur de la ville de Nordhausen, la ***Boelcke Kaserne,*** s'entassaient les malades des trois camps avant leur transfert éventuel à Bergen-Belsen. Du *Kommando* de Wieda dépendaient trois chantiers ferroviaires. Enfin, celui de Rottleberode était annexé à une usine aéronautique. Jusqu'au dernier jour de mars 1945, tout a continué à fonctionner dans l'ensemble des camps, des usines et des chantiers de Dora. À partir du 1er avril, la fabrication des V2 et des V1 fut interrompue, et l'évacuation de l'ensemble du dispositif, entreprise.

Dessin du peintre déporté Léon Delarbre : avril 1945, Léon Delarbre a dessiné le visage de l'un de ses camarades abattu par un SS, à l'arrivée en gare de Belsen après une « marche de la mort »

Il n'a pas été question d'évacuer la *Boelcke Kaserne,* qui fut bombardée avec le reste de la ville de Nordhausen les 3 et 4 avril. Des malades ont alors été tués ou blessés, et le désordre a été total. Tous les autres prisonniers de l'ensemble Dora-Mittelbau ont été évacués en quelques jours, généralement dans les convois ferroviaires, et pour le reste en colonnes, à pied. Il n'est resté, au ***Revier*** (l'infirmerie) de Dora, qu'un petit nombre de malades contagieux. Ils ont été libérés par les Américains le 11 avril, en même temps que les survivants de la *Boelcke Kaserne*. Les 4 et 5 avril les SS sont parvenus à faire partir vers le nord un certain nombre de trains de divers points (usine de Dora, gare d'Ellrich, etc.), tous sur la même ligne, les uns derrière les autres. À l'exception des deux derniers trains, les convois sont parvenus difficilement, au milieu du trafic militaire, à gagner les environs du camp de Neuengamme, mais il était hors d'état de les y accueillir. Il fallut prendre une autre destination, qui a été celle de Bergen-Belsen, à près de 100 km plus au sud. Certains moururent dans les convois entre Dora et Bergen-Belsen ; d'autres, après la libération de ce camp le 15 avril, d'épuisement ou du typhus.

Les deux derniers convois ayant quitté l'ensemble Dora-Mittelbau le 5 avril ne sont pas allés à Bergen-Belsen. Celui qui était parti d'Ellrich a abouti le 16 avril au matin, après des détours et des bombardements, au bout de dix jours et onze nuits, à Oranienburg, au nord de Berlin. Il y a quelque 215 km à vol d'oiseau entre Ellrich et Oranienburg. Les pertes dans le trajet avaient été spécialement élevées, des prisonniers moururent pendant les jours suivants. Les autres sont en général restés sur place, et ont été libérés par les Soviétiques lors de la prise de Berlin. Mais certains ont été au contraire entraînés dans l'immense opération d'évacuation de Sachsenhausen, commencée le 21 avril en direction du nord-ouest.

Des déportés dans un wagon découvert, lors de l'une des évacuations du camp de Dora. Dessin de Léon Delarbre

Le dernier convoi est parti le soir du 5 avril et a été rapidement bloqué par des destructions de la voie plus à l'ouest. Il s'est arrêté le 8 avril à Osterode et une partie des prisonniers, en particulier les malades du ***Revier*** joints au convoi, sont restés sur place, où les survivants ont finalement été libérés. Les autres prisonniers, c'est-à-dire la majorité, ont subi dans la journée du 8 avril une véritable « marche de la mort », avant d'atteindre un train qui aboutit à Ravensbrück le 14 avril en milieu de journée.

Le transport parti de Rottleberode se trouva bloqué près de **Gardelegen**, au nord-ouest de Magdebourg, le 11 avril, la ligne étant coupée par l'explosion d'un train de munitions. Il y retrouva le convoi d'évacuation des prisonniers des trois chantiers ferroviaires rattachés au *Kommando* de Wieda, arrêté dans la gare de Letzlingen par une attaque aérienne. Les responsables des convois regroupèrent leurs prisonniers dans une caserne vide au centre de la ville voisine de Gardelegen. Un nombre limité d'entre eux avaient déjà profité du désordre pour s'évader. Le responsable local du parti nazi décida alors de se débarrasser des prisonniers en les enfermant dans une grange et en y mettant le feu. Ce meurtre collectif a eu lieu le 13 avril. Il y a 1 016 victimes et seulement huit rescapés, en dehors de ceux qui s'étaient évadés et cachés dans le voisinage.

La description qui vient d'être donnée de l'évacuation de Dora en avril 1945 est très partielle. Mais les caractéristiques d'ensemble qui se dégagent sont valables pour toutes les évacuations de l'époque. L'aspect le plus frappant est sans doute l'obstination avec laquelle les SS ont veillé à conserver jusqu'au bout le contrôle de leurs prisonniers. L'exemple extrême est celui du *Kommando* de Neu Stassfurt, dépendant de Buchenwald. Les prisonniers n'ont été abandonnés qu'au moment de la capitulation, le 8 mai, à Annaberg, au terme d'une évacuation à pied qui avait commencé le 11 avril. L'autre aspect frappant est l'exercice de la cruauté jusqu'au dernier moment, comme à Gardelegen, et aussi à Bergen-Belsen. Les parcours ferroviaires et les marches de la mort n'ont correspondu à aucun dessein d'ensemble. Les dates et les itinéraires ont été conditionnés par les opérations militaires et subis par les responsables SS, hors d'état de contrôler les événements. Rien ne justifiait cette hécatombe finale des détenus des camps. Elle n'a pas retardé l'échéance.

La découverte des camps

Ces conditions expliquent très largement le choc ressenti par les Alliés en découvrant les camps, en ce printemps 1945. Car s'il y avait eu des précédents, l'effet produit n'avait pas eu la même intensité.

la découverte ultérieure des camps d'Allemagne se fait souvent par hasard

Fin juillet 1944, les Soviétiques entrent dans le camp vide de Lublin-Maïdanek, où les installations de gazage sont pourtant encore en place. Fin novembre, ce sont cette fois les Américains et les Français qui libèrent un camp de Natzweiler-Struthof déserté par ses gardiens SS et détenus. La situation se renouvelle à Auschwitz en janvier 1945, même si des internés s'y trouvent encore ; cependant, en nombre, rien de comparable avec les semaines qui vont suivre. La presse française, qui ne peut vérifier les informations recueillies et qui est encore sous le coup de la censure, pour aussi ne pas effrayer les familles attendant le retour d'un proche, ne publie pas ou très peu sur le sujet. *L'Humanité* consacre deux articles à la découverte des camps en décembre 1944, puis plus rien avant le 5 avril. *Le Figaro* publie un papier sur le Struthof le 3 mars 1945, trois mois après la découverte du camp. Et ce sont des articles qui ne font pas la « une ». La discrétion est alors la même à la radio et dans les actualités filmées, ce qui amplifiera encore la stupéfaction lorsque seront publiés ensuite récits et photographies. Par ailleurs, fait significatif, dans ces trois cas, des enseignements n'ont pas pu être tirés. Au point que la découverte ultérieure des camps d'Allemagne se fait souvent par hasard, au fur et à mesure de l'avance des troupes alliées, sans mesures préventives pour faire face à la terrible situation sanitaire des détenus en train de mourir : certains décèdent après leur « libération » d'avoir trop mangé, d'autres d'épidémies difficiles à juguler. À Bergen-Belsen, libéré le 15 avril, 15 000 des 60 000 détenus meurent dans les deux semaines qui suivent, de malnutrition, d'épuisement, à cause des épidémies.

À droite : Eisenhower à Ohrdruf le 12 avril 1945

Début avril 1945, ce sont d'abord des *Kommandos* de Neuengamme qui sont découverts. Mais, le 5 avril, c'est l'entrée dans le camp d'Ohrdruf, en Thuringe, qui provoque l'effroi. Plus de 3 000 cadavres gisent là, nus et émaciés. Le 11 avril, les Américains entrent dans le « petit camp » de Buchenwald, véritable mouroir d'où étaient partis les jours précédents des convois pour Dachau. De nombreux mourants comprennent à peine qu'ils sont libérés. La vue de la *Boelcke Kaserne* de Nordhausen, où s'entassaient les malades de Dora, est une nouvelle fois terrible : 3 000 corps, 700 survivants en train de mourir. Le 14 avril est également découvert le carnage de Gardelegen. Le haut commandement allié est rapidement informé de ces découvertes horribles. Le 12 avril, Eisenhower, Patton et Bradley sont à Ohrdruf. Le jour même, le premier décide de diffuser la nouvelle auprès de toute la presse, demandant même à ses troupes proches de venir voir le camp et son « horreur » : *« On nous dit que le soldat américain ne sait pas pourquoi il se bat. Maintenant, au moins, il saura contre quoi il se bat »* déclare-t-il. Quelques jours après, des visites de journalistes, de parlementaires sont organisées. À partir de ce moment, le verrou de la censure a sauté : les images de l'horreur, en film ou en photographie, se multiplient. On est ainsi dans la « pédagogie de l'horreur ».

Au premier plan, le déporté Jean Ambra, âgé de 20 ans, à la Libération du Kommando *de Langenstein*

Le 15 avril, les Britanniques découvrent le mouroir de Bergen-Belsen, où des milliers de personnes sont en train de mourir au milieu de nombreux cadavres. Les images des bulldozers qui poussent les corps dans des fosses communes, aujourd'hui bien connues grâce au film d'Alain Resnais, *Nuit et Brouillard*, sont alors énormément diffusées.

THE ILLUSTRATED LONDON NEWS

SATURDAY, APRIL 28, 1945.

THE USUALLY GENIAL GENERAL EISENHOWER SHOWS BY HIS GRIM ASPECT HIS HORROR OF GERMAN BRUTALITY: THE MACABRE SCENE OF VICTIMS MURDERED BY S.S. GUARDS AT OHRDRUF CAMP.

The scene of the appalling massacre at Ohrdruf camp, about 10 miles south of Gotha, was visited recently by General Eisenhower, with Generals Bradley and Patton. The General, standing in the centre of the group, square-jawed and grim, indicates by his pose how he regards this grisly atrocity. Here, the partly-clad bodies of thirty-one men lay huddled grotesquely together where they had been murdered by S.S. guards because they were too ill to be moved. In a wooden shed near by, many more bodies were found, which had been sprinkled with quicklime. Those in the hut had died either from starvation, torture or disease, or they had been beaten to death. Those in front of the hut had been shot in the back of the head excepting for one American shot in the throat. According to one prisoner who hid, some 2000 others died, and were taken in trucks to adjoining woods and burnt. U.S. Army authorities have compelled civilians at Ohrdruf to witness the horrors.

La Boelcke Kaserne, *à Nordhausen, découverte par les Américains le 11 avril 1945*

Le 29 avril, autre exemple marquant, les Américains libèrent Dachau et découvrent en gare plus de 2 300 cadavres laissés dans un train arrivé de Buchenwald. Là encore les photographies font le tour des rédactions de presse. Face à l'horreur, certains soldats ne peuvent s'empêcher de tuer des gardiens SS. Si l'on ajoute les images de la découverte de tous les petits camps et *Kommandos*, des charniers au bord des routes d'évacuation, cette libération est donc d'abord un choc horrible et visuel.

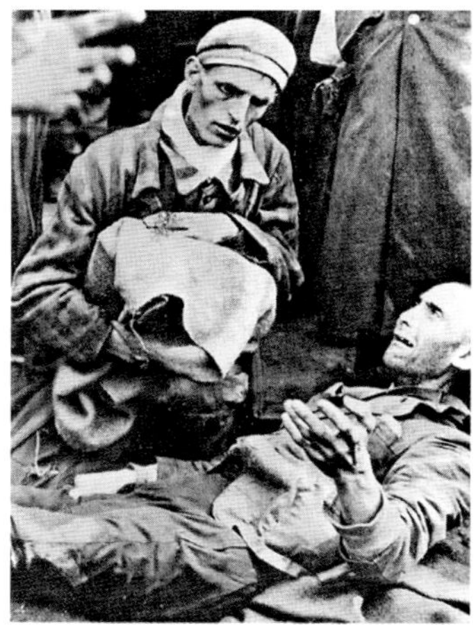

4 mai 1945 : un déporté survivant du camp de Wöbbelin pleure lors de l'arrivée des soldats américains

Le 27 avril 1945, la 103e division américaine découvre dans le village de Schwabhausen un convoi ferroviaire parti de Buchenwald le 7 avril et qui devait arriver à Dachau

L'armée britannique force la population habitant autour du camp de Bergen-Belsen à venir voir les corps des détenus

Un choc visuel, un événement à relater

Ainsi, les atrocités nazies sont donc montrées sans limite, ou presque. Insoutenables, elles bouleversent ceux qui les voient. Elles jouent donc d'emblée un rôle crucial sur la représentation des camps et de la déportation.

Un détenu à bout de force à Sandbostel

Pour les journalistes venus couvrir cette actualité exceptionnelle, il s'agit d'enregistrer l'événement et de ne pas masquer son ampleur et son horreur : *« Il faut que le monde entier sache »* déclare, par exemple, Sabine Berritz dans le journal *Combat* du 3 mai 1945 : *« D'Allemagne, de Pologne, de Hollande, de partout, nous parviennent des témoignages d'horreurs [...]. Tout de suite des questions se sont posées. Doit-on raconter ces faits effroyables ? Doit-on laisser nos enfants se pencher sur cet amas de crimes ? Naguère, nous aurions dit non. Nous nous élevions contre la diffusion de documents atroces. [...] Mais à présent il faut que revues et journaux, ici et dans le monde entier, publient ces récits et ces photos. C'est pourquoi il faut, malgré notre répulsion, les montrer à nos enfants, à tous les enfants. Ces abominables souvenirs doivent marquer leur mémoire [...]. »* Ces journalistes sont souvent aussi de véritables photographes de talent : Margaret Bourke-White (de *Life*, à Buchenwald), John Florea (de *Life*, à Nordhausen), Germaine Kanova (une Française, travaillant pour le Service cinématographique des armées, à Vaihingen), Lee Miller (de *Vogue*, à Buchenwald et Dachau), George Rodger (de *Life*, à Bergen-Belsen), Éric Schwab (un Français, à Ohrdruf, Buchenwald, Thekla, Dachau). Pour eux, l'écrit ne va désormais plus se conjuguer sans l'image : face à un public qui risque d'être incrédule, il faut fixer « la » vérité ; or les images ne la modifient pas, croit-on souvent alors.

Pour les militaires, qui débutent leur enquête, il faut réunir des preuves en vue des procès des criminels. Celui de Nuremberg est le premier à intégrer des films tournés par les armées américaines, britanniques ou soviétiques et des images qui étaient ainsi versées au dossier, comme preuves à charge ou pièces à conviction. Les *cameramen* américains du *Signal Corps* reçoivent ainsi des consignes strictes pour filmer les atrocités, les camps et ceux qui s'y trouvent.

Pour les hommes politiques, il s'agit de rappeler à leurs opinions publiques le sens de la guerre, comme la phrase d'Eisenhower prononcée à Ohrdruf le montre. Il s'agit aussi de mettre la population allemande devant ses responsabilités : Patton fait, par exemple, visiter Buchenwald aux habitants des alentours le 15 avril. Dans l'ensemble, il faut sensibiliser l'opinion en la choquant.

« il faut que le monde entier sache »

La photographie est l'outil essentiel de cette politique : pour la première fois, des professionnels sont autorisés à filmer la mort de masse. Cela devient aussi un événement à relater, à raconter. Ainsi, la presse française, qui ne parlait presque pas des camps jusque-là, se saisit du sujet dans la seconde quinzaine d'avril 1945 : trois quarts des articles sont consacrés à ces découvertes des camps entre mi-avril et mi-juin. Le choc est terrible : « *Je ne peux pas, je ne sais pas dire ce que je viens de voir* », note Roland Diquelou dans *L'Humanité* du 14 avril, après sa visite à Mittelgladbach : « *Plus bas que Dante* ». Le charnier d'Ohrdruf est montré dans *L'Humanité* du 24 avril ; celui de Bergen-Belsen dans *Ce Soir* deux jours plus tard. Cette forte actualité sur les camps s'arrête en juin 1945 ; en juillet, les articles ne sont pas plus nombreux qu'en mars, avant le choc.

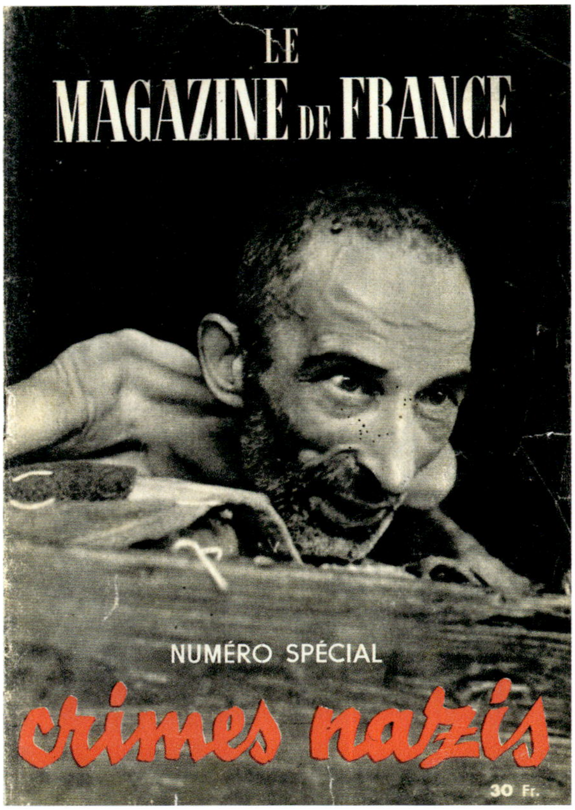

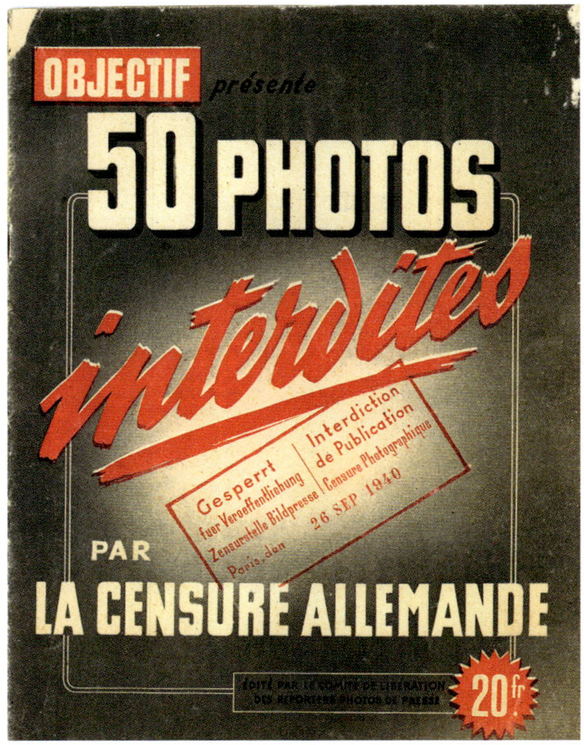

Quelle lecture des faits
proposent ces photographies et ces articles ?

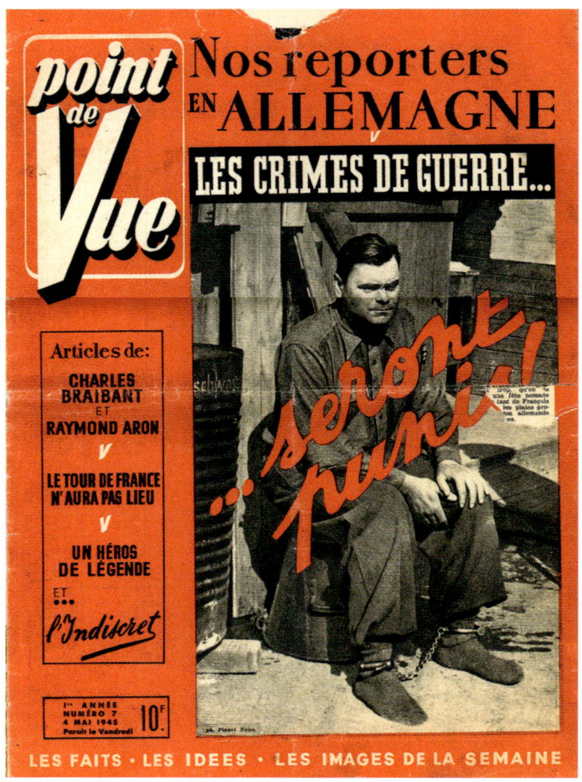

Quelle lecture des faits ?

Précisons d'emblée que la portée des images des camps a très largement recouvert celle des textes de cette époque. Ainsi, si les articles des journaux de 1945 sont rarement cités aujourd'hui, les photographies sont devenues des icônes des camps et de la barbarie. Mais, précisément, elles ne sont souvent que cela, demeurant davantage des témoignages indélébiles de l'horreur et de l'infamie plutôt que des éléments de connaissance du système concentrationnaire. Ce corpus de textes et d'images globalise et porte un message davantage qu'une analyse.

Le lieu des événements était d'abord peu important, la date était rarement indiquée. Les légendes des photographies pouvaient ainsi signifier n'importe quel événement et n'importe quel camp : *L'Humanité* du 24 avril 1945 présente en « une » un article sur Birkenau avec une image de Bergen-Belsen légendée « Ohrdruf ».

Rappelons aussi que ces photographies sont celles des heures et des jours qui suivent la découverte des camps, celles d'un système concentrationnaire qui était depuis des semaines en pleine décomposition. Elles restituent des individus et des lieux dans des configurations qui n'avaient pas été celles des camps jusque-là. Elles ne traduisent donc pas l'ordre habituel de l'univers concentrationnaire : la discipline, les humiliations, le travail forcé, etc.

un flux de nouvelles inonde les rédactions, il emporte toute analyse détaillée

Enfin, en globalisant le phénomène, ces photographies ne peuvent pas rendre compte du génocide des juifs d'Europe. Mais comment, en découvrant la situation à Bergen-Belsen, cerner d'emblée la multiplicité des parcours des détenus encore en vie, dont la seule finalité semble être alors cette issue atroce de 1945 ? Certains toutefois, attentifs aux informations déjà publiées, comme Jean Galtier-Boissière dans son journal, remarquent très tôt la tragédie qui vient de se jouer contre les juifs :

« Trois effroyables " rapports " sur le camp d'Auschwitz où les nazis pratiquèrent l'extermination de plusieurs millions de juifs par les chambres à gaz et les fours crématoires. Certains détails soulèvent le cœur : c'étaient des détenus qui […] allumaient les fours et charriaient les cadavres, jusqu'au jour où ils étaient eux-mêmes précipités dans la fournaise, au titre de " témoins indésirables". »

Dans la presse française aussi, le sort des juifs est évoqué, et cela avant même avril 1945, à Paris comme en province. Il l'est grâce à des informations transmises par les Soviétiques et relayées par les agences américaines et anglaises. Mais, avec la découverte des camps de l'Ouest, un flux de nouvelles inonde les rédactions, il emporte toute analyse détaillée : les prisonniers de guerre et les requis du STO, plus nombreux, sont largement évoqués ; mais le sort des « déportés politiques » revenus retient désormais l'attention principale. Dans ce schéma, les victimes juives des persécutions, décédées dans leur très grande majorité, sont dorénavant peu présentes.

Conclusion : un choc actuel

Le procès de Nuremberg consacre cette représentation. Le film *Les Camps de concentration*, qui y est présenté le 29 novembre 1945, souligne de façon éclatante sa force. Le récit de cette séance mémorable en a été fait notamment par Joseph Kessel :

« Contre le mur du fond, l'écran de cinéma s'éclaira doucement. Alors, sous le faisceau doré, parut toute l'horreur que, six mois plus tôt, les troupes alliées avaient découverte derrière l'enceinte des bagnes les plus atroces et les plus scientifiques, parmi les usines de cauchemar conçues pour humilier, supplicier, anéantir l'homme dans sa chair et dans son âme.
Dachau,
Buchenwald,
Auschwitz.
Sans doute les objectifs des appareils n'avaient pas pu surprendre les bourreaux à leur labeur, mais leur outillage, que les SS en s'enfuyant avaient abandonné, suffisait à nourrir une épouvante et une colère sacrées : laboratoires de tortures… chambres à gaz… fours crématoires…
Mais, surtout, les visages, les corps des survivants.
Ces nuques dont on pouvait compter les vertèbres, ces bras réduits à l'état d'os, ces torses décharnés jusqu'au squelette, ces joues exsangues, collées exactement aux mâchoires et ces énormes trous au fond desquels le regard avait déjà l'insondable atonie de la mort.
Ces fantômes donnaient une substance, une existence terrible aux récits, aux balbutiements, aux délires, vrais dans chaque détail, que l'on avait entendus six mois plus tôt, six mois seulement, quand s'étaient ouvertes les portes des enfers, et qui avaient été murmurés ou criés par des bouches sans dents, des lèvres sans forme, des voix sans timbre, des figures sans âge.
La faim… les matraques… le travail inhumain… les expériences médicales à vif… les appels du matin par trente degrés au-dessous de zéro, tandis que la chair sous-alimentée, grise et souillée, n'a pour se couvrir qu'un haillon de toile… la faim… la dysenterie… la cravache… la faim… le typhus… les grabats surpeuplés… les chambres à gaz… les abat-jour délicats taillés par les gardiens du camp dans la peau humaine… la faim… l'humiliation… l'humiliation… le four crématoire.
On n'était plus à Nuremberg, dans la salle de Justice, mais encore aux temps hitlériens…
Buchenwald…
Dachau…
Auschwitz… »

En quelque sorte, ce film fait donc commencer le procès par la fin, alors que ses promoteurs tentaient de démontrer l'étendue des responsabilités nazies depuis 1933 dans le déclenchement de la guerre. Mais, ils ne pouvaient éviter d'emblée ce qu'ils avaient découvert quelques mois plus tôt.

Un entrepôt découvert à Auschwitz par les troupes soviétiques, où sont entassés vêtements, chaussures, valises, lunettes, etc.

Ce sont donc surtout les images qui racontent alors la découverte des camps nazis. Et leur portée est grande : elles ont forgé nos mémoires.

Mais, plus leur caractère est universel et leur contenu imprécis, plus le choc est grand. En quelque sorte, plus ces images nous frappent, moins elles nous renseignent sur les camps.

Cette transmission n'est pas non plus sans contradictions : en témoignent les images de la porte de Birkenau symbolisant la disparition des juifs, mais qui est en fait vue de l'intérieur ; ou celles des bulldozers de Bergen-Belsen, atteinte suprême à la personne humaine, alors que c'est l'armée britannique qui pousse les corps dans des fosses communes pour prévenir les épidémies.

Ainsi, face à des images finalement pas aussi lisibles qu'on le pense souvent, que doit-on ajouter ?

> *plus ces images nous frappent, moins elles nous renseignent sur les camps*

le nazisme : idéologie politiques victimes 1933-1945

La dictature hitlérienne a valeur de paradigme pour le XXe siècle. D'une façon extrême et intense, elle a reflété, entre autres choses, la prétention totale de l'État moderne, des niveaux inattendus de répression et de violence étatiques, une manipulation jusque-là sans parallèle des médias afin de contrôler et de mobiliser les masses, un cynisme sans précédent dans les relations internationales, les dangers aigus de l'ultranationalisme, mais aussi la puissance immensément destructrice des idéologies de la supériorité raciale et les conséquences ultimes du racisme, sans oublier l'usage perverti de la technologie et du « génie social » modernes. Par-dessus tout, elle a déclenché un signal d'alarme qui brûle encore vivement : elle a montré comment une société moderne, avancée, cultivée peut si rapidement sombrer dans la barbarie, dont le point culminant fut la guerre idéologique, une conquête d'une brutalité et d'une rapacité à peine imaginables et un génocide tel que le monde n'en avait encore jamais vu. La dictature hitlérienne a été l'effondrement de la civilisation moderne : une forme de souffle nucléaire au sein de la société moderne. Elle a montré de quoi nous sommes capables.

Ian Kershaw, *Hitler,* tome I, *« 1889-1936 : Hubris »*

Nous qui feignons de croire que tout cela est d'un seul temps et d'un seul pays, nous qui n'entendons pas qu'on crie sans fin.

Jean Cayrol, extrait du film *Nuit et Brouillard*

Le IIIe Reich et l'idéologie nazie

L'accession légale au pouvoir

Le 30 janvier 1933, le président Hindenburg nomme Adolf Hitler chancelier du Reich allemand. Les nazis accèdent légalement au pouvoir, alors que, dix ans plus tôt, ils ne dépassaient pas 3 % des voix aux élections. Quelques mois plus tard, le régime démocratique allemand n'existe plus, remplacé par une dictature violente. Comment en est-on arrivé là ?

C'est en 1919 qu'Hitler adhère au parti ouvrier allemand, qui devient l'année suivante, sous son impulsion décisive, le NSDAP : le parti national-socialiste (en abrégé, nazisme) des travailleurs allemands, le parti nazi. Très vite, Hitler le dote d'un programme nationaliste et raciste, en 25 points. Mais la percée électorale ne suit pas, le parti restant très minoritaire. Aussi, alors que la république allemande dite de Weimar est très contestée par les extrêmes, en novembre 1923, Hitler se rallie à une tentative de coup d'État, à Munich, en Bavière. Elle échoue : condamné à 5 ans de détention, le chef du NSDAP ne purge que neuf mois de forteresse, mis à profit pour rédiger *Mein Kampf* (« Mon Combat »), sa vision idéologique du monde. Désormais très populaire en Bavière, Hitler décide de gagner légalement le pouvoir.

À gauche : Hitler fait son entrée en Autriche annexée

C'est la crise économique de 1929 qui favorise son projet, car le parti ne dépassait toujours pas les 3 % de voix aux élections de 1928. En effet, la république de Weimar est rapidement minée par des conditions sociales catastrophiques : deux millions de chômeurs en 1929, trois fois plus en 1932 (soit 20 % de la population active), de nombreux sans-abri, etc. Elles favorisent la montée des « extrêmes ». Hitler promet notamment aux Allemands une société nouvelle, d'ordre, dirigé par un chef charismatique. Ultra-nationaliste, il leur promet aussi la revanche de la défaite de 1918 et la fin du déshonorant et coûteux traité de Versailles, imposé en 1919 à l'Allemagne vaincue, notamment par la France.

La percée des nazis est fulgurante : aux élections de fin juillet 1932, ils pèsent plus de 37 % des voix. En novembre, ils recueillent près de 2 millions de suffrages. Les SA (« sections d'assaut », l'organisation paramilitaire du parti) font régner la terreur dans les rues, où ils s'opposent régulièrement aux militants communistes et socialistes. Un climat de guerre civile secoue tout le pays.
Cette poussée dans les urnes s'accompagne aussi de la percée du parti communiste allemand : cela effraie les partis traditionnels de droite et divise la gauche, les socialistes s'opposant aux communistes. Hitler y voit vite son avantage : face à une gauche divisée, il joue la carte d'une alliance avec les partis de droite qui, eux, pensent avoir trouvé là un rempart au bolchevisme. Pour ce faire, Hitler ne cesse de rendre hommage aux soutiens de ces derniers, les piliers traditionnels du régime : l'armée, les milieux d'affaires, et le maréchal-président de la République Hindenburg, ancien combattant admiré de 1914-1918. C'est parce que la droite traditionnelle pense contrôler Hitler et les nazis qu'elle le pousse au poste de chancelier le 30 janvier 1933, tout en conservant les principaux ministères clés. Finalement plus habile, Hitler étend vite son pouvoir et instaure sa dictature.

> *c'est la crise économique de 1929 qui favorise son projet*

La mise en place de la dictature nazie

En effet, 18 mois plus tard, la république de Weimar a disparu et le régime nazi s'est totalement imposé. Le coup d'envoi de ce processus est précoce et particulièrement significatif : le 27 février 1933, le parlement allemand, le Reichstag, brûle à la suite d'un incendie peut-être déclenché par les nazis eux-mêmes. Ces derniers accusent pourtant aussitôt les communistes, profitant de l'occasion créée donc de toutes pièces pour suspendre des libertés fondamentales (celle sur la presse, la liberté d'expression, celle d'association, etc.) et dissoudre le parlement. Dès le lendemain, un décret instaure la *Schutzhaft*, une détention préventive et arbitraire, dite « de protection », ne nécessitant pas de jugement préalable, qui étend considérablement les pouvoirs de la police.
Aux élections du 5 mars 1933, les nazis empochent les bénéfices de ce climat de terreur, obtenant 44 % des voix. Grâce à une alliance avec le parti du Centre, catholique, un vote donne le 23 mars les pleins pouvoirs à Hitler. Désormais, le gouvernement peut légiférer pendant quatre années sans réunir l'assemblée. Dans les régions (les *Länder*), il peut nommer des commissaires pour remplacer les structures démocratiques fédérales, finalement quasiment supprimées au début de l'année 1934. Une fois son pouvoir consolidé, et toujours pour se ménager les milieux d'affaires et l'armée, Hitler met fin à l'agitation qu'entretenaient ses SA dans les rues. Le 30 juin 1934, durant la nuit baptisée des « longs couteaux », les principaux chefs de cette organisation paramilitaire sont arrêtés et exécutés. Le 1er août, Hitler obtient ainsi de combiner les fonctions de chancelier et de chef de l'État. Le lendemain, Hindenburg décède. Un plébiscite vient confirmer ce dernier coup de force constitutionnel, alors que l'armée prête un serment d'allégeance à Hitler.

Il est désormais « le Führer du peuple allemand tout entier ».

Mais d'autres pouvoirs fondaient encore la société pluraliste de Weimar, notamment les partis, les syndicats et différentes associations et groupements de particuliers. Leur disparition accompagne le coup d'État légal. Depuis l'incendie du Reichstag, le parti communiste est interdit. En juin 1933, c'est au tour du parti social-démocrate, puis très vite de ceux de droite et du centre, les premiers alliés d'Hitler. Le 14 juillet 1933, le parti nazi devient le parti unique. Selon un processus identique, tous les syndicats sont progressivement remplacés par un seul organisme, le Front du travail. Par ailleurs, par le remplacement d'un grand nombre de personnes, la fonction publique est nazifiée, et notamment l'enseignement. Les médias sont mis sous la coupe du nouveau ministre de la propagande du Reich, Joseph Goebbels. Les nazis arrivent donc au pouvoir grâce à d'habiles manœuvres politiques effectuées dans un climat de coup de force et de terreur permanente. Le nouveau régime cultive la peur et une répression de tous les instants. Les nazis noyautent vite les différentes instances de police de toutes les régions du Reich. En Prusse, une police politique secrète est même créée, la première Gestapo. En 1936, toutes les forces de police sont unifiées sous la direction d'Heinrich Himmler, qui conserve cette fonction jusqu'en 1945. Il est également le chef des SS, l'ancienne garde rapprochée d'Hitler devenue la nouvelle élite de la société nazie, à qui il confie l'administration des camps de concentration. Himmler y interne, sous la garde des SS, les premiers opposants arrêtés par ses forces de police. Toute opposition est dorénavant vite brisée.

Le pouvoir d'un seul homme

Affiche de propagande réalisée pour l'annexion de l'Autriche (l'Anschluss)

La domination d'Adolf Hitler est sans doute autant charismatique qu'institutionnelle. L'idéologue est un excellent propagandiste. Avec les victoires de 1940, notamment contre la France, sa popularité est au zénith. Après les dernières défaites décisives de 1944, il entraînera jusqu'au bout l'Allemagne dans sa chute, rendant finalement le « peuple allemand » responsable de la situation. Pendant plus de douze ans, le système de pouvoir instauré par Hitler est resté en place. Le dictateur a d'emblée bénéficié, grâce à son arrivée légale au pouvoir, d'une administration structurée. Au-dessus d'elle, Hitler a mis fin à la collégialité – il n'y a plus de gouvernement, seulement des ministres –, déléguant ses pouvoirs à des hommes seuls, à la tête d'organes mis en place pour une tâche précise. Cela a multiplié les ambitions personnelles et les compétitions. Les intérêts privés, ceux du parti nazi, des SS et le fonctionnement traditionnel de l'administration se superposent et se concurrencent. Tout remonte vers celui qui décide au final ; mieux, il s'agit pour tous de toujours « travailler dans le sens du Führer » et d'anticiper ses décisions. On lui voue un véritable culte. Ce mode de gouvernement aggrave souvent les décisions et provoque des surenchères entre différents prétendants qui s'arrachent la proximité d'Hitler. Cette anarchie institutionnelle favorise donc la radicalisation idéologique, alors que les pouvoirs sont finalement concentrés au maximum. Le chef, l'idée et la manière de la concrétiser ne font plus qu'un : « le triomphe de la volonté », comme le proclame un slogan du nazisme. Ein Volk, Ein Reich, Ein Führer *(un peuple, un empire, un chef et un guide) comme le rappelle un autre.*

Idéologie nazie et État totalitaire

Pour les nazis, tout se résume, de façon simpliste, par une lutte de races inégales – une notion pourtant dépourvue de valeur scientifique. Dans cette conception, la plus haute et la plus « pure », la race « aryenne » est continuellement menacée par les pires « parasites », les juifs, d'autant plus dangereux qu'ils dirigeraient de façon occulte, dans un vaste complot, et les forces du capitalisme mondial et le bolchevisme soviétique. Dans ce schéma, les juifs ne sont même pas une race, à peine des « sous-hommes », en tout cas une maladie, un bacille qu'il s'agit d'éradiquer, d'exterminer. La mentalité génocidaire est donc au cœur de l'idéologie nazie. La priorité est de rendre le Reich *judenrein*, « pur de juifs ».

Mais il s'agit aussi de détruire partout cet ennemi, notamment à l'Est, ce qui apportera en outre un espace vital pris aux peuples slaves (les Polonais, les Russes, les Ukrainiens, les Biélorusses), pouvant en être privés du fait de leur positionnement au bas de la hiérarchie raciale. L'inégalité des races donne le « droit » à la « race supérieure » de soumettre en esclavage les « races inférieures ». « *Tous ceux qui, en ce monde, ne sont pas de race pure, ne sont que des déchets* » avait écrit Hitler dans *Mein Kampf*. C'est toute la nation allemande qui est appelée à s'identifier à la race aryenne, ce qui lui donne cette fois le « droit » de se joindre aux peuples du nord de l'Europe, les Scandinaves, les Néerlandais, les Flamands, les Baltes. Dans le nationalisme nazi, la nation allemande doit aussi englober tous les peuples parlant l'allemand : en Autriche, en Tchécoslovaquie, en Hongrie, en Roumanie, en Ukraine. Les conquêtes ont donc aussi pour but de former ce Reich idéal « *du sang et du sol* ».

Il faut enfin protéger et exalter la pureté de la race aryenne. Elle doit croître en nombre : d'où une politique sociale qui incite les femmes à rester au foyer et une répression de l'homosexualité. Elle doit rester « pure », sans « métissage » : les relations avec les « races inférieures » (les Noirs, les Slaves, etc.) sont, par exemple, interdites ; les juifs et les tsiganes doivent être séparés du peuple allemand.

Dessin publié dans un ouvrage de 1936 ainsi légendé : « Maintenant tout ira bien dans cette école parce que les juifs s'en vont. »
De même, un fabricant de jouets allemand met sur le marché un produit qu'il présente comme « très amusant » *et qui s'appelle* « Juifs dehors », *une sorte de jeu de l'oie racial. La règle est simple :* « Si tu réussis à chasser six juifs, tu as gagné ! »

Roland Freisler, le président du Tribunal du peuple, une des juridictions créées dès 1933-1934 par les nazis

Le 20 août 1942, le nouveau ministre de la Justice du Reich, Otto Thierack, un nazi convaincu, explique ainsi à ses subordonnés sa conception de la justice :
« D'une façon générale, il faut que le juge du Tribunal du peuple s'habitue à considérer comme primordiales les idées et les intentions de la direction de l'État et comme secondaire le sort de l'être humain qui dépend d'elles. »
La justice du Reich est ainsi totalement nazifiée. En livrant aux SS, à l'automne 1942, des milliers de détenus condamnés, pour qu'ils soient « exterminés par le travail », *elle participe au meurtre de masse*

Les fondements idéologiques du nazisme

L'inégalité et le racisme, le culte de la violence (extraits du livre *Mein Kampf* d'Adolf Hitler et de discours)

Choix des textes et traduction, Jean-Luc Bellanger

« Nous sentons bien tous que dans un avenir lointain l'homme rencontrera des problèmes que seule une race supérieure, un peuple de maîtres, sera appelée à dominer, en prenant appui sur les moyens et les possibilités offertes par l'ensemble du globe. »

« Tous les signes de déclin réellement significatifs de l'avant-guerre sont dus au bout du compte à des causes raciales. Toutes les grandes cultures du passé se sont effondrées uniquement parce que la race originelle, créatrice, s'est éteinte par empoisonnement du sang. Le mélange des sangs et l'abaissement du niveau racial qu'il entraîne est la seule cause de la disparition des cultures anciennes, car les gens ne s'effondrent pas pour des guerres perdues, mais à cause de la perte de la force de résistance qui est l'apanage du seul sang pur. »

« On ne peut réussir à gagner l'âme du peuple que si, en même temps que l'on mène le combat positif pour ses propres buts, on détruit l'adversaire de ces buts. »

« Si notre peuple et notre État deviennent victimes de ces juifs tyrans des peuples, avides de sang et d'argent, la terre entière s'écroule dans les tentacules de cette pieuvre ; si l'Allemagne se délivre de cette étreinte, on peut considérer que ce principal danger menaçant les peuples sera écrasé pour le monde entier. »

« Après des siècles de pleurnicheries sur la défense des pauvres et des humiliés, le moment est arrivé de nous décider à défendre les forts contre les inférieurs. […] L'instinct naturel ordonne à tous les êtres vivants, non seulement de vaincre leurs ennemis mais encore de les exterminer. »

« L'État raciste aura atteint son but suprême d'instructeur et d'éducateur quand il aura gravé dans le cœur de la jeunesse à lui confiée, l'esprit et le sentiment de la race. Il ne faut pas qu'un seul garçon ou une seule fille vienne à quitter l'école sans avoir été amené à la parfaite connaissance de ce que sont la pureté du sang et sa nécessité. »

« Il ne s'agit pas de supprimer l'inégalité parmi les hommes, mais au contraire, de l'approfondir et, comme dans toutes les grandes cultures, d'en faire une loi, par des barrières infranchissables. Le même droit ne vaut pas pour tous. […]
C'est pourquoi je ne consentirai jamais à d'autres peuples les mêmes droits qu'au peuple allemand. Il est de notre devoir de soumettre les autres peuples. Le peuple allemand est élu pour devenir la nouvelle classe des seigneurs dans le monde. »

Les nazis pratiquent aussi une politique eugénique pour éliminer les êtres « inutiles à la race ». On le constate, la vie d'un individu est dorénavant subordonnée à son appartenance raciale. La lutte de la « race supérieure » pour sa défense et sa suprématie érige la violence en valeur positive, l'élimination physique en recours possible. Les nazis revendiquent le droit du plus fort, rendent un culte à la virilité, à la dureté : *« Il n'existe pas de droit universel, le droit est ce que l'homme aryen trouve juste »* affirmait Alfred Rosenberg, un des théoriciens du nazisme. La société nazie est érigée sur le principe de l'inégalité, en rupture totale avec l'héritage des « Lumières » du XVIIIe siècle. Entre 1933 et 1945, la violence ne va cesser de s'étendre et de se radicaliser, détruisant un peu plus chaque jour des liens sociaux déjà très affaiblis par les structures de la dictature. Après s'être développée dans la rue lors de l'accession au pouvoir des nazis, la violence est ensuite cachée derrière les portes des camps de concentration et des prisons du Reich. Elle se résume à un dressage quotidien des corps, détruisant les hommes jusqu'à ce qu'ils perdent leur dignité ; elle nie leur qualité d'être humain, permettant même des expérimentations pseudo-médicales ; usant de techniques modernes, elle s'étend jusqu'au meurtre de masse des élites polonaises, des prisonniers de guerre soviétiques, des tsiganes, jusqu'au génocide des juifs.
Au-delà de l'individu, c'est toute la société qui est dorénavant placée sous la coupe de cette idéologie et de ce pouvoir totalitaires. Les partis politiques, les syndicats, les principales associations, les corps professionnels ont été supprimés ou totalement nazifiés. Toute la société allemande est dorénavant endoctrinée dans le culte du chef et de l'obéissance, pour cultiver les valeurs du nazisme. La jeunesse allemande est particulièrement visée, grâce à l'école et à des mouvements encadrant les activités sportives, culturelles, etc.

Les victimes

Ils ont résisté au nazisme

Les premiers ennemis visés par les nazis sont leurs **opposants politiques**.

Dès mars-avril 1933, une première vague d'arrestations touche près de 4 000 communistes. Au printemps et à l'automne, une seconde concerne aussi des syndicalistes, des sociaux-démocrates, des démocrates-chrétiens et d'autres opposants. En quelques mois, plus de 50 000 personnes sont ainsi arrêtées et internées administrativement. Malgré des libérations, fin juillet 1933, 27 000 sont encore internées dans plus de 70 camps. Parmi eux, le journaliste pacifiste Carl von Ossietzky, prix Nobel de la paix 1935 ; le chef des socialistes de Prusse, Ernst Heimann ; ou le secrétaire général du Parti communiste allemand, Ernst Thaelmann.

Arrestations et internements d'opposants

L'exemple des **Bibelforscher** (les « étudiants de la Bible », qui s'appellent « témoins de Jéhovah » depuis les années 1930) montre que toutes les formes d'opposition sont sévèrement réprimées. Ils sont entre 25 000 et 30 000 en Allemagne, des citoyens rapidement persécutés du fait de leur croyance et de leur pratique religieuses. Leurs communautés évangéliques sont en effet dissoutes et interdites dans plusieurs États dès le printemps 1933, avant que leur organisation ne soit totalement proscrite le 1er avril 1935. Beaucoup de leurs membres sont arrêtés pour avoir refusé de rendre un culte à Hitler, de se soumettre à la pratique du *Heil Hitler* (le salut nazi) et surtout de se plier au service militaire. Avec l'entrée en guerre, ces pacifistes passent pour des « traîtres à la patrie ». On estime à 10 000 le nombre de témoins de Jéhovah arrêtés : 4 000 à 5 000 décèdent en prison et dans les camps de concentration.

La guerre relance une vague d'arrestations d'opposants. Un ordre des services d'Himmler du 20 septembre 1939 ordonne que soient appréhendés tous ceux qui risquent de gêner l'esprit combatif de la nation. Si l'opposition au nazisme reste minée par cette répression féroce et préventive, des actions marquent pourtant la persistance d'une résistance. Elles sont le fait parfois de groupes structurés, comme le réseau de renseignement soviétique dit de « l'Orchestre rouge » ; d'étudiants distribuant des tracts, comme Sophie Scholl et son mouvement de la « Rose blanche » – tous condamnés à mort et exécutés en février 1943 – ; d'ecclésiastiques protestant contre la politique d'euthanasie nazie ; ou, plus tard, d'officiers conspirant tardivement pour éliminer le Führer, notamment lors de l'attentat du 20 juillet 1944.

Mais la guerre pousse aussi des **résistants** à agir dans tous les territoires occupés. Les autorités allemandes ne contrôlent pas toutes ces zones de la même façon : si certaines sont purement et simplement annexées, d'autres sont gérées par des troupes d'occupation avec ou sans l'aide de gouvernements locaux. Les résistances qui s'y développent sont donc aussi diverses : politiquement – des communistes aux nationalistes – ou du fait des formes d'action suivies. Elles ne se développent pas de la même façon selon l'évolution de la guerre et l'intensité de la répression menée par les autorités allemandes. Les nazis sont particulièrement brutaux à l'Est, en Pologne et en URSS, ainsi que dans les Balkans, où ils attisent aussi les haines ethniques. Domine surtout dans ces régions d'Europe la résistance des partisans communistes, qui mènent une véritable lutte armée contre les troupes allemandes. En Europe occidentale et centrale – en Tchécoslovaquie –, les autorités allemandes se montrent souvent plus « légalistes », privilégiant d'abord une bonne exploitation économique des ressources des pays conquis. En France, elles le font d'autant plus facilement qu'elles peuvent s'appuyer sur le gouvernement collaborateur de Vichy. Mais, là aussi, à la fin de l'Occupation, les Allemands doivent faire face à une résistance armée qui a notamment su constituer des maquis. En Italie surtout, des zones entières de la « république fasciste de Salo » dirigée par Mussolini sont en 1944 en fait contrôlées par les partisans.

Répression sociale et « hygiène raciale »

Si tous les régimes politiques punissent la **criminalité**, sa répression dans le régime nazi devient progressivement une manière d'assurer la « protection de la race ». La particularité du nazisme est ainsi d'avoir progressivement assimilé et expliqué des conduites sociales jugées « déviantes » par un déterminisme racial. Les auteurs de crimes deviennent des criminels-nés ; alors que la définition de « l'ennemi racial » se dilate de plus en plus. Cette évolution est cruciale : car définir de la sorte une personne selon des critères physiques et, sur cette base, juger de sa « valeur » permet rapidement de souhaiter et d'encourager la sélection des seuls individus ayant un intérêt pour le nouveau régime. Et, puisque les traits physiques ne peuvent pas changer et sont héréditaires, il s'agit de neutraliser ces personnes : en les enfermant, en ayant recours à leur stérilisation ou à leur élimination physique.

L'homosexualité est une de ces « déviances » rapidement réprimées par les nazis. L'article 175 du code pénal allemand, concernant les relations entre hommes, la punissait déjà. Mais un décret de juin 1935 la cible comme particulièrement dangereuse pour la « communauté du peuple » et la répression s'aggrave avec l'arrivée au pouvoir des nazis. Estimés à un million par les SS en 1937, 50 000 à 63 000 homosexuels, condamnés ou non, sont internés, dont 15 000 dans des camps de concentration : au minimum un tiers y décède. Seuls les Allemands sont visés avec, une fois la guerre déclenchée, les ressortissants des territoires annexés par le Reich, où le code pénal allemand s'applique (dont l'Alsace-Moselle pour la France).

Mais ce sont les **criminels** et les délinquants qui sont les premières cibles de la répression sociale. Dès novembre 1933, la détention préventive est étendue aux « criminels professionnels » récidivistes. Les condamnations se font plus sévères à leur encontre et les autorités ont parfois recours à la castration. À partir de 1937 surtout, cette répression s'étend à tous les « comportements déviants », définis de plus en plus largement. Ainsi, en février 1937, plus de 2 000 repris de justice sont arrêtés de manière préventive. Le 14 décembre, un décret est publié « sur la lutte préventive contre le crime par la police ». Dans la foulée, le 25 janvier 1938, un nouveau texte ne définit plus seulement la *Schutzhaft* comme une mesure prise à l'encontre de comportements menaçant « l'ordre public » ou la « sécurité de l'État » – c'est-à-dire contre les opposants politiques – mais comme un outil permettant aussi de lutter contre des « tendances » asociales. Le terme d'*asozial* permet d'englober de larges catégories de la société visées par les nazis : les sans-domicile fixe, les marginaux, les chômeurs, les prostituées, puis aussi tous les « réfractaires » à un travail imposé. Pour les idéologues du parti nazi, il s'agit d'écarter de la « communauté du peuple » tous les êtres « de valeur inférieure » : les problèmes sociaux relèvent dorénavant clairement de la race et de l'eugénisme. En avril 1938, lors d'une action policière coordonnée dans différentes villes du pays, plus de 2 000 chômeurs ayant refusé deux fois un travail sont arrêtés et envoyés à Buchenwald. Mi-juin, une grande rafle permet l'arrestation et l'internement de près de 10 000 « asociaux » dans les camps de concentration où, dorénavant, les opposants politiques sont alors en minorité.

les criminels sont les premières cibles de la répression sociale

Les **tsiganes,** appelés *Zigeuner,* environ 26 000 en Allemagne en 1933, sont rapidement intégrés à cette catégorie très large des « asociaux ». On pointe notamment leur refus de travailler. Pourtant, une partie d'entre eux – les Sinti – étaient établis en Allemagne depuis deux siècles et étaient sédentarisés. Les autres – les Roms – ne posaient pas de problème particulier. Mais, depuis le début du XXe siècle, ils étaient globalement visés par des préjugés et des discours racistes. Un « problème tsigane » était avancé.

L'arrivée au pouvoir des nazis provoque des internements massifs, à l'initiative souvent des seules municipalités, et augmente considérablement les contrôles et les harcèlements. Le décret de décembre 1937 « sur la lutte préventive contre le crime », qui vise les « asociaux », intègre les tsiganes. Dans leur cas, la répression s'appuie explicitement sur des critères raciaux. Un an plus tard, le 8 décembre 1938, un décret contre le « fléau tsigane » ne laisse plus guère de doute, en enclenchant notamment le recensement de tous les tsiganes du Reich à partir d'une définition raciale. Comme pour les juifs, ce sont des familles entières qui sont visées. La guerre radicalise le processus, même si la « question tsigane » n'y prend pas le caractère prioritaire que revêt la « question juive ». Elle illustre toutefois l'engrenage formé par des préjugés

comme pour les juifs, des familles entières de tsiganes sont visées

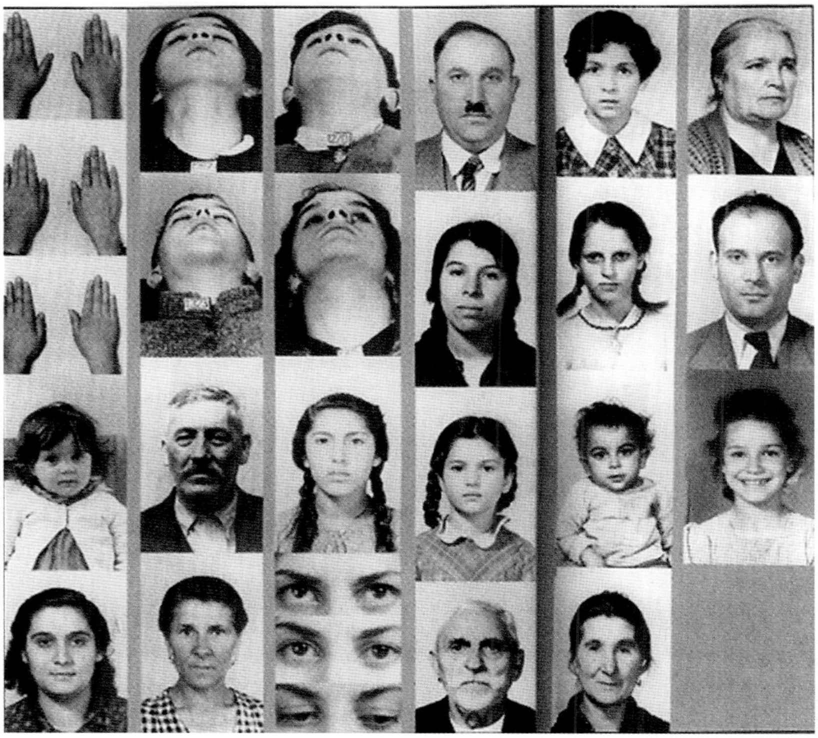

Photographies d'yeux, de nez et de mains de tsiganes effectuées par le « Centre de recherches en hygiène raciale » du Reich

populaires et un racisme d'État, mis en marche par une administration policière et bureaucratique qui prend vite l'habitude de résoudre les problèmes par une vaste répression et le meurtre de masse. Avec les juifs du Reich, les tsiganes d'Allemagne sont d'abord inclus dans les plans de « nettoyage ethnique » engagés à l'Est grâce à l'invasion de la Pologne. Ils doivent y être déportés, mais les départs sont ajournés. Lors de la « guerre des races » en Union soviétique, les tsiganes sont directement visés : beaucoup sont fusillés lors de l'avance des troupes allemandes, d'autres sont gazés à Chelmno, près de Lodz.

C'est en décembre 1942 que les SS décident la déportation systématique des tsiganes du Reich (allemands, autrichiens et tchèques) : les convois « Z » (pour *Zigeuner*) emmènent à Auschwitz-Birkenau 23 000 d'entre eux.

Asile où les handicapés mentaux étaient assassinés. L'autobus aux fenêtres obturées servait au transport de ces « êtres jugés inutiles »

Fin mars 1943, l'ordre est cette fois donné pour les tsiganes des Pays-Bas, de Belgique, du Luxembourg et d'Alsace-Moselle, mais pas pour ceux de France, largement internés par le gouvernement de Vichy. À leur arrivée à Auschwitz-Birkenau, les tsiganes sont placés dans le « camp des familles », où les conditions sont terribles : 18 000 au moins meurent du typhus exanthématique ou de tuberculose. Dans la nuit du 2 au 3 août 1944, les 2 900 survivants du camp des familles de Birkenau sont gazés. Au total, pour toute la période, si les estimations sont difficiles, le nombre des victimes tsiganes est sans doute de 250 000.

Les nazis entament aussi l'élimination d'**êtres jugés inutiles :** les handicapés mentaux et physiques, les incurables et les vieillards grabataires, tous dangereux pour la consolidation de la « race supérieure ».

« Que nous ayons raison ou tort, nous devons gagner. [...] Et quand nous aurons gagné, qui nous demandera des comptes sur la méthode ? » Hitler à Goebbels, son ministre de la propagande, le 16 juin 1941.

Les victimes de la guerre des races menée à l'Est contre les « Slaves », le déchaînement de la violence

1er septembre 1939 : l'Allemagne envahit la Pologne, qui est écrasée en quelques semaines. 22 juin 1941 : dans le cadre de l'opération « Barbarossa », Hitler lance ses troupes sur l'URSS. Dans ces deux combats où les nazis entament leur conquête de « l'espace vital » à l'Est et un programme de colonisation et d'esclavage des populations inférieures « slaves », leur violence se déchaîne, sans limite. La Pologne et l'URSS sont ainsi des champs d'expérimentation de la terreur nazie.

En Pologne, l'ordre est donné dès le 17 octobre 1939 de tuer systématiquement les « élites » du pays : les responsables publics, les intellectuels, les notables, les prêtres, etc. Ceux qui ne sont pas tués sont envoyés dans de nouveaux camps de concentration vite installés : à Stutthof, près de Dantzig, dès la fin de l'année 1939, et surtout à Auschwitz, en Haute-Silésie, en mai-juin 1940, où le régime est d'emblée extrêmement brutal – les deux tiers des 25 000 premiers détenus polonais disparaissent en un an.

L'attaque contre l'URSS représente la guerre attendue par les nazis : combat de races pour la conquête de « l'espace vital » et conflit idéologique contre le « judéo-bolchevisme », permettant d'entamer le règlement de la « question juive » à l'Est. Un seul but : exterminer « l'adversaire ». La directive « Barbarossa » du 13 mai 1941, c'est-à-dire avant même que le combat ne commence, blanchit l'armée des crimes qu'elle commettrait contre des civils. Le 6 juin, le « décret des commissaires » ordonne l'assassinat des responsables politiques de l'armée soviétique. Le 13 juillet 1941, Himmler rappelle, par exemple, à ses hommes engagés dans le « Groupe de combat nord » que la violence est non seulement autorisée mais aussi souhaitée : « *En face se trouve un peuple de 180 millions d'individus, un mélange de races et de peuples, dont même les noms sont imprononçables et dont l'allure est telle, qu'on peut seulement les descendre tous sans pitié ni charité.* » Les prisonniers soviétiques de l'Armée rouge qui n'ont pas été abattus sur place sont parqués et laissés dans le froid, la faim et les épidémies dans des camps sommaires rapidement mis en place : des centaines de milliers disparaissent ainsi. Une partie des officiers sont transférés dans les camps de concentration, où beaucoup sont ensuite exécutés, le plus souvent par balle, à Sachsenhausen, Buchenwald et Mauthausen. Plus de 12 000 autres sont envoyés construire le camp de Birkenau, où 10 000 meurent à la tâche. Deux millions de prisonniers de guerre soviétiques disparaissent entre juin 1941 et février 1942. Au total, ils sont 3,3 millions à mourir sur les 5,7 millions capturés (58 %). En comparaison, 14 000 des 1,9 million de prisonniers de guerre français décèdent en captivité entre 1940 et 1945 (moins de 1 %). Le cas des Polonais et des Soviétiques le montre, en dehors même du sort réservé aux juifs de ces pays, la Seconde Guerre mondiale est une guerre idéologique, raciste, sans limite.

Mars 1942, des prisonniers de guerre soviétiques dans un état de grande maigreur sont soumis, nus, à un appel

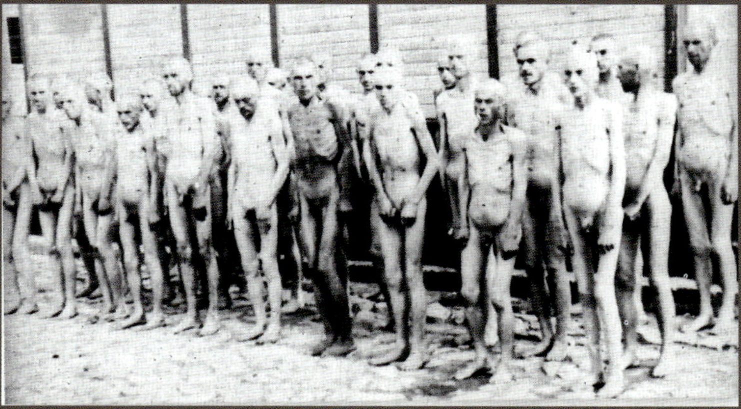

De manière significative, cet assassinat ne démarre qu'après le début de la guerre, l'ordre signé d'Hitler étant même antidaté au 1er septembre 1939, jour de l'invasion de la Pologne. Entre cette date et fin août 1941, plus de 71 000 adultes sont ainsi assassinés dans des instituts d'euthanasie par injections létales puis, pour plus de rapidité, par gazage au monoxyde de carbone dans des chambres à gaz. Les corps sont ensuite incinérés. L'opération secrète porte le nom de l'organisation qui la réalise, la « T4 », code lié à l'adresse de l'organisme SS installé au 4 de la *Tiergartenstrasse,* à Berlin. Six principaux centres d'euthanasie sont utilisés : Bernburg, Brandenburg, Grafeneck, Hadamar, Sonnenstein et, en Autriche, le château d'Hartheim. Des pratiques identiques amènent aussi la mort d'au moins 2 000 patients d'asiles de Pologne, de Poméranie et de Prusse, gazés dans des camions itinérants.
Les protestations des responsables religieux, qui apprennent ce qui se déroule, amènent l'arrêt de l'opération T4 le 24 août 1941. Mais, malgré cette décision, une « euthanasie sauvage » se poursuit dans les asiles allemands, où les handicapés meurent de faim ou sont tués par des injections de poison ou des surdoses de médicaments. De plus, l'euthanasie des enfants n'est pas visée par l'ordre de suspension : durant toute la guerre, au moins 5 000 d'entre eux, handicapés physiques ou mentaux, sont assassinés par l'absorption de comprimés ou des piqûres mortelles. Enfin, l'organisation T4 n'est pas dissoute : ses hommes et son expérience vont être ensuite utilisés pour le génocide des juifs.

La persécution et l'extermination des juifs

Dans la conception nazie du monde, le juif est le danger mortel pour l'Allemagne. Dans leur théorie des races, il est le seul ennemi à ne même pas y figurer pleinement : les juifs forment l'antirace *(Gegenrasse).* Ce sont des microbes contagieux et cette approche bactérienne est d'autant plus importante qu'elle englobe tous les juifs, y compris les enfants. Ce statut explique que la persécution des juifs va aller jusqu'au meurtre de masse et au génocide, un crime contre l'humanité sans précédent. Les nazis souhaitent et engagent avec la guerre l'anéantissement de tous les juifs d'Europe : hommes, femmes et enfants, tués simplement à cause de leur naissance. L'idéologie raciale des nazis a fait d'autres victimes : les tsiganes, les « Slaves », etc., mais aucune n'est autant au cœur de la conception du monde nazie que ne le sont les juifs. Ce sont les ennemis principaux du Reich nazi. La motivation suprême et centrale d'Hitler à leur égard, celle de ceux qui se chargent d'appliquer sa volonté, explique l'ampleur du crime.

> ***une solution définitive et globale qui prime sur toutes les autres***

La « solution finale de la question juive » est donc conçue comme une solution définitive et globale, qui prime sur toutes les autres, un génocide « extrême ».
Elle a été délibérée et planifiée par un État puissant, qui a mobilisé d'importantes ressources humaines et techniques pour atteindre son objectif. Elle a été perpétrée au sein d'une société moderne et européenne. La guerre a permis son développement maximum et a donc constitué un seuil essentiel.
Car la « solution finale » a suivi une progression et des étapes avant qu'elle ne se traduise, pour ceux qui étaient chargés de la mettre en œuvre, par l'extermination systématique et sans délai de tous les juifs. Comme l'a brillamment exposé l'historien américain Raul Hilberg, dans *La Destruction des Juifs d'Europe*, « *le processus de destruction se déroula selon un schéma définissable – ce qui ne signifie pas qu'il ait correspondu à un plan préétabli. En 1933, aucun des exécutants ne pouvait prédire les mesures qui seraient prises en 1938 ; ni, en 1938, quelle forme l'entreprise allait prendre en 1942. La destruction fut une opération poursuivie pas à pas ; rares furent les cas où le fonctionnaire pouvait voir plus loin que le but de l'étape en cours. Les stades du processus ne s'en ordonnèrent pas*

Le 10 novembre 1938, 10 000 juifs allemands, arrêtés lors de la « Nuit de cristal », encore en vêtements civils mais le crâne déjà rasé, sont sur la place du camp de Buchenwald pour un appel. L'expression « Nuit de cristal » évoque les débris de verre des devantures des magasins vandalisés par les nazis

moins en une suite précise. On commença par élaborer la définition du juif ; puis on engagea les procédures d'expropriation, puis la concentration dans les ghettos ; enfin, la décision fut prise d'anéantir tous les juifs d'Europe. »

Plus ce processus se déroule et plus il est secret ; son langage est codé. Les nazis parlent par exemple de « transplantation » *(Umsiedlung)*, de « transportation » *(Aussiedlung)*, de « traitement spécial » *(Sonderbehandlung)* et, le plus souvent, donc, de « solution finale *(Endlösung)* de la question juive ».

L'exclusion des juifs démarre dès l'accession au pouvoir des nazis, en Allemagne. Dès le 11 avril 1933, un règlement fixe qu'une personne n'est pas « aryenne » si elle a un de ses grands-parents de religion juive. Quatre jours plus tôt, les juifs ont perdu le droit d'exercer certains métiers, notamment dans la fonction publique. En septembre, ils sont exclus des professions artistiques et en octobre de responsabilités dans la presse. Ce sont surtout les lois dites de Nuremberg, établies lors d'un congrès du parti nazi en septembre 1935, qui fondent la législation antisémite nazie et la discrimination raciale. À côté de « l'aryen » de pur sang allemand jouissant de tous les droits politiques, une loi sur la citoyenneté du Reich crée ainsi une catégorie de citoyens de seconde zone, comprenant le juif. Une autre loi, « *pour la préservation du sang et de l'honneur allemand* », interdit tout mariage et toutes relations sexuelles entre juifs et « aryens » ; décision bientôt étendue aux « *tsiganes, nègres et autres bâtards* ». En juin 1936, alors qu'en France le Front populaire accède aux responsabilités, la cour de cassation du Reich décide que les caractéristiques « raciales » juives sont un motif valable de dénonciation d'un contrat de travail privé. En novembre 1938, les juifs n'ont plus le droit à l'assistance publique. En août, ils sont contraints d'ajouter à leur prénom Sarah, pour les femmes, ou Israël, pour les hommes.

« L'aryanisation » de leurs biens, c'est-à-dire leur spoliation, commence à être légalisée au printemps 1938. Tous doivent être déclarés et enregistrés. En novembre, les commerces de détail juifs sont fermés, les administrateurs juifs de sociétés licenciés. Les juifs détenteurs de capitaux doivent les vendre.

Les nazis poussent également les juifs à émigrer hors des frontières du Reich : 520 000 en 1933 (soit 1 % de la population allemande), ils ne sont plus que 350 000 en 1938. Près de 80 000 quittent précipitamment le pays à la suite de la « Nuit de cristal » (du 9 au 10 novembre 1938), une importante série d'émeutes contre les juifs organisée par le pouvoir à la suite du meurtre à Paris d'un diplomate allemand par un jeune juif allemand, Herschel Grynszpan. Synagogues et magasins juifs sont détruits. Plus d'une centaine de juifs sont assassinés lors de ce vaste pogrom, et près de 30 000 sont arrêtés et répartis dans les camps de Buchenwald, Dachau et Sachsenhausen : la plupart sont vite libérés mais sont contraints d'émigrer. C'est le premier internement massif de juifs, même si la politique d'émigration demeure alors l'objectif prioritaire des nazis : 120 000 juifs quittent l'Allemagne en 1938-1939.

Durant la **guerre,** cette politique d'exclusion ne cesse de se radicaliser : en septembre 1941, les juifs de plus de six ans sont obligés de porter l'étoile de David de couleur jaune, cousue sur le côté gauche de leur vêtement, où le mot « JUDE » (juif) est inscrit en lettres noires. Toutefois, progressivement, une fois la guerre déclarée, cette politique brutale d'émigration « légale » n'apparaît plus aux yeux des responsables nazis comme une solution véritablement efficace. En effet, déjà après l'annexion de l'Autriche et de ses 190 000 juifs, puis surtout avec les premières conquêtes en Europe, le Reich finit par comprendre plus de juifs qu'en 1933. L'invasion de la Pologne place surtout le plus important foyer du judaïsme européen sous le contrôle des nazis.

les juifs sont obligés de porter l'étoile jaune

En septembre 1939, dans le cadre plus large d'un véritable remodelage de la démographie de l'Europe orientale, un projet de création d'une « réserve juive » près de Lublin, en Pologne occupée, échoue. De même, le « plan Madagascar », élaboré une fois la France occupée, et qui prévoyait le départ forcé de centaines de milliers de juifs dans l'océan Indien, ne verra finalement pas le jour. D'autres solutions doivent être trouvées. En Pologne, les nazis décident de regrouper tous les juifs dans des ghettos : celui de Lodz est créé dès avril 1940, celui de Varsovie en octobre. Les juifs s'y retrouvent entassés derrière des murs d'enceinte, séparés du reste de la population, leurs biens spoliés. Ils doivent y travailler tout en étant sous-alimentés. Les conditions y deviennent vite terribles et la mortalité explose. À Varsovie, 450 000 personnes doivent vivre dans un espace de 3 km^2, soit une moyenne de 7,2 habitants par pièce habitable ! À partir de 1941, on compte 3 000 à 4 000 morts par mois ; en août 1942, 84 000 décès ont déjà été enregistrés. Arrivent aussi dans ces ghettos de Pologne des juifs expulsés d'Allemagne, d'Autriche et de Bohême-Moravie. Mais la guerre contre l'URSS commence à changer la nature des solutions qui vont être données au « problème juif ».

Dans cette « guerre des races », les quatre *Einsatzgruppen,* « groupes d'intervention » ou « groupes mobiles de tuerie », qui suivent les troupes régulières et qui sont formés chacun de 500 à 1 000 SS et membres de la police du Reich, tous volontaires, aidés sur place par des auxiliaires ukrainiens et baltes antisémites, ont pour mission d'exterminer là où il se trouve l'adversaire politique – le communiste – et racial – le juif. Les massacres sont méthodiques : une fois rassemblées, les victimes d'un secteur sont conduites au lieu de l'exécution où elles doivent se déshabiller devant une fosse, avant d'être fusillées par vagues successives. Les 29 et 30 septembre 1941, à Babi Yar, dans la banlieue de Kiev, l'*Einsatzgruppe* D tue ainsi en deux jours 33 771 juifs (hommes, femmes et enfants). Au total, entre 1941 et 1943, les *Einsatzgruppen* assassinent 1,3 million de Juifs, dont 800 000 entre juin 1941 et janvier 1942.

L'évolution de l'action de ces *Einsatzgruppen* démontre que le processus meurtrier se radicalise : si de juin à août ces commandos tuent les juifs de sexe masculin, à partir

En 1941, un juif mort de faim dans le ghetto de Varsovie

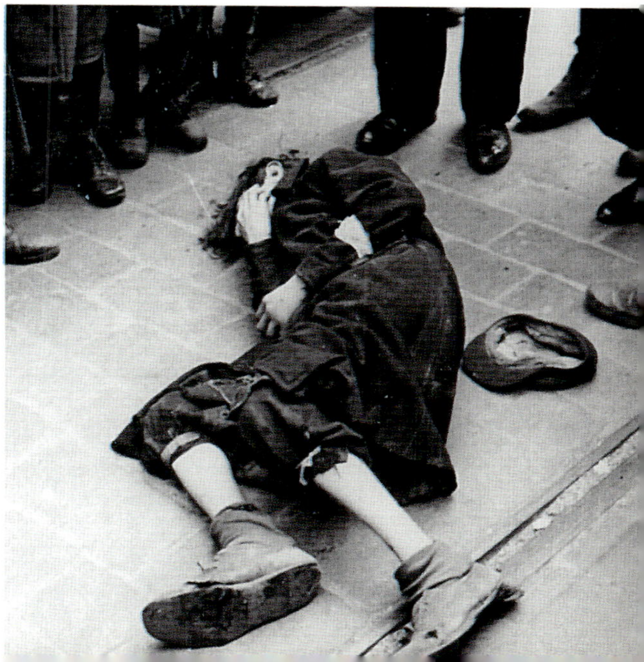

de septembre ils exécutent systématiquement les femmes et les enfants. Ils assassinent aussi quatre fois plus de personnes à partir d'août 1941. Ainsi, si aucun texte n'existe datant précisément la décision génocidaire totale, le tournant se situe sans doute en septembre-octobre 1941, à un moment où la victoire militaire était encore promise mais que l'échec aussitôt enregistré devant Moscou ne changera pas. D'autres signes ne trompent pas : en septembre 1941, des juifs allemands sont transférés dans les zones

Massacre de juifs par les Einsatzgruppen *en URSS. Hommes, femmes et enfants sont emmenés sur le lieu de leur exécution, où ils doivent se déshabiller avant d'être fusillés*

d'action des *Einsatzgruppen* et exécutés ; le 23 octobre, le chef de la Gestapo du Reich ferme les frontières, interdisant l'émigration juive hors de l'Europe contrôlée par les nazis. À ce moment, l'expression la « solution finale de la question juive » ne traduit plus la volonté d'expulser massivement les juifs mais leur élimination physique et systématique : un génocide devant s'étendre à tous les juifs du continent.

Fin novembre, Reinhard Heydrich, le chef nazi chargé de coordonner la « solution finale », lance l'invitation à une conférence interministérielle qui se tient le 20 janvier 1942 dans la banlieue de Berlin, à Wannsee. Elle a pour but de faire avaliser le nouveau processus en cours, ses grandes orientations et d'en régler les détails pratiques. Le génocide des 11 millions de juifs d'Europe, clairement avancé à Wannsee, n'en reste pas moins graduel, avec d'abord le recours à des ghettos de transit où les juifs seraient exterminés par le travail. Dans le même temps, à la fin du mois de janvier 1942, Himmler lance un vaste programme de déportation de 150 000 travailleurs juifs vers le système concentrationnaire pour les besoins de l'économie de guerre du Reich. La plupart prennent la direction du complexe d'Auschwitz. Mais, à terme, il est clair que même les plus résistants doivent être tués.

100 % des juifs doivent disparaitre

À partir de juin 1942, l'objectif est non seulement réaffirmé et confirmé – 100 % des juifs doivent disparaître –, mais une échéance rapide est fixée. Pour les nazis, il n'y a alors plus de temps à perdre. Toutefois, les tueries perpétrées par les *Einsatzgruppen* sont jugées trop lentes, pas assez secrètes et qui, par ailleurs, altèrent le moral des bourreaux. De plus, l'échec de l'armée allemande devant Moscou et le début de son recul empêchent rapidement des transferts massifs plus à l'Est. Il faut donc arriver à tuer en nombre, plus rapidement, plus discrètement et « plus proprement ». Le programme T4, élaboré pour les malades mentaux, sert de modèle : la « solution finale » se fait alors surtout par gazage des juifs. On fait appel à des membres de la T4 pour procéder aux premiers essais en URSS, dans des camions à gaz, et en Pologne, au château de Chelmno. Là aussi, on tue les juifs grâce à des véhicules spécialement aménagés pour réintroduire le gaz d'échappement du moteur à l'intérieur du véhicule où montent les personnes. Des tests de gazage sont aussi effectués à Auschwitz sur des prisonniers de guerre soviétiques et polonais. D'abord rudimentaire et artisanale, puis perfectionnée et industrielle dans le cas des chambres à gaz-crématoires de Birkenau, une structure totalement nouvelle voit ainsi le jour : le « centre d'extermination » ou « centre de mise à mort ». Les victimes doivent être acheminées dans un lieu secret, un terminus ferroviaire, où elles sont gazées de manière anonyme, en groupes, pour mieux faciliter la tâche de bourreaux, dont la responsabilité est ainsi diluée.

Le **programme** de déportations établi pour permettre de passer « *l'Europe au peigne fin* », comme l'explique à Wannsee Adolf Eichmann, le chef du service de la Gestapo chargé de mener la « solution finale », débute dès mars 1942 avec les premiers convois de juifs de Slovaquie. En août, suivent des transports partis de Croatie, en septembre de Serbie ; à partir de mars 1943, des convois quittent la Bulgarie et la Grèce. Le premier départ de juifs de France a lieu en mars 1942. Mais l'extermination massive et systématique de juifs dans des centres de mise à mort débute d'abord là où les juifs avaient surtout été concentrés jusque-là, en Pologne. Les juifs du Reich qui y avaient été déportés sont dirigés vers Chelmno, qui fonctionne de décembre 1941 à septembre 1942. Surtout, « l'action Reinhard », du nom de Reinhard Heydrich, l'adjoint d'Himmler tué à l'été 1942 par des partisans tchèques, prévoit, à la fin de l'année 1942, l'élimination de tous les juifs présents dans le Gouvernement général (la partie de la Pologne non annexée mais administrée par le Reich). À la date prévue pour la fermeture d'un ghetto, les juifs qui n'avaient pas encore disparu du fait des conditions endurées, sont tous acheminés vers un des trois centres de mise à mort spécialement installés pour cette opération. La planification prévoit que celui de Belzec serve à l'assassinat des juifs de Lwow (Galicie orientale) et de Cracovie (Galicie occidentale) ; celui de Sobibor pour les juifs de Lublin ; et celui de Treblinka pour les juifs

Discours d'Himmler

prononcé à Posen (Poznan) le 6 octobre 1943 devant des responsables régionaux du Reich (TRADUCTION DE JEAN-LUC BELLANGER)

Dans ce cercle extrêmement réduit [...] je peux attirer l'attention sur une question que vous tous, mes camarades de parti, avez considérée comme allant de soi, mais qui a été pour moi la question la plus difficile de mon existence, la question juive. [...] La phrase « il faut exterminer les juifs », ces quelques mots, Messieurs, on les prononce facilement. Pour celui qui doit réaliser ce qu'elle exige, c'est la chose la plus dure et la plus difficile qui existe. [...] Je vous prie de seulement écouter ce que je vous dis ici, dans ce cercle, et de ne jamais en parler. La question qui s'est posée à nous : que faire des femmes et des enfants ? – je me suis décidé, ici aussi, à trouver une solution très claire. Je ne me sentais en effet pas le droit, d'exterminer, donc de tuer ou de faire tuer les hommes, en laissant, sous la forme des enfants, grandir des vengeurs face à nos fils et petits-fils. La difficile décision devait être prise, de faire disparaître ce peuple de la Terre. Pour l'organisation qui devait exécuter cette mission, c'était la plus dure que nous ayons jamais eue. Elle a été exécutée, – je crois pouvoir le dire –, sans que nos hommes et notre Führer en subissent un dommage à l'esprit ou à l'âme.
[...] La question juive dans les pays que nous occupons sera réglée d'ici la fin de cette année. Seul un restant de juifs isolés qui se sont cachés demeurera encore. La question des juifs mariés à des partenaires non-juifs, et la question des demi-juifs seront étudiées de façon appropriée et raisonnablement une décision sera prise et l'affaire réglée.

de Varsovie et de Radom. C'est Belzec qui ouvre le premier, en mars 1942 : il sert de modèle aux deux autres. À sa tête, Christian Wirth, qui a joué un rôle majeur dans le programme T4. Mi-juin 1942, les gazages sont arrêtés pour permettre la construction d'infrastructures plus grandes et plus perfectionnées : 96 000 juifs ont alors déjà été assassinés à Belzec. Mais depuis mai les gazages des juifs de Lublin, des districts de Pulawy, Zamosc ou Chelm, ont débuté à Sobibor : fin juillet, lorsqu'ils s'arrêtent parce qu'il faut réparer la voie ferrée entre Lublin et Chelm, 77 000 personnes ont déjà été assassinées. Dans le même temps, le centre de mise à mort de Treblinka a été installé à 80 km au nord-est de Varsovie. Les gazages commencent fin juillet 1942 : un mois plus tard, on enregistre déjà la mort de 215 000 juifs de Varsovie et des districts de Radom ou Kielce. Ce meurtre de masse s'est déroulé dans une véritable sauvagerie, où le commandant de Treblinka a laissé libre cours à toutes les horreurs. Jugeant que l'extermination doit toutefois se dérouler dans un maximum d'ordre, ses responsables le remplacent par l'ancien commandant de Sobibor, Franz Stangl, réduit depuis quelques semaines à l'inactivité. Il fait de cette structure le plus abouti des centres d'extermination, rodant le mécanisme à l'extrême : en septembre-octobre 1942, en moyenne, près de 6 000 juifs sont exterminés chaque jour à Treblinka. Les 700 derniers survivants du ghetto de Varsovie n'attendent pas leur départ vers ce centre de mise à mort : ils déclenchent une révolte désespérée le 19 avril 1943, résistant trois semaines avant d'être écrasés.

Au total, les objectifs élaborés par les SS sont tenus. À Belzec, où les gazages reprennent dès le deuxième semestre de 1942, on estime à 435 000 le nombre de juifs gazés ; ils sont au total 250 000 victimes à Sobibor et 750 000 à Treblinka. « L'action Reinhard » se termine au camp de Maïdanek et dans ses *Kommandos* avec l'opération *Erntefest* (« fête de la moisson »), où 42 000 juifs jusque-là retenus pour le travail sont assassinés à la mitrailleuse entre le 3 et le 5 novembre 1943.

Après avoir fait déterrer les cadavres ensevelis dans les fosses communes pour les brûler, les SS détruisent les centres de mise à mort, désireux d'effacer les traces de leur crime : Belzec en mars 1943, Sobibor en octobre après la révolte des juifs du camp, Treblinka fin 1943, où un mouvement de résistance en août 1943 accélère aussi la fermeture du site. Sur leurs emplacements, des fermes sont construites.
Le centre de Chelmno, qui s'arrête en avril 1943, reprend son activité au début de 1944 pour l'extermination d'une partie des juifs du ghetto de Lodz, les autres étant dirigés vers Auschwitz. Le camp de concentration de Lublin-Maïdanek, ouvert d'abord pour des Polonais non juifs, des Ukrainiens et des Biélorusses, sert aussi à partir de l'été

A Auschwitz, en août 1944, un juif du Sonderkommando *a pris clandestinement quatre photographies ensuite récupérées par la résistance polonaise. La première montre un groupe de femmes nues, poussées par les SS vers la chambre à gaz du crématoire V. Une autre montre un bûcher en plein air où les détenus du* Sonderkommando *font brûler les corps des victimes qui viennent d'être gazées*

YVES LE MANER

L'absence de réaction des Alliés

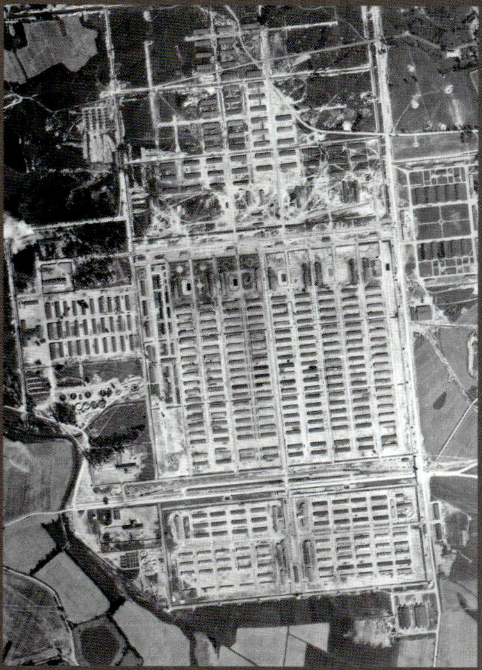

Photographie aérienne alliée prise le 23 août 1944. La fumée qui s'échappe des bûchers où les SS font brûler des cadavres en plein air, à côté du crématoire V, saturé, est bien visible

À partir du printemps 1942, les dirigeants des nations alliées ont reçu des informations quant à la mise en œuvre de la « solution finale » par les nazis. Elles proviennent de la résistance polonaise, de représentants de la communauté juive vivant dans les pays neutres, et du témoignage de quelques détenus évadés des camps. Au Royaume-Uni, la radio et la presse dénoncent à plusieurs reprises l'extermination des juifs à l'est de l'Europe. En juin 1942, la BBC et le *Daily Telegraph* évoquent même le gazage de 700 000 d'entre eux. Le 25 novembre 1942, le *New York Times* publie un article qui évoque Belzec, Sobibor, Treblinka et fait allusion aux chambres à gaz et aux crématoires d'Auschwitz. Le 17 décembre 1942, les gouvernements alliés dénoncent officiellement les crimes nazis, mais le sort spécifique des juifs est englobé dans les crimes de guerre commis par les nazis. Le 27 août 1943, le *New York Times* fait état cette fois du massacre de trois millions de juifs.

En mai 1944, les dirigeants américains reçoivent des informations très détaillées sur les méthodes criminelles utilisées à Auschwitz, et en particulier une copie du rapport de deux juifs évadés, Rudolf Vrba and Alfred Wetzler. À la même époque, les appareils de reconnaissance alliés qui photographient les installations industrielles d'Auschwitz III-Monowitz ramènent également des clichés d'Auschwitz II-Birkenau, où apparaissent nettement les bâtiments consacrés à l'extermination des juifs. Mais les gouvernements alliés privilégient la poursuite des opérations militaires pour gagner la guerre au plus vite et arrêter la totalité des massacres. En outre, des calculs politiques leur font redouter une vague massive d'émigration juive, orchestrée par les nazis. Aucune action concrète ne sera entreprise, notamment pour bombarder le réseau ferroviaire conduisant à Auschwitz, alors même que des centaines de milliers de juifs hongrois y arrivent encore pour être gazés.

Photographie aérienne alliée prise le 25 août 1944. Une sélection est en cours sur le quai ferroviaire, à l'intérieur du camp de Birkenau. Une file d'« inaptes » au travail est dirigée vers la chambre à gaz du crématoire II

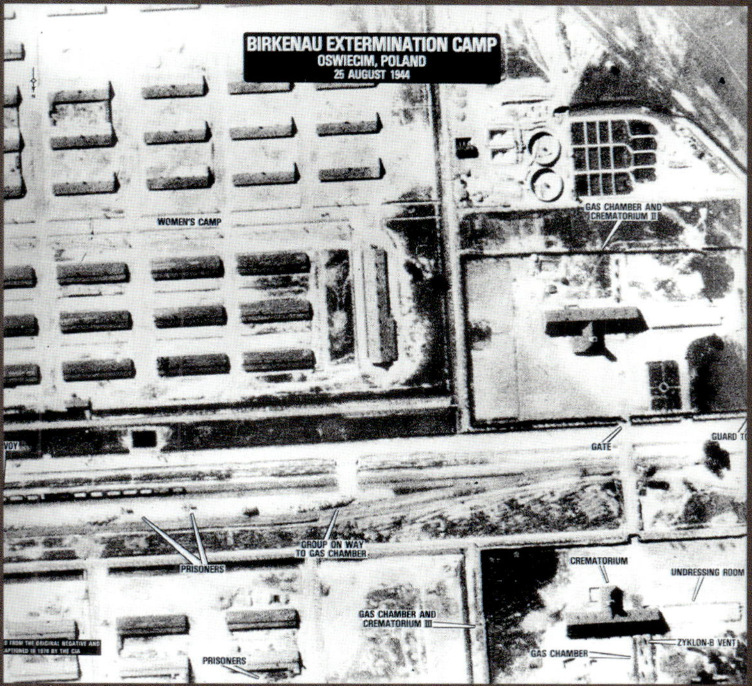

1942 à gazer des juifs polonais, au moins 50 000 : ces chambres à gaz cessent également de fonctionner à l'automne 1943.
À l'exception de quelques convois dirigés par exemple depuis la France, la Slovaquie ou la Grèce vers Sobibor, les centres de mise à mort installés dans le Gouvernement général servent avant tout à l'extermination des juifs polonais. C'est vers Auschwitz-Birkenau, dans un complexe concentrationnaire cette fois, qu'au début de l'année 1942 Himmler choisit de déporter les autres juifs d'Europe. Le camp est notamment bien desservi par le réseau ferroviaire. Il devient le principal centre du génocide. En mai 1942, un premier site de gazage est installé à Birkenau dans deux vieilles fermes spécialement réaménagées (les Bunkers 1 et 2). Dès l'été 1942, il est décidé de remplacer ces installations rudimentaires par quatre grands ensembles de chambres à gaz-crématoires, permettant en un lieu fermé et moderne le déroulement de l'ensemble des phases de l'extermination. Ils entrent en service entre mars et juin 1943, le gazage dans les anciens Bunkers étant arrêté. C'est là que vont être tués au moins un million de juifs d'Europe, dont l'essentiel des juifs déportés depuis la France. C'est là qu'entre mai et juillet 1944 vont avoir lieu les derniers gazages massifs de 437 000 juifs de Hongrie, jusqu'à 10 000 par jour.
Le 7 octobre 1944, la révolte des juifs des *Sonderkommandos,* ceux forcés de travailler dans deux des crématoires, accélère l'arrêt du processus d'extermination en réussissant à sérieusement endommager les installations. En novembre 1944, une fois encore pour tenter de masquer leur crime, les SS dynamitent les installations du meurtre.
Au total, le génocide coûte la vie à plus de cinq millions de juifs d'Europe.

Le bilan humain du nazisme

La violence des nazis est sélective, la guerre qu'ils mènent étant sans cesse guidée par leur vision raciste du monde. Les juifs victimes d'un génocide sans précédent, les « Slaves » polonais et soviétiques, placés au bas de la hiérarchie raciale, sont en nombre leurs victimes principales.

Le génocide des **tsiganes** est estimé à **250 000 victimes.**

L'autre trait caractéristique de cette guerre, c'est qu'elle frappe aussi beaucoup les civils. Au total, sur les plus de 50 millions de morts de la Seconde Guerre mondiale, entre 5 et 6 millions sont des juifs. Plus de 20 millions sont des ressortissants de l'URSS (dont 7,7 millions de civils) et 5,4 millions des Polonais. En comparaison, la France enregistre au moins 600 000 morts, l'Italie plus de 400 000. L'Allemagne, à l'origine de la guerre, compte 7 millions de morts en 1945, dont 3,8 millions de civils.

Bilan du génocide des juifs

Le génocide des juifs fait entre **5 et 6 millions de victimes** : le tribunal de Nuremberg établit le chiffre à 5,7 millions. Raul Hilberg, l'auteur de l'étude de référence sur le sujet, aboutit au chiffre de 5,1 millions de morts.
L'action des *Einsatzgruppen* tue 1,3 million de juifs ; 800 000 autres meurent de privations dans les ghettos ; 2,7 millions sont gazés dans les centres de mise à mort (dont un million à Auschwitz-Birkenau du printemps 1942 à novembre 1944) : ainsi, l'essentiel du génocide des juifs se déroule hors du monde concentrationnaire. Ils sont environ 300 000 à mourir dans les camps de concentration où ils avaient été envoyés travailler.

En 1945, **deux tiers des juifs d'Europe ont disparu** avec de fortes variations selon les pays : 90 % de la population juive de Pologne en 1939, 50 % de celle d'Allemagne. À l'Ouest, où la collaboration des administrations locales a varié tout autant que l'aide et la résistance des populations, 71 % des juifs des Pays-Bas ont disparu, contre 27 et 28 % respectivement en Belgique et en France.

Pays	% victimes	Nbre de victimes / Population juive en 1939
Allemagne	50 %	120 000 / 240 000
Autriche	83 %	50 000 / 60 000
Tchécoslovaquie	83 %	260 000 / 315 000
Pologne	90 %	3 000 000 / 3 350 000
URSS	33 %	1 000 000 / 3 000 000
France	28 %	80 000 / 300 000
Belgique	27 %	24 000 / 90 000
Pays-Bas	71 %	100 000 / 140 000
Danemark	Moins de 1 %	60 / 6 500
Italie	18 %	9 000 / 50 000
Grèce	81 %	60 000 / 74 000
Yougoslavie	80 %	60 000 / 75 000
Hongrie	45 %	180 000 / 400 000
Roumanie	36 %	270 000 / 750 000

Chiffres donnés par Raul Hilberg dans La Destruction des Juifs d'Europe

Bilan du système concentrationnaire

La destruction par les nazis d'une partie des archives, l'improvisation des premiers camps de 1933 et le chaos de la fin de la guerre rendent les calculs difficiles dans le cas du système concentrationnaire. De septembre 1939 à janvier 1945, 1 650 000 personnes ont été enfermées dans les camps de concentration nazis : un tiers y décède, soit entre 550 000 et 650 000 personnes selon les estimations. Si l'on intègre la dernière période du système concentrationnaire, celle de sa désintégration et des évacuations, le bilan s'élève sans doute à près de 1,9 million de détenus.

Plus de 700 000 d'entre eux **décèdent.**

Ce bilan diffère beaucoup selon les nationalités des détenus et leur « importance raciale » aux yeux des nazis : les Slaves meurent davantage dans les camps que les Occidentaux. Il varie aussi selon les camps. Pour les principaux, nous disposons d'estimations intégrant le bilan des évacuations de 1945.

Camp (période de fonctionnement)	Nbre total de détenus	Nbre de décès	% de décès
Auschwitz (mai 1940 – 27 janvier 1945)	400 000	145 000 à 239 000	36 à 59 %
Bergen-Belsen (avril 1943 – 15 avril 1945)	125 000	37 000	30 %
Buchenwald (juillet 1937 – 11 avril 1945)	239 000	60 000	25 %
Dachau (mars 1933 – 29 avril 1945)	200 000	76 000	38 %
Flossenbürg (mai 1938 – 23 avril 1945)	115 000	70 000	61 %
Mauthausen (août 1938 – 5 mai 1945)	230 000	100 000	43 %
Dora-Mittelbau (août 1943 – 9 avril 1945)	60 000	20 000	33 %
Natzweiler-Struthof (mai 1941 – septembre 1944)	46 000	22 000	48 %
Neuengamme (juin 1940 – 30 avril 1945)	100 000	50 000	50 %
Ravensbrück (mai 1939 – 30 avril 1945)	145 000	28 000	19 %
Sachsenhausen (août 1936 – 22 avril 1945)	200 000	84 000	42 %

le système concentrationnaire et les centres de mise à mort du génocide des juifs 1933-1945

Je rapporte ici ce que j'ai vécu. L'horreur n'y est pas gigantesque. Il n'y avait à Gandersheim [un Kommando *de Buchenwald] ni chambre à gaz, ni crématoire. L'horreur y est obscurité, manque absolu de repère, solitude, oppression incessante, anéantissement lent. Le ressort de notre lutte n'aura été que la revendication forcenée, et presque toujours elle-même solitaire, de rester, jusqu'au bout, des hommes. Les héros que nous connaissons, de l'histoire ou des littératures, qu'ils aient crié l'amour, la solitude, l'angoisse de l'être ou du non-être, la vengeance, qu'ils se soient dressés contre l'injustice, l'humiliation, nous ne croyons pas qu'ils aient jamais été amenés à exprimer comme seule et dernière revendication, un sentiment ultime d'appartenance à l'espèce. Dire que l'on se sentait alors contesté comme homme, comme membre de l'espèce, peut apparaître comme un sentiment rétrospectif, une explication après coup. C'est cela cependant qui fut le plus immédiatement et constamment sensible et vécu, et c'est cela d'ailleurs, exactement cela, qui fut voulu par les autres.*

Robert Antelme, *L'Espèce humaine*, avant-propos, 1947

Mes très chers, je ne vous ai pas répondu jusqu'ici car je ne savais rien de précis sur tout ce qu'on m'a dit. Hélas ! pour notre grand malheur, nous savons déjà tout maintenant. J'ai eu chez moi un témoin oculaire qui, grâce à un hasard, fut sauvé. J'ai tout appris de lui. L'endroit où ils sont exterminés s'appelle Chelmno, près de Dabia, et on les enterre tous dans la forêt voisine de Lechow. Les juifs sont tués de deux manières, par les fusillades ou par le gaz. Depuis quelques jours, on amène des milliers de juifs de Lodz et on en fait de même avec eux. Ne pensez pas que tout ceci vous soit écrit par un homme frappé de folie. Hélas ! c'est la tragique, l'horrible vérité.

Le rabbin de Grabow, village polonais situé à 19 km de Chelmno, le 19 janvier 1942

Le camp, au cœur de la société nazie, 1933-1939

Les premiers camps provisoires lors de l'arrivée au pouvoir

Les premiers camps apparaissent dès l'arrivée au pouvoir des nazis : on en compte près de 160 pour la seule année 1933. Ces créations ne sont pas spécifiques au régime nazi, elles sont malheureusement la marque caractéristique de l'installation de beaucoup de dictatures, passées et présentes.

À gauche : barbelés du camp d'Auschwitz I

Ce sont les SA, surtout, mais aussi la police politique d'un *Land*, qui réquisitionnent ainsi temporairement des lieux (des anciennes casernes, des usines désaffectées, des stades, des châteaux, etc.) pour enfermer les ennemis politiques et tous les opposants au nouveau régime. Le camp d'Oranienburg est installé dans une ancienne brasserie. Celui de Börgermoor, où est composé par des détenus *Le Chant des marais* – qui va devenir une sorte d'hymne de la Déportation –, est créé dans une tourbière de la vallée de l'Ems. Aucune directive centrale du gouvernement n'organise ces créations, même si la police régulière vient pourtant livrer des personnes arrêtées. Aucun de ces camps n'était destiné à durer.

« La vie dans ces [premiers] camps défiait toute description. Tous les récits faits par d'anciens « concentrationnaires » qui ont survécu à ces années sont d'accord pour constater qu'il n'y avait pas une forme de perversion et de sadisme qui ne fût pratiquée par les SA. Mais il ne s'agissait encore que d'actes individuels de bestialité. Il n'y avait pas encore un système féroce parfaitement organisé qui s'étendait aux masses entières. C'est seulement la SS qui a réalisé cet exploit. »

Eugen Kogon, *L'État SS*

Avril 1933 : camp de la SA à Oranienburg près de Berlin, installé dans une usine désaffectée,

Dachau, le premier camp de concentration, le camp « modèle »

En 1933, la création du camp de Dachau introduit une différence essentielle. Elle est le produit d'une collaboration institutionnelle entre la police officielle du *Land* de Bavière, qui va fournir les détenus, et la SS, qui doit les gérer et administrer les lieux : mais les deux organismes sont dirigés par le même homme, Heinrich Himmler. Or, cette fois, le camp, qui ouvre ses portes dans la banlieue de Munich dès le 22 mars 1933, a été mis en place pour durer.

Image de propagande nazie : travail d'aménagement dans le camp de Dachau avant la guerre

Ce « camp de concentration pour prisonniers politiques » (*Konzentrationslager*, KL) a pour but de « rééduquer » les détenus – en majorité alors des communistes, des sociaux-démocrates, opposés aux nazis – en vue de leur réinsertion dans la nouvelle société. Il est ainsi clairement prévu que les internés « rééduqués » seront libérés.

Dans ce contexte, les maximes « éducatives » énoncées à l'entrée et à l'intérieur des camps – que les Français, qui arrivent surtout à partir de 1943, prendront pour une cruelle ironie – sont alors à considérer au premier degré. Ainsi, l'incitation au travail – le « *travail rend libre* », *Arbeit macht frei*, que l'on connaît surtout par le portail d'entrée du camp d'Auschwitz – est d'abord inscrite sur celui de Dachau. Les maximes peintes sur les baraquements autour de la place d'appel de Sachsenhausen sont également très significatives : « *Il existe un chemin vers la liberté. Ses bornes s'appellent : obéissance, application, honnêteté, ordre, propreté, amour du prochain, franchise, et amour de la patrie.* » Les camps sont bien un des piliers de la nouvelle société totalitaire nazie.

De ce fait, ils sont aussi présentés comme un moyen permettant de protéger la population. Ils doivent servir de façon préventive à placer des opposants provisoirement hors de la « communauté du peuple » (grâce à la procédure de *Schutzhaft*, détention sans jugement). Le camp de concentration n'est donc pas à cette époque un lieu secret, et la presse nazie annonce par exemple l'ouverture de Dachau. Régulièrement, elle propose des reportages sur « l'effort salutaire » qui y est mené. Le camp serait même une mesure de clémence envers les détenus : « *Au moins n'avons-nous pas dressé de guillotine* » explique Hitler dans un entretien à la presse fin 1933.

Mais, derrière cette propagande, les camps sont surtout des lieux où la violence nazie peut se développer sans contrainte : alors que la presse de Bavière se félicite de la création de Dachau, un dicton local résume la terreur suscitée par ce camp dans la population environnante : « *Mon Dieu, rends-moi muet, que je n'aille pas à Dachau.* » Le camp a donc aussi pour fonction de servir de « repoussoir » visible pour tous ceux qui chercheraient à s'opposer aux nouveaux maîtres du pays.

Image de propagande nazie : distribution de la soupe à Dachau, avant la guerre

Dans ce schéma, il assure des fonctions normalement dévolues à l'État, puisque y sont internés des détenus (des *Häftlinge*) qui continuent d'être arrêtés par les polices du Reich, la Gestapo en tête. Cette dernière est d'ailleurs représentée dans les camps, au sein de la section politique (la *Politische Abteilung*), où elle gère les dossiers des personnes arrêtées. La Gestapo est ainsi censée suivre la « rééducation » du détenu.

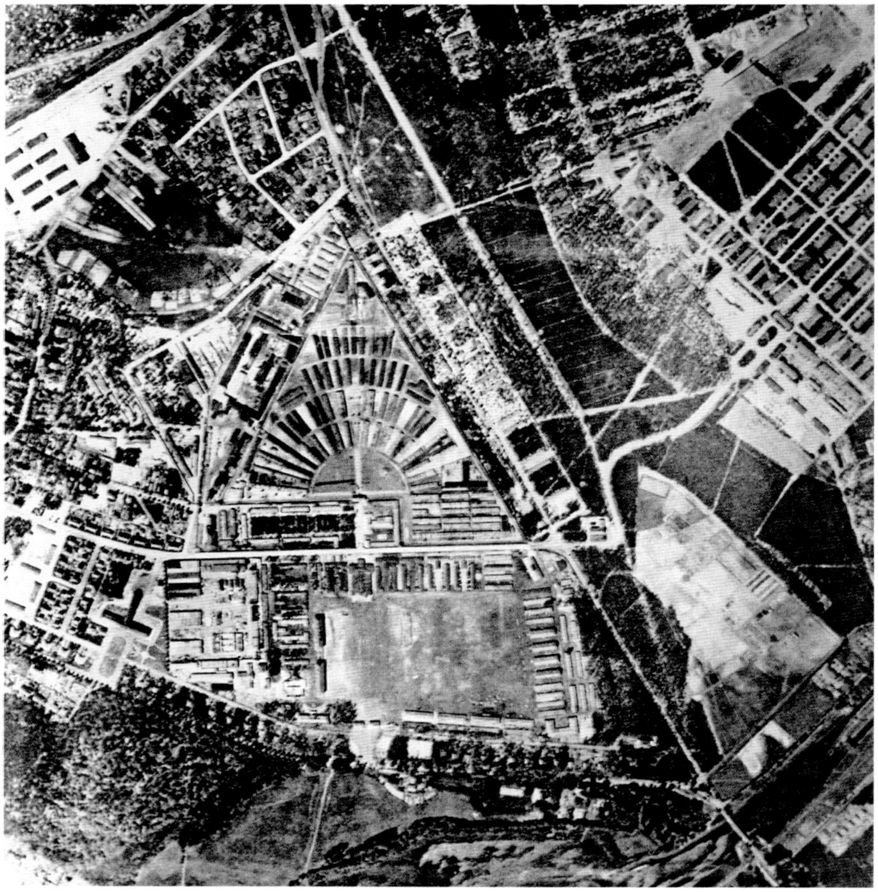

La plupart des plans des camps sont rectangulaires et orthogonaux. Celui de Sachsenhausen est toutefois radiant

Entrée du camp de Gross Rosen. Le portail d'entrée monumental des camps (le plus souvent une maison ou une tour construite perpendiculairement à la route d'accès) symbolise à lui seul le régime de terreur qui y règne. Il indique notamment l'heure, qui planifie toute la journée d'un détenu, où les temps d'attente succèdent à ceux de véritables frénésies. Ce temps répété et finalement suspendu, sans autre perspective d'avenir, est un des procédés du « pouvoir absolu » décrit par le sociologue Wolfgang Sofsky, dans L'Organisation de la terreur, *1995*

L'instauration d'un véritable « système concentrationnaire »

La terreur des premiers mois du nazisme au pouvoir est d'une ampleur considérable : au total, près de 100 000 personnes ont sans doute été internées dans un camp en 1933, provisoire ou « de concentration ». L'opposition étant rapidement brisée, elles ne sont plus que 27 000 dès l'été 1933. Fin 1934, 3 000 détenus se trouvent dans les camps de concentration.

La dictature nazie dorénavant bien installée et son opposition brisée, les camps auraient pu être fermés. Au contraire, leur nombre augmente : après Dachau, en 1933, sont ouverts les camps de Sachsenhausen (en août 1936, près de Berlin), de Buchenwald (en juillet 1937, à côté de Weimar), de Flossenbürg (en mai 1938, proche de la frontière tchèque) et de Ravensbrück (en mai 1939, le camp réservé aux femmes). Pour les nazis, il s'agit bien d'instaurer partout cet instrument de pouvoir. Les camps sont ainsi installés dans les différentes régions du Reich. Mauthausen est créé en août 1938, en Autriche nouvellement annexée.

Image de propagande du travail de détenues dans un atelier de couture du camp de Ravensbrück (1939)

Pour administrer cet ensemble en pleine croissance, Himmler nomme en avril 1934 Theodor Eicke, le commandant du camp « modèle » de Dachau, Inspecteur des camps de concentration. C'est lui qui réorganise ce dispositif et l'étend bientôt à l'ensemble du Reich, du nord au sud, d'ouest en est. En août 1936, son administration centrale (IKL) s'installe à Oranienburg, au contact du camp de Sachsenhausen.

Eicke met au point un règlement très détaillé pour régir tous les aspects quotidiens des camps et pour que s'applique une discipline stricte et violente. L'uniforme rayé blanc et bleu (*Zebra*, zèbre) devient la norme. Les punitions sont échelonnées et vont jusqu'à la mort du détenu. Le travail est un de ces moyens punitifs devant briser l'individu ; c'est aussi un des aspects de sa « rééducation ». Durant ces premières années, il n'a pas vraiment encore de finalité productive, si l'on excepte l'utilisation des détenus pour la construction de leur propre camp.

Dans ce système, les SS décident de confier une partie de l'administration interne des camps à certains détenus : d'abord aux « politiques », largement majoritaires, puis à partir de 1937 à des délinquants et à des criminels de « droit commun » ; il leur revient d'assurer une certaine autogestion dans la vie quotidienne du camp, tout en veillant au respect des règles édictées par les SS, y compris par la violence.

> *les camps doivent anticiper le futur monde parfait de la SS*

Ce développement du système concentrationnaire est en grande partie le résultat des ambitions de la SS, qui le gère. Pour « l'ordre noir », les camps de concentration doivent anticiper le futur monde parfait qu'ils souhaitent mettre en place. Ce sont des laboratoires où se développe sans limite l'idéologie raciale, nationale et sociale du nazisme. Ce sont aussi des sources de profit.

La société concentrationnaire et la dévolution de tâches d'administration à des détenus

La société concentrationnaire comprend **trois strates** : entre les SS et la masse des détenus, certains internés (entre 5 et 10 % de l'ensemble selon les camps et les époques) se voient déléguer par les nazis des fonctions d'administration du camp. À ces postes correspondent des avantages qui assurent des chances de survie bien supérieures à la moyenne : par exemple, une chambre particulière, de meilleurs vêtements, une nourriture plus abondante, un travail moins risqué. Être affecté à la cuisine du camp est une chance énorme dans cet univers dominé par la faim. Ces fonctions pouvant être retirées à tout moment, les détenus qui les obtiennent sont parfois prêts à toutes les extrémités pour les conserver et survivre : jusqu'à imiter et répercuter la violence des SS, collaborant avec eux, ce que Primo Levi a appelé la « zone grise », là où l'espace entre le bourreau et sa victime a disparu. Certains en profitent toutefois pour venir en aide à leurs co-détenus et développer des formes de résistance.

Ce système pervers reflète l'idéologie nazie et sa **hiérarchie nationale et raciale**. En haut de cette pyramide, les germanophones (Allemands, Autrichiens, Tchèques, Scandinaves, Néerlandais) ; beaucoup plus bas, les Français puis les Italiens. En dessous encore, les tsiganes et les « sous-hommes » slaves (les Russes, les Ukrainiens). Parmi ces derniers, le cas des Polonais est particulier, car beaucoup parlent l'allemand et ils forment en 1939-1941 la grande majorité des étrangers dans les camps : à ce moment, les SS choisissent ainsi des droit commun polonais pour occuper des postes. Enfin, les juifs sont les plus mal placés, n'étant même pas considérés comme des êtres humains.

Quotidiennement, **les SS exacerbent les oppositions** entre la masse et « l'élite » privilégiée des détenus (qu'on appelle dans les camps les *Prominenten*, les « notabilités ») ; entre les internés de droit commun – qui reçoivent rapidement la plupart des postes – et ceux arrêtés pour des motifs politiques – qui cherchent à les occuper ; entre les différentes nationalités ; etc. Le but des nazis est de briser toute socialisation et chaque individu.

Mais ces tâches dévolues à des internés permettent aussi aux SS, finalement peu nombreux, d'assurer l'organisation pratique quotidienne des camps : la tenue des multiples fichiers administratifs, le travail de secrétariat, celui de comptabilité, l'infirmerie, et la gestion des bâtiments de détention (les *Blocks* et leurs chambrées). Ainsi, durant la guerre, dans les grands camps, la masse des détenus ne voit souvent les SS que durant les appels du matin et du soir, qui permettent de les compter.

Le camp est dirigé par un commandant SS, qui a les pleins pouvoirs (le *Lagerkommandant*). Sa *Kommandantur* comprend trois grands services : le *Schutzhaftlager* est chargé du contrôle de l'effectif et des sanctions, l'*Arbeitseinsatz* gère le travail forcé, l'intendance s'occupe du fonctionnement quotidien du camp. À côté de la *Kommandantur*, la *Politische Abteilung* (la « section politique »), l'antenne de la Gestapo, gère les immatriculations et suit les dossiers des internés. Des gardiens issus des formations SS *Totenkopfverbände*, « à tête de mort », surveillent enfin les limites du site et doivent empêcher les évasions.

La **hiérarchie des détenus** est calquée sur celle des SS. Un « doyen du camp » (*Lagerältester*) est d'abord placé sous les ordres du commandant SS du camp. Il est représenté dans chaque *Block* par un autre doyen (*Blockältester,* on parle à Ravensbrück de *Blockova*) et par des détenus chargés d'administrer les chambrées, les *Stubendienste*. Des *Lagerschutz,* des sortes de policiers, se chargent d'assurer l'ordre. Dans les services centraux, le poste de *Lagerschreiber,* de secrétaire du camp, est fondamental : enregistrant toutes les arrivées et tous les départs, il tient à jour les effectifs et centralise l'ensemble des renseignements sur les détenus. Une seconde ligne hiérarchique se charge du travail dans les camps : les chefs des *Kommandos* de détenus désignés sont les *Kapos,* assistés de chefs d'équipe *(Vorarbeiter)*. L'élaboration des listes de ces *Kommandos* est réalisée à l'*Arbeitsstatistik* du camp, dirigée par un *Kapo* en chef. Avec la participation massive des camps à l'effort de guerre, à partir de 1942, ce service devient un centre névralgique. De 1933 à 1945, ces postes sont occupés en très grande majorité par des détenus allemands et autrichiens, parfois par des Tchèques ou des Polonais, tous maîtrisant l'allemand.

Le laboratoire et l'empire de la SS

Pour Himmler, les camps sont d'abord le lieu de formation de l'élite SS. Ce sont des écoles où l'on apprend à mater les sous-hommes, à les dominer, où le SS prend conscience de sa « supériorité raciale ». L'apprentissage peut conduire à la mort du détenu, les camps étant d'ailleurs des lieux où la SS peut discrètement faire disparaître ses adversaires. Dachau a ainsi servi de « centre de formation » pour nombre de SS, envoyés ensuite diffuser leur « savoir » dans d'autres camps du système concentrationnaire : parmi eux Rudolf Höss, le commandant d'Auschwitz ; Josef Kramer, celui de Birkenau ; ou encore les commandants des camps de Sachsenhausen, de Flossenbürg, de Ravensbrück et de Mauthausen.

Officiers et sous-officiers SS des « unités à tête de mort », ici lors d'un appel à Sachsenhausen avant 1939

Mais le système qui se met en place est aussi une source de profit pour la SS, qui dispose avec les détenus des camps d'une importante main-d'œuvre d'esclaves. La croissance des effectifs répond aussi à cet objectif. Car c'est la SS qui met les détenus au travail, dans des entreprises privées ou dans les siennes. Elle crée en effet de véritables sociétés, dont la plus connue est sans doute celle des Terres et Pierres, qui gère à partir de 1938 des carrières et des briqueteries (la *Deutsche Erd- und Steinwerke,* DEST). Les sites choisis pour installer les nouveaux camps le sont d'ailleurs aussi pour tenir compte de ces intérêts économiques, sur des terrains argileux ou proches de carrières de pierre. Grâce au travail des détenus, les SS expérimentent aussi dans les camps des cultures nouvelles pour pouvoir faire vivre en autarcie la future société nazie idéale. S'ils doivent payer au Trésor public allemand une redevance pour l'utilisation de détenus mis à sa disposition par l'État, celle-ci est à l'origine dérisoire par rapport au profit que la SS touche en retour. De plus, le Reich paye à la SS une indemnité parce qu'elle s'acquitte des tâches d'internement normalement dévolues à l'État !

Photographie du camp de Flossenbürg, créé en 1938 près d'une carrière de granit

« Ici nous étions avant tout frappés, d'abord par le caractère majestueux du site : à perte de vue s'étendait l'épaisse forêt montagneuse de la Bohême. » « Le camp, au contraire, offrait par son impression de rudesse, un contraste brutal avec le paysage environnant : la place d'appel encadrée, d'un côté par la cuisine et de l'autre par les bâtiments de la désinfection, les *blocks* du *"Revier"* et de la quarantaine, se confinait sur un espace plat, resserré entre deux collines déboisées.
Au-dessus du bâtiment de la cuisine, taillé dans le roc de l'une des deux collines, s'élevaient deux rangées parallèles de [...] *blocks,* construits en gradins sur des terrasses en pierre de taille. Un large escalier de granit [...] montait entre les deux rangées de bâtiments, permettant de les atteindre. [...] Une immense roche granitique, dominée par un "mirador", pointait vers le ciel : c'était le "*Steinbruch*", la sinistre carrière de Flossenbürg. »

Henri Margraff,
Témoignages strasbourgeois, *1947*

La situation avant le déclenchement de la guerre

Dès 1935, les ambitions de la SS font remonter le nombre de détenus présents dans les camps : ils sont près de 4 800 en novembre 1936 et 7 500 en 1937. À partir de cette date, l'arrivée des « asociaux », désormais largement arrêtés, renforce cette tendance, d'autant plus que ces détenus n'avaient pas vocation à être rééduqués et donc libérés. Et puisque cette vision de l'« asocial » contamine rapidement celle du « politique », qui devient un criminel par essence et qui n'est dès lors plus rééducable non plus, les camps doivent être maintenus pour gérer tous ces « parasites » sociaux, politiques, sexuels et de droit commun. En janvier 1937, Himmler expliquait, par exemple, dans un discours, que la réunion de tous ces « *sous-hommes* » dans les camps de concentration était « *parfaitement justifiée* » : « *Ce sont les reliquats de la classe criminelle, des bons à rien. Il n'y a pas démonstration plus vivante des lois de l'hérédité et de la race qu'un semblable camp de concentration, avec ses hydrocéphales, ses bigleux, ses difformes, ses demi-juifs et toute une série de types racialement inférieurs. Ils sont tous là.* »
Toutefois, en janvier 1941, pour gérer cette diversité de détenus, Heydrich, le second d'Himmler, élabore une classification des camps en trois catégories, la dernière (la III) étant de manière significative réservée aux « irrécupérables ».
En août 1939, à la veille du déclenchement de la guerre, le système concentrationnaire détient environ 22 000 internés, en très grande majorité allemands. Avec ses 14 000 SS « Têtes de mort » comme gardiens, il pourrait en contenir 50 000. Les conditions de détention y sont certes difficiles mais encore supportables. Les internés peuvent se laver et ne meurent pas de faim : ils ont même la possibilité, avec de l'argent du camp, de faire des achats dans les cantines gérées par les SS. Certains détenus sont libérés, peu sont tués. La mortalité y est donc encore faible, au point que les morts sont envoyés dans les morgues et les crématoires environnants.

Un système transformé par la guerre, 1940-1942

Croissance rapide des effectifs et internationalisation

Pour plusieurs raisons, la guerre influe sur l'évolution numérique, la composition de la population et le fonctionnement du système concentrationnaire.

La Gestapo procède tout d'abord à de nombreuses arrestations préventives durant les premières semaines du conflit. Il est alors également décidé de stopper provisoirement la plupart des libérations. Les effets sont immédiats : deux mois après le début de la guerre, on compte déjà 10 000 internés supplémentaires dans les camps.

Mais ce sont les détenus étrangers qui vont très vite assurer la croissance rapide des effectifs. Le 15 mars 1939, la mise sous « protectorat » de la Bohême et de la Moravie avait déjà entraîné l'arrivée de détenus tchèques. Même si les nazis créent des camps dans certains des pays conquis et annexés de fait (à Auschwitz en Pologne, en mai 1940, ou à Natzweiler en Alsace, en mai 1941), les conquêtes amènent beaucoup de ressortissants des pays vaincus dans les principaux camps d'Allemagne : des Polonais en premier lieu puis, avec le déclenchement de la guerre à l'Est contre l'URSS, des Soviétiques. La défaite de la France provoque également la capture de milliers de républicains espagnols engagés dans l'armée française : au mépris des conventions de Genève sur les prisonniers de guerre, et avec l'accord tacite du gouvernement de Vichy, à partir de l'été 1940, environ 7 300 d'entre eux sont envoyés à Mauthausen.

38 nationalités différentes à Dachau

Du fait de cette internationalisation, les détenus allemands deviennent largement minoritaires dans les camps, représentant en moyenne moins de 10 % des effectifs. Cette situation ne cessera de se renforcer avec l'extension de la guerre : en avril 1945, des détenus de 38 nationalités différentes étaient internés à Dachau. Mais les détenus allemands conservent la plupart des postes de l'administration interne.

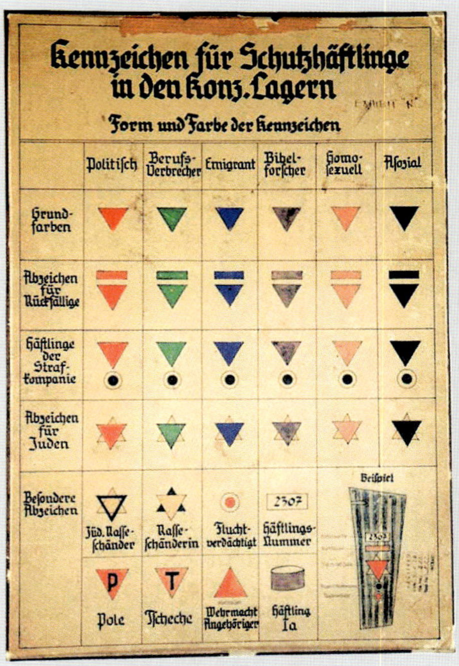

Dans les camps, les détenus sont identifiés de deux manières : par leur numéro, inscrit sur une bande de tissu cousue sur la veste et le pantalon, et par un triangle de couleur porté au-dessus du matricule, pointe en bas.
Les détenus arrêtés pour un motif politique portent depuis 1937 le triangle rouge, les témoins de Jéhovah le violet, les « asociaux » le noir, les tsiganes le marron, les homosexuels le rose, les apatrides le bleu, les droit-commun le vert. Les juifs sont également identifiés avec un autre triangle de couleur jaune se superposant au précédent, pointe en haut cette fois. Les détenus ayant tenté de s'évader ou risquant de le faire portent également, dans le dos, un cercle rouge imitant une cible (le *Fluchtpunkt*). Ceux de la compagnie disciplinaire ont un point noir en dessous de leur triangle. Quant aux détenus relevant de la procédure dite depuis *Nacht und Nebel* (« Nuit et Brouillard »), leur pantalon est marqué de larges bandes rouges et le dos de leur veste d'une croix avec les deux lettres « NN ».
Avec l'arrivée de nombreux étrangers dans les camps, les SS ajoutent une lettre au milieu des triangles pour marquer la nationalité du détenu étranger (le « F » pour les Français). Les internés allemands n'ont pas de lettre sur leur triangle.

LES PRINCIPAUX CAMPS DU SYSTÈME CONCENTRATIONNAIRE ET LEURS *KOMMANDOS*

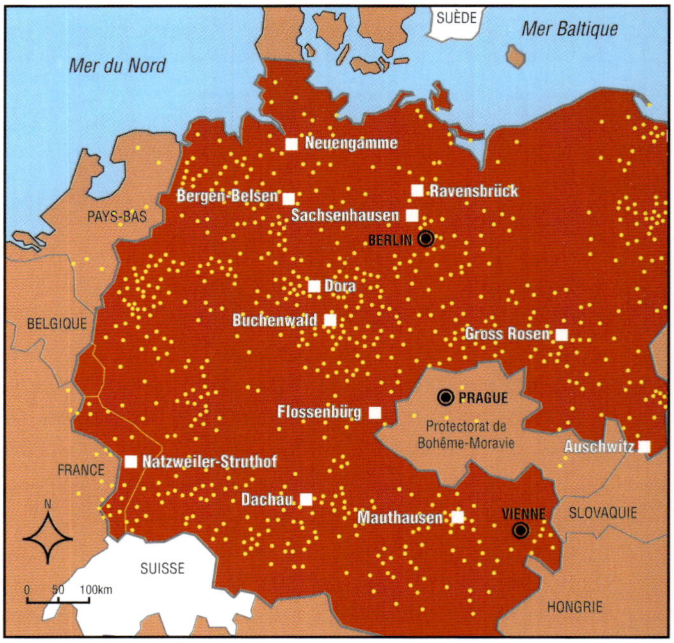

© La Coupole, Centre d'histoire et de mémoire du Nord–Pas-de-Calais

À l'été 1941, les camps comptent près de 60 000 détenus. Ils sont 100 000 dès le début de l'année 1942 : quatre fois plus qu'au commencement de la guerre. Le réseau des camps se développe encore : après l'ouverture de Stutthof près de Dantzig, d'Auschwitz, de Natzweiler et de Maïdanek-Lublin, Neuengamme et Gross Rosen deviennent officiellement des camps principaux durant cette année 1940-1941. L'afflux de détenus dorénavant majoritairement étrangers modifie le fonctionnement des camps. Il réduit d'abord le pouvoir de la Gestapo, qui n'est plus en mesure de suivre individuellement chaque prisonnier. Celle-ci n'abandonne pas pour autant ses principes d'organisation et son administration tatillonne. Mais surtout, les camps prévus pour recevoir autour de 5 000 détenus sont rapidement surpeuplés. Leurs structures apparaissent inadaptées. Dès les premiers mois de la guerre, la famine y règne et les conditions d'hygiène sont très mauvaises, provoquant épidémies et surmortalité. Les SS font donc installer des crématoires dans chaque camp, afin de brûler les corps des détenus décédés. Pourtant, les règles de fonctionnement initiales fixées par l'IKL sont maintenues, parfois jusqu'à l'absurde dès lors qu'il s'agit de « rééduquer » un détenu de toute façon non libérable et étranger. La violence et la terreur sont renforcées par cette nouvelle situation, où les mauvais traitements se multiplient.

Le corollaire : un travail de moins en moins punitif, au service des projets de la SS

Ce gonflement des effectifs est largement soutenu par la SS, qui y puise la main-d'œuvre pour ses propres projets de construction et de colonisation à l'Est, en vue de l'après-guerre, réalisations lui permettant en outre de s'autofinancer. Pour la SS, sur ce plan, la guerre est une chance. Elle développe ainsi son réseau d'entreprises et, dès 1941, passe des accords avec des firmes privées. À l'automne, l'entreprise aéronautique Heinkel emploie des détenus de Sachsenhausen, exemple bientôt suivi à Mauthausen avec le groupe Steyr-Daimler-Puch. À l'été 1942, la production du géant électrique Siemens débute à Ravensbrück, grâce à une partie de la main-d'œuvre féminine du camp. Himmler signe également un accord important avec IG-Farben, la première entreprise européenne de chimie, pour la construction de l'usine Buna à Auschwitz-Monowitz, qui devait produire du caoutchouc synthétique et du carburant. Malgré l'utilisation massive de détenus, dans des conditions inhumaines, et une mortalité effrayante, cette production ne démarrera jamais. Pour développer et appliquer cette politique de plus en plus portée vers un travail productif, la SS développe à partir de septembre 1940 un nouvel organisme central, l'*Arbeitseinsatz,* chargé de déléguer dans chaque camp un représentant pour organiser l'affectation des détenus au travail. Dans l'entourage d'Himmler, c'est alors Oswald Pohl qui joue un rôle de plus en plus décisif : s'occupant déjà des finances de la SS et de la construction des camps, il se charge de l'utilisation productive des détenus des camps de concentration. Dans ce but, le 1er février 1942, il crée une nouvelle structure, réunissant tous les bureaux de la SS concernés, dont l'IKL, l'*Arbeitseinsatz* et les directions de la dizaine d'entreprises SS : l'Office principal d'administration et d'économie de la SS, le *Wirtschafts- und*

Verwaltungshauptamt (WVHA), est né. Il va conditionner la vie de centaines de milliers de personnes mises au travail forcé, dont la plupart des Français déportés.
Ainsi, si dès ce moment le travail dans les camps est déjà largement tourné vers une production, celle-ci est au service des seuls intérêts de la SS, qui continue de gérer son empire en extension. Ce travail sert encore peu à produire des armes. La prolongation du conflit, qui plonge l'Allemagne dans la « guerre totale » et révèle son manque criant de main-d'œuvre, va de nouveau bouleverser des camps qui vont dès lors progressivement servir l'économie de guerre du Reich.

Himmler inspecte le site d'Auschwitz avec des représentants de la société IG Farben

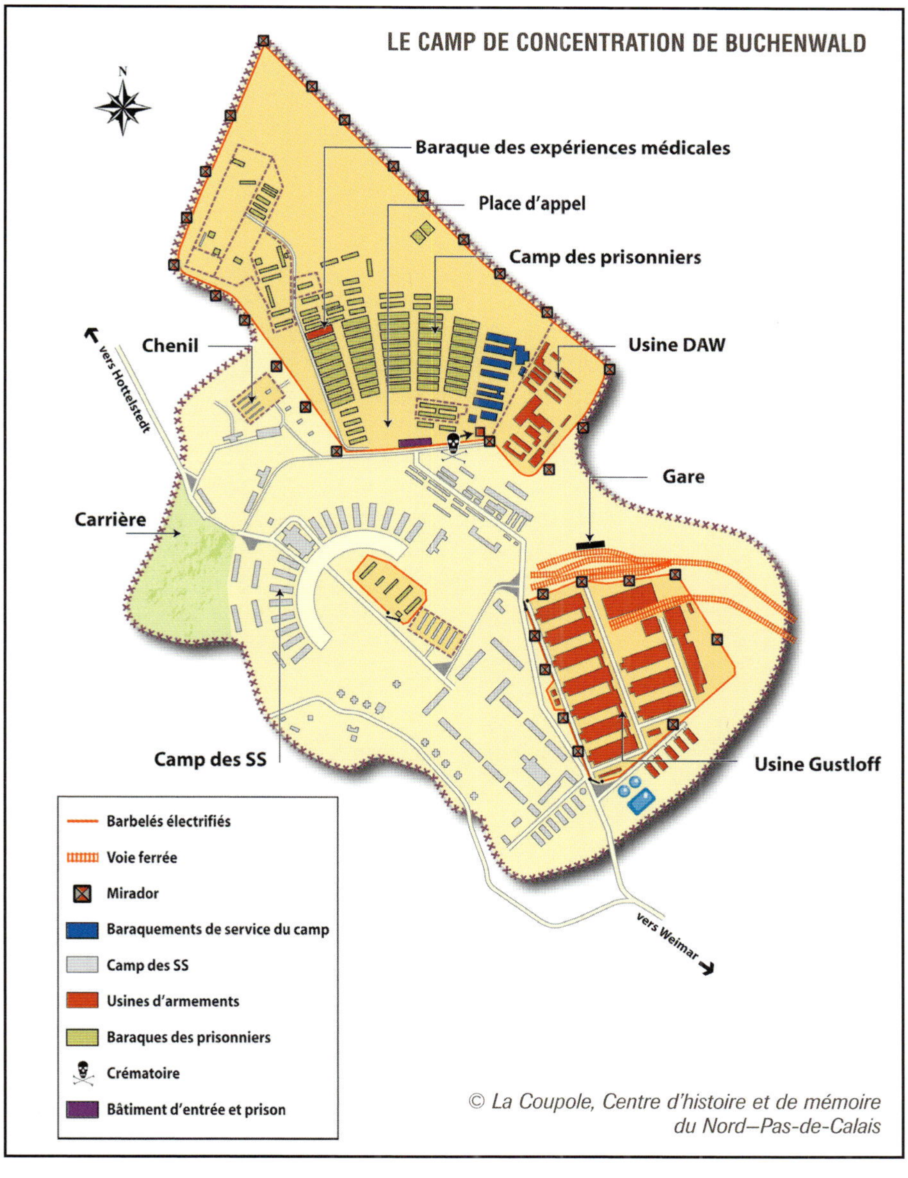

© La Coupole, Centre d'histoire et de mémoire du Nord–Pas-de-Calais

Les camps principaux sont divisés en plusieurs zones nettement séparées les unes des autres. Il y a d'abord le camp de détention proprement dit, construit autour de la place d'appel où les détenus sont quotidiennement comptés, d'où partent et où reviennent les Kommandos de travail et où sont appliquées les principales punitions – notamment les pendaisons. Il est clôturé par une enceinte de fils de fer barbelés électrifiés, avec des miradors chargés de la surveillance des détenus. Un secteur est réservé aux bureaux de service du camp, avec notamment la Kommandantur. Limitrophe se développe la cité de la garnison SS. Si des accords ont été passés avec une entreprise, un secteur lui est réservé pour son installation. En outre, le camp peut s'être développé à côté d'une carrière à l'origine de son emplacement

La vie concentrationnaire

L'arrivée au camp

Jusqu'à l'été 1944, avant que le système concentrationnaire ne soit profondément perturbé par les conditions de la fin de la guerre, un même processus se déroule à l'identique quel que soit le camp. Le déporté est d'abord dépouillé de tout : vêtement, papiers d'identité, argent et bijoux, bagages. Il est entièrement tondu, avant d'être désinfecté, généralement dans un bac de grésil. Il reçoit ensuite son matricule, qu'il doit savoir par cœur, en allemand – il n'a dès lors plus de nom –, ainsi que son triangle de couleur. De nouveaux vêtements lui sont donnés, pris à ceux qui sont arrivés avant lui. En effet, de plus en plus, la traditionnelle tenue rayée n'est distribuée que lorsque le détenu part en *Kommando* extérieur. Débute ensuite la période de quarantaine, dans une partie réservée du camp central, pour achever l'uniformisation des nouveaux arrivants et commencer le processus devant mener à leur déshumanisation. À partir de ce moment, chaque détenu n'est plus considéré comme une personne mais comme une pièce, un morceau (un *Stück*).

À gauche : dessin de Thomas Geve résumant les étapes de son arrivée à Auschwitz. Une d'entre elles le tatouage, est spécifique à ce camp. L'auteur est déporté à Auschwitz en 1943 à l'âge de 13 ans. Paraissant plus grand que son âge, il est choisi pour le travail et entre au camp. Évacué d'Auschwitz en 1945, il arrive à Buchenwald où il est libéré. Il représente aussitôt sa déportation dans une série de dessins

La vie quotidienne

À l'issue de la quarantaine, le déporté entre dans la partie principale du camp ou est rapidement envoyé en *Kommando* extérieur. Ce dernier cas devient le plus fréquent à partir de 1943, lorsque la main-d'œuvre concentrationnaire est largement utilisée au service de l'économie de guerre allemande. Les conditions rencontrées sont souvent pires que celles maintenues dans les camps centraux. La journée du déporté débute généralement à 6 heures en hiver, 5 heures en été. Après l'habillage, la toilette sommaire, la remise en place de la paillasse, et la prise rapide d'un breuvage – un ersatz de café –, c'est l'appel du matin. Les déportés sont alignés sur la place principale du camp, et doivent se découvrir (« *Mützen ab !* ») lors de l'arrivée des SS et, à leur départ, se recouvrir (« *Mützen auf !* »). Pour les SS, obtenir un compte juste est une obsession. En cas d'erreur, l'appel dure des heures ce qui, surtout en hiver, peut provoquer la mort de détenus. Puis c'est le départ au travail, en colonnes. À midi, une courte pause seulement scande cette journée épuisante. Le soir, le nouvel appel est souvent très pénible pour des détenus qui ne reçoivent, ensuite, qu'une soupe médiocre. Ce régime particulièrement difficile est reproduit dans tous les camps, même s'il peut considérablement varier, en pire le plus souvent, selon les camps, les *Kommandos* et les périodes. Seules certaines catégories spécifiques de détenus y échappent : il s'agit notamment de personnalités politiques emprisonnées au secret dans les camps, comme par exemple l'ancien chancelier autrichien von Schuschnigg et sa famille, celle du prince Albrecht de Bavière, ou encore les prêtres catholiques rassemblés dans une baraque spécifique du camp de Dachau à la suite d'un accord entre le Vatican et les nazis.

Appel de nuit au camp de Natzweiler-Struthof. Dessin réalisé par André Gayot à son retour de déportation. On remarquera notamment sur les vestes des détenus les lettres « NN » pour les détenus relevant de la procédure dite depuis Nacht und Nebel

Thomas Geve résume la vie quotidienne d'un camp en un abécédaire commençant par la lettre A pour l'appel, B comme le Block d'habitation du détenu, N comme numéro, S comme sport « punitif » Z comme Zaun, clôture. Le « O » pour « Organiser » signifie dans le langage du camp se débrouiller pour obtenir de la nourriture ou tout objet indispensable

La violence est un élément essentiel du fonctionnement quotidien des camps, de la déshumanisation recherchée par les SS. Si elle régit le système de punitions, les coups et les menaces peuvent arriver n'importe quand, n'importe où, frappant sans raison et de manière arbitraire un détenu plus qu'un autre, plongeant tous les internés dans un univers angoissant.

La mort est ainsi un danger permanent et quotidien. Elle peut survenir à la suite de ces brutalités mais, avec le tournant pris par le système en 1942, elle intervient d'abord du fait du travail forcé, d'un manque chronique de nourriture et d'eau, et de l'état sanitaire des camps et des *Kommandos* extérieurs. Les maladies (le typhus, la tuberculose, la diphtérie, la dysenterie, etc.) y règnent, certaines véhiculées par les poux, un des pires ennemis du détenu. Dans certains cas, ponctuellement, en représailles d'un acte hostile ou dans les derniers jours précédant la libération, les camps sont aussi des lieux d'exécution. Le 24 octobre 1942, à Mauthausen, les SS gazent par exemple – événement toutefois exceptionnel par le nombre de victimes – 261 Tchèques (des hommes, des femmes et des enfants) en représailles de l'attentat qui coûte la vie à Heydrich. En septembre 1944, au camp de Natzweiler, ils exécutent 106 résistants français du réseau Alliance. À quelques jours de la libération du camp de Dachau, l'ancien chef de l'Armée secrète en France, le général Delestraint, est assassiné.

La mort des nouveau-nés : du fait de l'internement de détenues enceintes, des enfants naissent à Ravensbrück, le camp réservé aux femmes. Avant la guerre, les SS les placent généralement dans des institutions spécialisées. À partir de 1941, ils les exécutent – les bébés étant le plus souvent noyés ou étranglés – ou les laissent mourir de faim. L'action de plusieurs détenues permet à Ravensbrück d'en sauver quelques-uns. Rappelons que, dans les centres de mise à mort, les enfants juifs sont tous gazés dès l'arrivée.

Les expériences pseudo-médicales : une fois la guerre déclenchée, les détenus des camps de concentration servent de cobayes humains pour des expériences pseudo-médicales nazies. L'armée, mais aussi des firmes pharmaceutiques allemandes comme IG-Farben, les financent. À Sachsenhausen, des détenus servent ainsi à étudier les effets de nouvelles balles. La *Luftwaffe* (l'armée de l'air du Reich) fait subir de brutales dépressurisations et des températures extrêmes à des détenus de Dachau. À Auschwitz et à Ravensbrück, un programme de stérilisation est testé sur des femmes. À Buchenwald, on essaye des vaccins contre le typhus, le paludisme, etc. Les nazis inoculent la tuberculose à des enfants détenus à Neuengamme. Ces « pseudo-médecins » suivent également leurs propres « pistes de recherche » : à Auschwitz, le docteur SS Mengele choisit par exemple des nains et des jumeaux pour des études sur l'hérédité ; alors qu'à Natzweiler, le professeur Hirt fait gazer 85 juifs pour constituer une collection de crânes.

Les centres de mise à mort

Les centres de mise à mort ne sont pas des camps de concentration, comme la dénomination nazie le montre.

Ce sont des « des détachements spéciaux de la police SS » qui les gèrent, ayant reçu une tâche bien précise : tuer dès leur arrivée l'ensemble des personnes qui leur sont envoyées, sans exception. Les 2,7 millions de juifs dirigés vers ces centres d'extermination y sont ainsi assassinés à 99,9 %.

À la différence des camps de concentration, ces sites particuliers n'ont donc pas été construits pour recevoir, enregistrer et interner des détenus. Les seuls qui s'y trouvent, provisoirement, sont les membres des *Sonderkommandos,* ces équipes de juifs forcés d'assister les SS dans leur crime, qui sont assassinés au bout d'un certain temps et remplacés, pour garantir le secret. L'installation principale de ces sites est le bâtiment où se trouvent les chambres à gaz. Ils sont établis le long d'une voie ferroviaire, pour permettre l'acheminement des victimes. Ils fonctionnent selon une logique industrielle dans le but unique de tuer des êtres humains. C'est en cela qu'il s'agit d'une création nouvelle dans l'histoire de l'humanité et, pour cette raison, l'historien Raul Hilberg les a appelés des « centres de mise à mort ».
On sait aujourd'hui ce qui s'y est passé grâce à un patient travail de reconstitution historique, sur tous les aspects de la « solution finale » : grâce aux témoignages des rares juifs qui ont pu sortir vivants de ces centres de mise à mort, et grâce aussi aux manuscrits enterrés des membres des *Sonderkommandos.* Ils y racontent leur condition tragique et les détails du génocide. Celui de Zalmen Gradowski, juif polonais de Grodno, né en 1910, interné à Auschwitz en décembre 1942 avec sa famille, qui est aussitôt assassinée, alors que lui est intégré au *Sonderkommando,* comporte ce préambule, en quatre langues (polonaise, russe, française et allemande) : « *Que celui qui trouvera ce document sache qu'il est en possession d'un important matériel historique.* »

> ***une logique industrielle dans le but unique de tuer des êtres humains***

© La Coupole, Centre d'histoire et de mémoire du Nord–Pas-de-Calais

« Cher découvreur de ces écrits !
J'ai une prière à te faire, c'est en vérité mon essentielle raison d'écrire, que ma vie condamnée à mort trouve au moins un sens. Que mes jours infernaux, que mon lendemain sans issue atteignent leur but dans l'avenir. Je ne te rapporte qu'une part infime, un minimum de ce qui s'est passé dans cet enfer d'Auschwitz-Birkenau. Tu pourras te faire une image de ce que fut la réalité. J'ai écrit beaucoup d'autres choses. Je pense que vous en trouverez sûrement les traces, et à partir de tout cela vous pourrez vous représenter comment ont été assassinés les enfants de notre peuple.
À présent je t'adresse, cher découvreur et éditeur de ces écrits, un vœu personnel : je te prie de te renseigner à l'adresse indiquée pour savoir qui je suis ! Tu demanderas à mes proches la photo de ma famille, ainsi que ma photo avec ma femme. Et tu joindras nos portraits à ce livre, à ta guise. Je veux ainsi perpétuer leurs chers noms bien-aimés, eux à qui je ne puis offrir à présent même une larme ! Car je vis dans l'enfer de la mort, et ne puis estimer comme il convient l'ampleur de ma perte. Et je suis moi-même condamné à mort. Un mort peut-il pleurer un mort ? Mais toi, étranger, « libre » citoyen du monde, je te prie de verser un pleur pour eux lorsque tu auras leurs portraits sous les yeux. Je leur dédie à tous mes écrits – ceci est ma larme, ma plainte sur ma famille et sur tout mon peuple.
Je veux t'énumérer ici les noms de ma famille :
Ma mère – Sarah
Ma sœur – Libe
Ma sœur – Esther-Rachel
Ma femme – Sonia (Sarah)
Mon beau-père – Rafael
Mon beau-frère – Wolf
Ils ont péri le 8.12.1942, gazés et brûlés. »

*Zalmen Gradowski, introduction d'*Au cœur de l'enfer*, texte rédigé en 1944 à Auschwitz-Birkenau. Avec une lucidité extraordinaire, il s'adresse dans ses textes à un futur lecteur, « citoyen du monde ». Le 7 octobre 1944, Zalmen Gradowski est tué lors de la révolte du* Sonderkommando *d'Auschwitz*

Les centres de mise à mort secrets de l'« opération Reinhard »

Les nazis ont mis en place six centres de mise à mort pour le génocide des juifs. Le premier est installé dès décembre 1941 dans le château de Chelmno, sur le territoire du Grand Reich. Trois autres sites sont installés en Pologne occupée et fonctionnent à partir de mars 1942 dans le cadre de l'« opération Reinhard » pour exterminer les juifs de ce territoire : à Belzec, à Sobibor et à Treblinka. Mais deux autres centres de mise à mort, dont le plus connu, sont aussi installés de manière particulière dans des camps de concentration : évidemment à Auschwitz-Birkenau, lieu de la destruction de la majorité des juifs d'Europe, et à Lublin-Maïdanek. Les centres d'extermination de l'« opération Reinhard », parfaitement autonomes, traduisent finalement le mieux les objectifs et les étapes du crime nazi. À commencer par le secret entourant toute l'opération. Ces centres de mise à mort sont relativement petits, et les détachements SS qui les gèrent ne sont composés que de 20 à 30 hommes. À leur tête, on retrouve les anciens de la « T4 » et du programme d'euthanasie. Pour la gestion quotidienne du camp, la surveillance et les étapes du meurtre, ils sont assistés généralement de près de 120 auxiliaires ukrainiens volontaires. Les installations sont sommaires. D'abord, dans un premier espace, le long du quai de chemin de fer qui sert à acheminer les juifs devant être exterminés, des baraques pour qu'ils se déshabillent et des entrepôts pour stocker les biens ainsi volés, des installations pour le personnel allemand du camp et d'autres pour les membres du *Sonderkommando,* le tout ceinturé de fils de fer barbelés et de miradors. Ensuite, reliée à la première partie par un « tube », « un boyau », également grillagé, cachée généralement par de la végétation ou des palissades, la zone du meurtre proprement dit : avec la baraque pour le gazage, un espace réservé pour brûler les corps et répartir les cendres.

Le mensonge est à la base du **processus meurtrier** parfaitement rodé qui se déroule selon un rythme soutenu dans ces centres. On explique ainsi aux juifs qu'on va leur couper les cheveux et qu'ils vont ensuite aller se doucher. Pour conforter cette idée, dans les baraques de déshabillage et à l'entrée de la salle du gazage, les SS apposent de fausses pancartes et des affiches d'appel à l'hygiène. On exhorte les juifs à se rappeler le lieu où ils laissent leurs effets. Dès la descente du train, surtout pour les juifs de l'Ouest qui n'ont pas connu les ghettos installés à l'Est, les SS font même distribuer des tickets de consigne contre leurs bagages. La violence est davantage utilisée dans le cas des juifs polonais. Comble du cynisme, est inscrit en hébreu à l'entrée de la chambre à gaz de Treblinka : « *Ceci est la porte par laquelle entrent les justes.* » Les lieux ont aussi été conçus pour permettre un assassinat sans résistance : les juifs qui arrivaient ne voyaient ni tombes, ni fosses communes, ni chambres à gaz.

Dès les premières étapes, où interviennent déjà les juifs du *Sonderkommando* (pour la descente du convoi, aider au déshabillage, etc.), les hommes sont séparés des femmes et des enfants. On leur explique qu'ils iront ensuite travailler séparément. Pour limiter les risques de révolte, les hommes sont poussés dans le « tube » en premier. Selon l'équipement technique utilisé, le temps de gazage varie, mais il ne dure généralement que quelques minutes.
À Belzec, Sobibor et Treblinka, le gaz est produit par des moteurs à combustion et les personnes sont assassinées au monoxyde de carbone. Une fois que tous les occupants de la chambre à gaz sont morts, l'équipe du *Sonderkommando*, constituée de prisonniers juifs

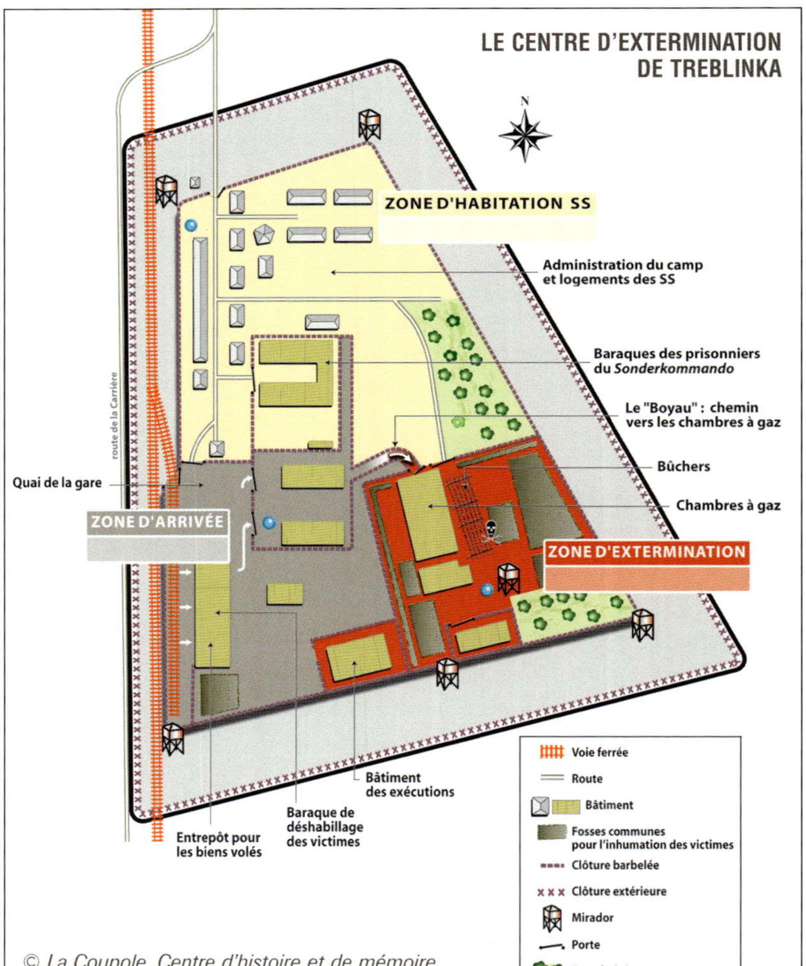

© La Coupole, Centre d'histoire et de mémoire du Nord–Pas-de-Calais

choisis dans les convois précédents, sort les cadavres et les brûle à l'extérieur. Le mélange des cendres des victimes achève la négation de la personne humaine. Les corps des juifs décédés dans le convoi, avant l'arrivée au centre d'extermination, sont également amenés et brûlés. Pendant ce temps, une autre équipe trie les biens laissés par les victimes : ne sont conservés que les objets précieux. Toute l'opération ne dure que quelques heures, faisant ainsi disparaître un convoi entier d'au moins 1 000 personnes à chaque fois. Elle ne laisse aucun survivant.

Auschwitz-Birkenau : un centre de mise à mort installé dans un camp de concentration

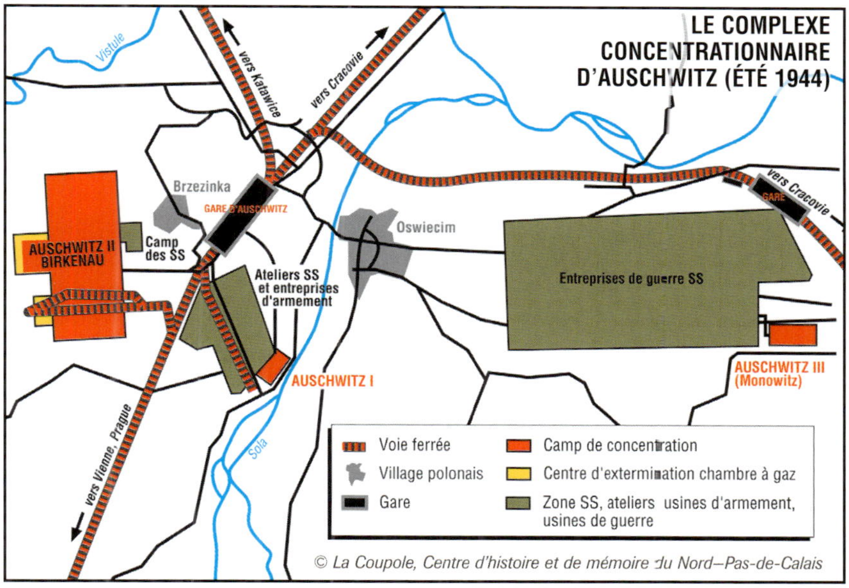

© La Coupole, Centre d'histoire et de mémoire du Nord–Pas-de-Calais

Le camp d'Auschwitz-Birkenau, aujourd'hui le camp symbole de la « solution finale », est l'exemple le plus abouti d'un mélange de fonctions entre un camp de concentration et le centre principal d'extermination des juifs d'Europe.

C'est à la fin du mois d'avril 1940 qu'Himmler décide de créer un camp de concentration à Auschwitz, en Pologne. Les premiers détenus y arrivent en mai, essentiellement des Polonais, dont beaucoup de politiques portant le triangle rouge. Le 1er mars 1941, lors d'une visite sur le site, où ont déjà été enregistrés près de 11 000 détenus, Himmler décide de l'agrandir pour qu'il soit capable d'en recevoir trois fois plus.

Il décide surtout à ce moment, à côté de ce camp « souche » (*Stammlager* ou Auschwitz I), la construction d'un deuxième camp pour l'internement de 100 000 prisonniers de guerre soviétiques : si l'invasion de l'URSS n'a pas encore débuté, elle est déjà planifiée. Les détenus soviétiques y arrivent à partir de l'été 1941 et, avec des détenus polonais, construisent l'essentiel du camp dans le village exproprié de Brzezinka (en allemand, Birkenau, Auschwitz II), à trois kilomètres du premier site. C'est en 1942 que la fonction du camp est modifiée et qu'il intègre ce qui va devenir le principal centre d'extermination des juifs d'Europe. Après l'utilisation initiale pour les gazages de deux petites maisons situées à l'extérieur du camp proprement dit, Birkenau est doté de quatre nouvelles installations de gazage perfectionnées et, pour chacune d'elle, d'un crématoire. La construction de ces usines modernes de meurtre est confiée à l'entreprise allemande J. A. Topf und Söhne d'Erfurt, qui a remporté le marché. En fonctionnement, elles peuvent gazer jusqu'à 2 000 personnes en même temps et brûler 4 800 corps. À Auschwitz, les SS emploient pour le gazage un puissant toxique, le Zyklon-B. Comme dans les centres de mise à mort de l'« opération Reinhard », tous les biens sont récupérés, y

L'usine de Buna au camp d'Auschwitz III Monowitz

Entrée du camp d'Auschwitz I

compris les cheveux, qui sont notamment transformés en pantoufles pour les sous-mariniers. Au printemps 1944, les équipes des *Sonderkommandos* sont composées d'environ 1 000 hommes, logés à part pour garantir au maximum le secret, et qui travaillent douze heures d'affilée, de jour comme de nuit. À partir de mai 1944, un embranchement ferroviaire permet aux convois de faire arriver directement les détenus à Birkenau, sans qu'ils aient à traverser à pied une partie du complexe concentrationnaire d'Auschwitz. Dans ce nouveau dispositif, Birkenau conserve sa fonction concentrationnaire, abritant par exemple un camp d'hommes, un autre de femmes, un camp familial pour les tsiganes, et de nombreux camps satellites où les détenus travaillent pour les SS. L'ensemble, comprenant 250 baraques, forme le plus grand de tous les camps du système concentrationnaire.

Depuis une décision de mars 1941, un troisième camp s'est également développé à Monowice (Monowitz, Auschwitz III), autre village exproprié situé à sept kilomètres du camp souche. Il accueille l'usine Buna d'IG Farben, prototype d'une production se voulant parfaitement intégrée au système concentrationnaire.

À l'été 1944, près de 135 000 détenus sont enfermés dans le complexe concentrationnaire d'Auschwitz. La particularité du mélange de ces différents espaces, réunis sur une vaste étendue parfaitement desservie par un important réseau ferroviaire, est illustrée par les « sélections » s'y déroulant. À l'intérieur des différents camps de concentration du complexe d'Auschwitz, les SS choisissent régulièrement les détenus les plus faibles, qui ne peuvent plus travailler, et les envoient à la chambre à gaz. Surtout, à partir de juillet 1942, pour les besoins des différents travaux réalisés à Auschwitz, dans les multiples *Kommandos* du camp souche, de ceux d'Auschwitz II ou à l'usine Buna d'IG-Farben, les SS sélectionnent une partie des juifs qui arrivent de toute l'Europe pour être exterminés. Ils choisissent uniquement la main-d'œuvre nécessaire, les autres arrivants étant immédiatement gazés. La première sélection a lieu sur la « rampe », entre le camp souche et Birkenau, le 4 juillet 1942, pour un convoi de juifs slovaques. Ceux qui entrent au camp pour le travail et sont enregistrés sont tatoués sur l'avant-bras gauche, une autre particularité d'Auschwitz. Les autres, dont tous les enfants généralement de moins de quinze ans, sont directement gazés.

Dessin de Thomas Geve décrivant la sélection qu'il subit à son arrivée à Auschwitz

Photographies prises par un SS des arrivées à Birkenau durant le printemps et l'été 1944 : la première montre des déportés juifs hongrois qui descendent du convoi, la deuxième la sélection opérée à l'arrivée, la troisième les femmes et les enfants dirigés vers le « bois de bouleaux » où ils attendent de pénétrer dans le Crématoire V, où tous sont gazés.
La quatrième photographie montre, une fois terminé le « tri » des personnes, le tri des bagages récupérés par les SS, qui les stockaient dans des entrepôts appelés par les détenus d'Auschwitz « le Canada »

« 2.9.1942 :

J'ai assisté pour la première fois à une action spéciale à l'extérieur, à 3 heures du matin. En comparaison, l'Enfer de Dante m'apparaît presque comme une comédie. Ce n'est pas pour rien qu'Auschwitz est appelé le camp de l'extermination. »

« 5.9.1942 :

Aujourd'hui, à midi, à une action spéciale à partir du camp de concentration des femmes [...]. À cause de la ration supplémentaire distribuée à de telles occasions, – consistant en 1/5 litre d'alcool, 5 cigarettes, 100 g de saucisse et pain –, les hommes se bousculent pour participer à de telles actions. »

« 6.9.42 :

Aujourd'hui, dimanche, excellent déjeuner [...]. Le soir, je suis de nouveau présent à une action spéciale, à l'extérieur. »

Journal de Johan-Paul Kremer, médecin SS d'Auschwitz

Lors de son procès en 1947, Johan-Paul Kremer, médecin SS d'Auschwitz donne des explications détaillées sur les passages de son journal qu'il tenait au camp.
À propos de « l'action spéciale » du 2 septembre 1942, il explique : « On m'a désigné et j'ai participé à une action de gazer les gens. On accomplissait ce meurtre massif dans de petites maisons situées dans une forêt, derrière le camp de Birkenau. »
Ce jour-là, ce sont près de 750 juifs arrivés de France qui sont assassinés. Le 6 septembre, environ 560 juifs également arrivés de Drancy sont gazés

Le système concentrationnaire et la guerre totale, 1942-1944

Les premières défaites militaires en URSS modifient de nouveau la situation dans les camps de concentration : à partir de 1942, le Reich doit s'engager dans la « guerre totale », mobilisant son économie pour produire de l'armement. Mais, pour cela, l'Allemagne manque d'hommes, la plupart étant sur le front. Elle a donc recours à de la main-d'œuvre étrangère arrivée de toute l'Europe : des volontaires (une minorité), des requis forcés du travail (la majorité), et très vite les détenus des camps de concentration. Ils vont être largement affectés à des programmes participant à la production de guerre. Ces besoins de main-d'œuvre deviennent une priorité et l'Allemagne se couvre alors de camps : les KL créent de multiples *Kommandos* extérieurs, alors que la Gestapo gère des milliers de camps de travailleurs étrangers. Pour en loger 80 000, la ville de Munich en comptait près de 410 en février 1944. Durant toute la guerre, ce sont près de 8 millions de travailleurs civils qui sont transférés dans le Reich – des ressortissants soviétiques et polonais en majorité, mais aussi plus d'un million de Français, les premiers en nombre d'ouvriers qualifiés –, 12 millions si on inclut les prisonniers de guerre également forcés de travailler. C'est un proche d'Hitler, Fritz Sauckel, qui est chargé en mars 1942 de constituer ces contingents de travailleurs : si ses « actions » sont un succès en 1942-1943, elles se tarissent ensuite du fait de l'évolution de la guerre, du développement des résistances dans les territoires occupés et de l'augmentation du nombre de réfractaires. Les « concentrationnaires » deviennent alors un vivier de plus en plus essentiel. C'est cette nouvelle étape dans l'histoire du système concentrationnaire que la très grande majorité des Français déportés à partir de 1943 connaissent : c'est-à-dire des camps participant à la production de guerre, mais où l'organisation d'avant-guerre mise en place par Eicke, rigide et brutale, demeure. Même lorsqu'il est devenu évident que le système élaboré en 1933-1934 n'a plus grand-chose à voir avec des camps mettant de plus en plus de détenus au travail et qui en tuent presque autant, ces règles continuent d'être appliquées, jusqu'à l'absurde.

La construction de la base sous-marine de Bremen-Farge, avec des détenus du camp de Neuengamme

Le tournant de l'économie de guerre pour la SS : toujours plus de main-d'œuvre

En février 1942, Albert Speer devient ministre de l'Armement et des Munitions, poste clé dont il va faire le centre principal de décision de l'économie de guerre et de l'utilisation de la main-d'œuvre. Les SS, qui gèrent les détenus des camps de concentration, proposent rapidement de mettre à disposition « leur » main-d'œuvre. Dès le 30 avril 1942, comme l'explique Pohl dans une lettre à Himmler, ce qui est désormais « *au premier plan et le devient de plus en plus, c'est la mobilisation de tous les prisonniers capables de travailler* ». Le virage déjà engagé dans la mise au travail productif des détenus est ainsi clairement affirmé, des mesures « indispensables » devant être prises pour que « *les camps de concentration renoncent peu à peu à leur organisation purement politique d'autrefois au profit d'une organisation conforme aux tâches économiques* ». Mais cette volonté de répondre aux nouveaux enjeux de la « guerre totale » ne fait pas perdre de vue aux SS leurs intérêts. Outre les profits financiers espérés, Himmler souhaite en effet ainsi rapidement produire de l'armement pour ses propres unités militaires, les *Waffen-SS*. La direction SS multiplie alors les occasions pour disposer de toujours plus de main-d'œuvre concentrationnaire.

La « gestion » des prisonniers de guerre soviétiques avait été catastrophique : des centaines de milliers avaient massivement disparu durant l'hiver 1941-1942. Une grande partie des juifs d'Europe, dont la déportation vient d'être décidée à Wannsee, peuvent servir à les remplacer : fin janvier 1942, Himmler annonce l'internement de 150 000 juifs dans les camps. Quelques mois plus tard, à l'arrivée à Auschwitz, la sélection sur la rampe permet la mise au travail des plus « aptes », dont les SS ont besoin, les autres étant immédiatement gazés.

Dans le deuxième semestre 1942, Himmler négocie également avec le ministère de la Justice l'envoi dans les camps de prisonniers condamnés, en priorité des *« Polonais, des Russes, des juifs et des tsiganes »* : au total, 17 000 sont ainsi transférés dans les KL. Il est prévu explicitement qu'ils doivent y travailler jusqu'à « l'extermination ».

> **la déportation, source principale de main-d'œuvre des camps**

C'est à la même époque que la direction policière du Reich (le RSHA) allège ses procédures d'internement. Mais la SS procède aussi de plus en plus à des arrestations de travailleurs forcés de l'Est présents en Allemagne, les *Ostarbeiter* polonais, russes ou ukrainiens. De véritables rafles sont organisées au début de l'année 1943 dans la plupart des grandes villes, à la suite de l'ordre d'Himmler du 17 décembre 1942 demandant l'envoi dans les camps de concentration de 35 000 détenus. En langage codé de la SS, c'est ce qu'on appelle l'*Einkleidung*, c'est-à-dire littéralement « l'habillage », mettre en tenue rayée des travailleurs. La majorité des 6 500 Français arrêtés, essentiellement en 1944, sur le territoire du IIIe Reich (des travailleurs requis et des prisonniers de guerre mis au travail surtout), sont envoyés dans les camps selon cette procédure. Ce vivier de concentrationnaires commence également à être approvisionné par les déportations depuis les territoires occupés : en France, les convois de personnes arrêtées par mesure de répression deviennent réguliers à partir d'avril 1943.

Un système économique peu rationnel

Mais, il apparaît vite que faire venir toujours plus de détenus n'est pas suffisant. En effet, si à partir de 1942 la courbe des effectifs ne cesse d'augmenter, celle de la mortalité fait également un bond. Si les directives de Pohl du 30 avril 1942 s'étaient accompagnées d'ordres aux commandants des camps de concentration pour obtenir un travail productif, dans les faits, cela débouche sur une « extermination par le travail ».

Pohl finira par remplacer une partie des commandants des camps formés par Eicke, souvent largement incompétents et peu désireux de modifier leur méthode de gestion. La mise au travail des « concentrationnaires » est même tellement meurtrière qu'à la fin de l'année 1942, le nombre de détenus a baissé dans les camps. Les internés meurent plus vite qu'ils ne sont remplacés. Sur les 136 000 hommes entrés dans le système concentrationnaire entre juin et novembre 1942, 70 000 sont déjà morts en décembre.

La direction de la SS doit donc prendre des mesures pour faire baisser cette mortalité qui, en moyenne, s'élève tous les mois à 10 % de l'effectif des camps. En décembre 1942, Glücks donne, par exemple, des consignes aux médecins des KL pour préserver la *« capacité de travail la plus forte possible »*. Une monnaie de camp est créée, pour en théorie permettre aux détenus « méritants » de faire quelques achats dans des cantines ouvertes par la SS. Mais si la mortalité diminue légèrement ensuite, l'augmentation spectaculaire des effectifs s'explique d'abord par les arrivées nombreuses.

En août 1943, on compte dorénavant 224 000 détenus dans les camps. Un an plus tard, ils sont 525 000 ! En janvier 1945, un rapport de la SS indique que le système comprend alors 715 000 détenus, dont 207 000 femmes. Il ne rappelle pas les centaines de milliers de victimes des camps, relativisant très fortement l'impact des directives prises pour préserver au maximum la vie des détenus. Le passage à la production de guerre s'est donc fait surtout par l'arrivée massive de détenus, dont la vie n'avait de valeur que tant qu'ils étaient capables de travailler. Une fois devenus « inaptes », ils pouvaient mourir sur place ou dans un des camps mouroirs ouverts pour gérer cette nouvelle catégorie de détenus, parfois être éliminés.

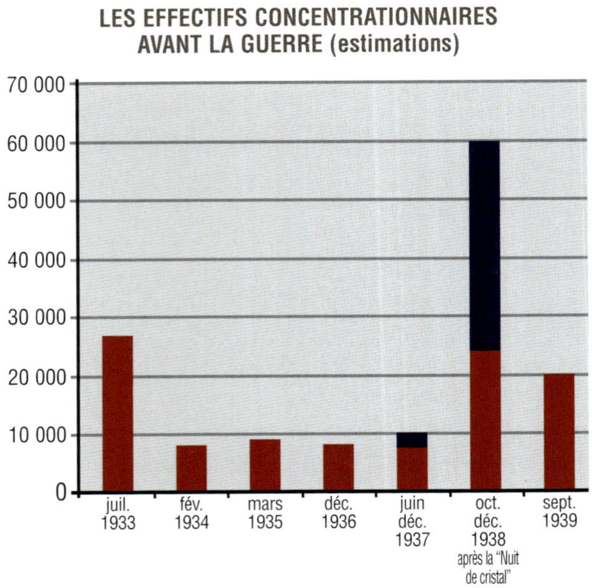

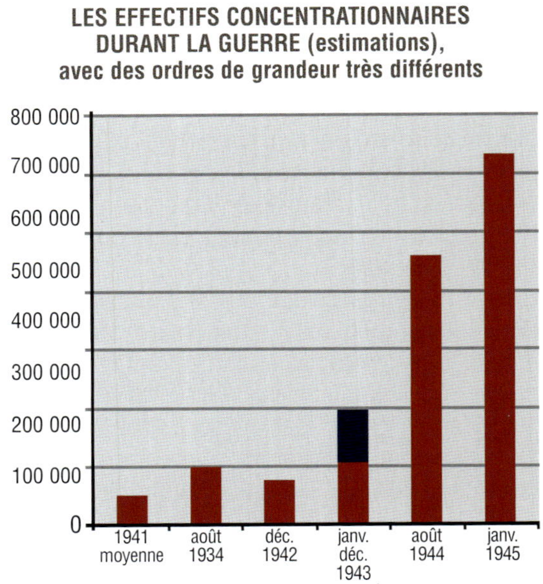

La deuxième couleur correspond au second mois indiqué (c'est-à-dire à décembre 1937, décembre 1938 et décembre 1943)

Cette mise au travail des détenus s'effectue donc selon une gestion peu rationnelle, dont le prix humain n'est pas la seule preuve. En effet, le plus souvent, les SS ne placent pas les internés au travail selon leur aptitude professionnelle. Lors de l'arrivée des détenus, les fausses déclarations sont nombreuses, les anciens conseillant aux nouveaux de se prétendre ouvrier qualifié ou travailleur manuel plutôt qu'intellectuel. C'est davantage la conjoncture et la facilité de puiser dans le vivier des derniers détenus arrivés qui fondent l'essentiel du choix d'envoyer tel ou tel groupe dans un *Kommando* extérieur. Sans compter que les SS font travailler des détenus affaiblis, peu nourris, surveillés par des *Kapos* qui recourent régulièrement à la violence pour se faire obéir. Dans ces conditions, la productivité des « concentrationnaires » est très faible. Dans beaucoup de cas où la production doit être installée dans des souterrains, elle n'a même pas le temps de débuter.

La mutation spatiale du système : la multiplication des *Kommandos* extérieurs

La SS n'est donc pas opposée à l'utilisation de « sa » main-d'œuvre concentrationnaire au profit de l'économie de guerre du Reich. Mais elle prévoit initialement que la production puisse se faire dans des usines installées directement dans les camps principaux : comme avec l'entreprise Heinkel à Sachsenhausen ou l'usine Gustloff à Buchenwald fabriquant des armes. Mais ces premières expérimentations s'arrêtent rapidement.

Sans que l'on soit sûr de l'origine de ce mot, dans les camps, on appelle un détenu à bout de forces, incapable de réagir et proche de la mort, un « musulman ». C'est le symbole de l'évolution d'un système concentrationnaire où, désormais, l'élimination n'est plus seulement le résultat d'un statut d'ennemi du Reich, mais d'une incapacité à travailler.

L'élimination des « inaptes » au travail

1941-1942, les premiers transports 14 f 13

Pierre-Serge Choumoff

Au printemps 1941, en accord avec la chancellerie du Führer, Himmler décide d'avoir recours à la centrale T4, déjà chargée de l'élimination des malades mentaux, cette fois pour assassiner des détenus affaiblis par les conditions de vie et de travail des camps de concentration. Étant donné leur nombre, et pour ne pas inquiéter les autres détenus, la décision est prise de les supprimer par le gaz et en secret dans les centres du programme T4. Cette action est désignée sous le nom de « traitement spécial 14 f 13 ». Depuis un décret en date du 22 octobre 1942 du ministère de la Justice du Reich, le sigle « 14 f » désignait la mort, le genre de mort étant indiqué par un numéro ou une lettre supplémentaire : 14 f I pour une exécution, 14 f 3 pour une personne tuée au cours d'une tentative de fuite, etc. La « T4 » met en place une commission d'« experts » et de médecins pour se rendre dans les principaux camps de concentration et sélectionner les détenus à exécuter. Dès avril 1941, elle est au travail à Sachsenhausen et elle poursuit sa tâche malgré la décision de suspendre à l'été l'action contre les malades mentaux. En novembre et en décembre 1941, la commission sélectionne des détenus à Ravensbrück et à Mauthausen. En 1942, pour le camp de Dachau, le bilan s'établit, par exemple, à au moins 3 075 détenus gazés. Du fait des besoins de main-d'œuvre des camps, on arrête les gazages des « inaptes » en 1942.

L'autre « gestion » des malades, 1943-1944 – Paul Le Goupil

Avec la multiplication des *Kommandos* extérieurs de travail dépendant des principaux camps de concentration, la gestion des détenus malades, blessés et invalides pose rapidement d'importants problèmes. Dans les mois qui suivaient la création d'un *Kommando*, en attendant que soient créées des structures adéquates (*Revier* et crématoire notamment), ils étaient renvoyés au camp central. Toutefois, face au nombre grandissant de personnes concernées dans certains camps, il est décidé de former des transports vers d'autres camps, en fait des mouroirs. Le détenu était devenu inutile, « rebut », il était sorti du système, « jeté », dans un endroit où sa mort ne poserait plus de problème. Le 15 janvier et le 6 février 1944, deux importants transports quittent, par exemple, Dora pour le « camp de repos » de Maïdanek. Parmi eux, au moins 390 déportés français malades : moins de 3 % sont encore en vie en 1945. Un troisième convoi est formé à Dora à la fin du mois de mars : la situation militaire devenant difficile à l'Est, il prend la direction de Bergen-Belsen, qui devient alors un vaste « camp mouroir », tant il est alimenté par ce type de transports en provenance de différents camps et *Kommandos*. Sur les 1 000 personnes qui constituent ce convoi, seules 57 sont encore en vie à la Libération. Beaucoup de ces détenus malades meurent durant le transport, les autres d'épuisement dans les jours et les semaines qui suivent leur arrivée, d'autres sont aussi exécutés, comme à Bergen-Belsen, par des piqûres de phénol dans le cœur.

La reprise des gazages, 1944-1945 – Pierre-Serge Choumoff

En avril 1944, vu le nombre de détenus malades et invalides à Mauthausen et à Gusen, l'administration des camps relance l'action 14 f 13 à Hartheim. Comme en 1941-1942, l'opération est secrète, les internés sélectionnés partant pour « le camp ou la maison de convalescence » (*Erholungslager* ou *Erholungsheim*) d'Hartheim. Des gazages ont aussi lieu dans les *Blocks* de détenus à Gusen et au camp central de Mauthausen où seront perpétrés les derniers assassinats par gaz du régime hitlérien, dans la nuit du 28 au 29 avril 1945, à quelques jours de la fin de la guerre. Pour le seul complexe de Mauthausen-Gusen-Hartheim, on estime à au moins 35 000 le nombre de détenus non juifs ainsi gazés. Entre janvier et avril 1945, les nazis procèdent aussi à des gazages dans le camp de femmes de Ravensbrück, à l'issue de « transports noirs » décrits par Germaine Tillion : 5 000 à 6 000 personnes sont ainsi assassinées. On estime à 1 500 au moins les déportés de répression français, non juifs, ainsi gazés dans les camps.

Le *Kommando* de Gandersheim

« Nous arrivons à Gandersheim, sur une voie qui dessert une usine. On descend des wagons, il fait nuit noire. [...] Nous entrons dans le magasin de l'usine [...]. On est deux cents environ. Les sentinelles nous poussent en avant, nous coagulent. »

« Le lendemain de notre arrivée, on nous a rassemblés devant l'église, et des civils sont venus chercher ceux qui étaient susceptibles de travailler à l'usine. On a vu apparaître sous le rayé un tourneur, un dessinateur, un électricien, etc. [...] Les SS, eux, se tenaient à l'écart. Ils avaient ramené la cargaison, mais ils ne triaient pas, c'étaient les civils qui triaient. »

« Ceux qui devaient travailler à l'usine étaient isolés des autres. Les civils s'occupaient d'eux avec les kapos *qui prenaient leurs noms. Les SS [...] étaient revenus vers nous, ceux qui restaient et qui ne savaient rien faire. [...] Comme les chevaux, nous travaillerions dehors à charrier des poutres, des panneaux, à monter les baraques dans lesquelles le* kommando *devait loger plus tard. Le choix qui venait de s'opérer était très important. Ceux qui allaient travailler à l'usine échapperaient en partie au froid et à la pluie. Pour ceux du* zaun-kommando, *le* kommando *des planches, la captivité ne serait pas la même. Aussi, ceux qui allaient travailler dehors ne devaient pas cesser de poursuivre le rêve d'entrer à l'usine. »*

Robert Antelme, *L'Espèce humaine*, 1947

La ferme

Église de Brunhausen

Quatre baraques de service situées en dehors de la zone du camp. S'y trouvaient notamment cuisine et cantine des civils

Voie ferrée par laquelle arrivaient les détenus

Usine, bâtiment principal

Zone où se trouvaient les Blocks *des détenus*

Photographie clandestine prise au « grand camp » de Buchenwald par le déporté français Georges Angeli, employé au laboratoire photographique des SS

En effet, le ministère d'Albert Speer met un terme à cette évolution peu efficace sur un plan économique, qui laisse trop de pouvoir aux commandants des camps et pas assez de marges de manœuvre aux industriels. En septembre 1942, Speer obtient pour cela l'arbitrage décisif d'Hitler. Cette décision entraîne un changement essentiel dans la structure du système concentrationnaire. Car une fois que le ministère Speer a décidé l'affectation de détenus à une entreprise produisant pour l'économie de guerre, la SS doit envoyer sur place sa main-d'œuvre ainsi louée. Elle multiplie pour cela des *Kommandos* extérieurs, avec internés, *Kapos* et gardes, qui s'installent à proximité de l'entreprise. C'est dorénavant le camp qui va à l'usine, et non pas l'inverse. Les détenus y travaillent aux côtés de civils allemands et de travailleurs étrangers, volontaires ou forcés. Cette création de multiples *Kommandos* extérieurs s'accélère aussi du fait de l'ampleur des bombardements alliés sur les grandes villes d'Allemagne. Pour limiter les dégâts sur l'appareil de production du Reich, Speer délocalise un grand nombre d'usines à l'écart des centres urbains et lance de vastes programmes pour les enfouir dans des tunnels montagneux. Depuis août 1943, dans le cadre du projet Dora, les nazis ont ainsi enfoui la production des armes secrètes dans les collines du Harz. Au sein de la SS, c'est Hans Kammler, le responsable de la section du WVHA construisant les nouveaux camps, qui est chargé de suivre l'essentiel de cette évolution.

La mise au travail des détenus au service de l'économie de guerre entraîne donc une extrême dilatation du système concentrationnaire. En effet, si celui-ci comptait environ 80 *Kommandos* extérieurs en décembre 1942, il en a près de 200 un an plus tard, 340 en juin 1944 et plus de 660 en janvier 1945. Le camp de Dachau, qui gérait huit *Kommandos* extérieurs fin 1941, en a 120 trois ans plus tard. Durant la dernière année de la guerre, les effectifs sont plus nombreux dans ces satellites extérieurs que dans les camps principaux.

Cela a multiplié les différences de conditions de vie d'un camp à l'autre. Les détenus étaient en effet affectés à des travaux pouvant varier à l'extrême. Les uns se retrouvaient, par exemple, sur des chaînes de production, encadrés par des contremaîtres civils (les *Meister*) moins violents, et recevant quotidiennement une soupe supplémentaire le midi. Les autres étaient affectés aux terribles *Kommandos* de creusement des galeries devant enfouir ces chaînes de production. Dans un même camp, ces situations multiples pouvaient cohabiter. Elles s'ajoutaient aux conditions déjà inégalitaires créées par la hiérarchie nationale et raciale des SS.

Un système profondément modifié

Le tournant de l'économie de guerre modifie également « l'auto-administration » des détenus : de plus en plus de camps, jusque-là dominés par des internés de droit commun, distingués par un triangle vert, passent en effet entre les mains des détenus politiques, portant un triangle rouge (les « Rouges »). Ces derniers sont en effet plus aptes à gérer une structure administrative qui ne cesse de prendre de l'ampleur.

depuis août 1943, dans le cadre du projet Dora, les nazis ont enfoui la production des armes secrètes dans les collines du Harz

Dessins de René Souquet, réalisés à son retour de déportation, qui évoquent l'enfer que fut le chantier du « Tunnel » de Dora dans les derniers mois de 1943. À gauche, le logement des détenus sous terre. En haut, le creusement d'une galerie pour l'installation des chaînes de production

En 1943-1944, les « Rouges », et parmi eux essentiellement les militants communistes allemands, prennent, par exemple, la direction de l'administration interne de Buchenwald, Mauthausen, Neuengamme et Natzweiler, améliorant ainsi certaines des conditions de vie de ces camps. Par contre, leurs tentatives échouent à Gross Rosen, Flossenbürg et Sachsenhausen, où 24 « Rouges » sont même fusillés par les SS en 1944. Dans cette période où les camps sont intégrés à l'économie de guerre allemande et essaiment en *Kommandos* extérieurs souvent très meurtriers, l'important pour ces directions internes est d'influer au maximum sur les affectations de main-d'œuvre et donc sur la constitution des transports constitués vers un *Kommando* ou vers un autre camp. Les listes sont dressées par les détenus occupant des postes à l'*Arbeitsstatistik* : les triangles rouges réussissent souvent à maintenir dans les camps principaux, plus sûrs, leurs camarades et des responsables étrangers importants, politiques et résistants, repérés lors de leur arrivée. Ce problème du rôle des internés de l'administration interne dans la constitution des listes de transports vers des *Kommandos* que l'on sait meurtriers se pose avant tout en termes moraux et politiques – selon les accords et les désaccords dans la stratégie à suivre face aux SS.

Durant l'hiver 1943-1944, des détenus espagnols du camp de Mauthausen travaillent sur le chantier de Ternberg

Mais le tournant de l'économie de guerre multiplie surtout les niveaux de responsabilités au sein de la société nazie dans le sort enduré par la grande masse des détenus. Outre évidemment le rôle des SS, on constate l'implication énorme d'une grande partie de l'administration d'État et de la plupart des grandes entreprises privées. Parmi ces dernières, toutes ou presque sont concernées : Krupp dans la sidérurgie, IG-Farben ou Solvay en chimie, Siemens pour l'électricité, les firmes automobiles (BMW, Volkswagen, Daimler-Benz, etc.), les industries aéronautiques (Junkers, Heinkel ou Messerschmitt), etc. En 1944, Siemens exploitait environ 15 000 détenus provenant de presque tous les grands camps du système. Les firmes venaient parfois choisir les internés dans les camps principaux, en leur faisant passer des tests de compétences pour s'assurer, par exemple, de leur habileté manuelle sur une chaîne de production. Cette dilatation du système concentrationnaire pose aussi la responsabilité de la population allemande qui, désormais, voit à côté de chez elle les conditions de vie des « concentrationnaires ». Dans les usines, les *Meister* civils côtoient quotidiennement les détenus.

Les formes de résistance dans les camps

Survivre

En France occupée, tout acte visant à empêcher la réalisation des objectifs de l'occupant est de la résistance. Mais comment définir la résistance dans un camp de concentration, dans ces conditions où la terreur permanente, le travail épuisant, la corruption et le réseau de mouchards mis en place, le comportement de beaucoup de *Kapos* aggravent un peu plus chaque jour l'état physique et psychique des détenus et limitent considérablement l'espoir d'une lutte organisée. Évoquer la résistance dans un camp revient donc à considérer tout acte, y compris le plus élémentaire, comme susceptible d'augmenter les chances de survie. Ainsi, si les détenus ne peuvent pas lutter directement pour faire chuter le système des SS, leurs actes, en contrecarrant la déshumanisation quotidienne imposée par ces derniers, résistent à ses objectifs.

La première lutte dès lors, c'est celle de se maintenir en vie, en préservant sa dignité. Pour tenir, les détenus se raccrochent aux souvenirs de leur famille, à des préceptes moraux, à un idéal, une foi. Il est probable que la conscience de la nécessité de la lutte et la volonté de ne pas l'abandonner aide les résistants envoyés dans les camps de concentration à survivre, davantage que les personnes raflées au hasard et déportées. Signe de ce refus de renoncer, les résistantes parties de France vers Auschwitz le 24 janvier 1943 chantent *La Marseillaise* en franchissant la porte du camp.

Résister, c'est donc d'abord refuser l'avilissement programmé, c'est vouloir avant tout rester des êtres humains. Cette lutte personnelle se traduit souvent par des gestes de solidarité envers d'autres détenus. Conserver des amitiés, constituer de petits groupes sont des chances supplémentaires de survie. Soutenir un camarade trop faible, lui donner un morceau de sa maigre ration de pain, lui indiquer que faire ou ne pas faire dans le contexte du camp, sont des actes de résistance. Lorqu'ils le peuvent, des détenus se réunissent aussi pour organiser secrètement des conférences, sur des thèmes variés (politiques, culturels, récitations de poèmes, etc.), afin de conserver une activité intellectuelle. Tous ces gestes si simples en apparence, les SS avaient précisément pour but de les faire disparaître. À Ravensbrück, Germaine Tillion écrit une opérette, *Le Verfügbar aux enfers*, racontant la vie des détenues qui, comme elle, ne sont pas affectées à une colonne de travail et restent ainsi dans le camp « à la disposition » *(Verfügbar)* des SS.

> *ces gestes si simples en apparence, les SS avaient pour but de les faire disparaître*

Contrôler ou, au moins, avoir de bonnes relations avec l'administration interne des camps facilite également la survie. On peut ainsi espérer obtenir un poste offrant de meilleures conditions de vie personnelles, s'éviter un départ vers un *Kommando* extérieur meurtrier. Être désigné médecin au *Revier* ou chef de *Block* permet aussi d'aider d'autres détenus. La constitution de comités organisés visant à maîtriser cette administration des détenus est donc une étape décisive. Ces organisations sont d'abord nationales – comme le Comité des intérêts français (CIF) à Buchenwald dirigé par Frédéric Manhès et Marcel Paul –, la barrière des langues empêchant de plus grandes solidarités. Si des comités internationaux existent dans les principaux camps, ils restent surtout dominés par les détenus politiques allemands.

Comme l'écrit ensuite David Rousset en parlant de ses camarades déportés, « jamais nous n'avons renoncé à lutter, jamais nous n'avons blasphémé contre la vie ».

S'opposer

Il arrive aussi que des internés s'opposent clairement aux SS et à leur système. Le refus de travailler des témoins de Jéhovah le montre. Médecin, Adélaïde Hautval refuse, elle, d'être associée aux expériences pseudo-médicales des nazis.

Des détenus tentent aussi de saboter les chaînes de production sur lesquelles ils travaillent, en mettant trop de poudre dans une munition, en desserrant un boulon, en faisant « sauter » une presse pour interrompre la production. En octobre 1944, dans le *Kommando* d'Holleischen, le stratagème de Simone Michel-Lévy, Hélène Lignier et Noémie Suchet est toutefois repéré par les gardiens SS : après avoir été une première fois bastonnées, les trois déportées françaises sont pendues à Flossenbürg le 13 avril 1945, à quelques jours de la Libération. Entre mai 1944 et mars 1945, au moins 65 internées soviétiques de Ravensbrück sont assassinées pour avoir commis un sabotage. L'évasion est évidemment une autre forme de résistance : mais elle est très rare dans les camps principaux et elle est surtout tentée lors des « marches de la mort ». Tout aussi rare est l'opération clandestine qui sauve trois des 37 résistants arrivés en août 1944 à Buchenwald dans un transport spécial et que les nazis commencent à exécuter le 10 septembre. Stéphane Hessel, agent de la France libre et responsable du réseau Gréco, est l'un d'eux. Grâce notamment à l'action d'Eugen Kogon, un détenu autrichien, il est transféré au *Revier* où il reçoit l'identité d'un détenu décédé : « ***Je suis devenu [Michel] Boitel le jour de mon vingt-septième anniversaire, le 20 octobre 1944*** », expliquera plus tard Stéphane Hessel, qui s'évade finalement d'une « marche de la mort » en avril 1945. Les révoltes des juifs des *Sonderkommandos* sont d'autres actes exceptionnels de résistance. Malgré le choc psychique que constitue le fait d'être forcé d'assister quotidiennement la SS, qui a conduit des membres des *Sonderkommandos* à se suicider, d'autres se sont révoltés avant d'être assassinés par les SS. Certains ont écrit clandestinement et laissé le témoignage de ces atrocités. Le 2 août 1943, à Treblinka, le 14 octobre 1943 à Sobibor et le 7 octobre 1944, au crématoire III d'Auschwitz-Birkenau, des soulèvements de centaines de juifs ont lieu, réussissant à tuer des SS et à détruire des installations. À Mauthausen, plus de 400 prisonniers de guerre soviétiques parqués dans le *Block* 20 se révoltent le 2 février 1945 et tentent de s'évader : seuls une vingtaine d'entre eux réchappent à la répression des SS. Alors que les troupes alliées approchent et que les détenus craignent encore que les SS décident de tous les tuer, lors des dernières heures de fonctionnement des camps de concentration, des internés agissant souvent dans le cadre des comités internationaux clandestins se préparent à prendre le contrôle des lieux. Depuis quelques semaines déjà, ils avaient souvent contribué à ralentir les évacuations du camp. À Buchenwald, des armes subtilisées ont même pu être cachées en prévision de ce jour tant attendu, où des déportés ont le bonheur d'occuper les bâtiments des SS.

Faire savoir

Au camp, des déportés ont conscience de la nécessité de collecter des preuves des crimes qui y sont commis, afin qu'ils ne restent pas méconnus. C'est une autre forme de résistance. Des détenus polonais réussissent ainsi à faire sortir des informations sur le génocide en cours à Auschwitz. À Dachau, un rapport relatant les principaux événements de 1943 parvient à quitter le camp : il sera envoyé à la radio anglaise à Londres.

Des déportées françaises cachent et ramènent des clichés photographiques des expériences pseudo-médicales qui ont été réalisées au camp.

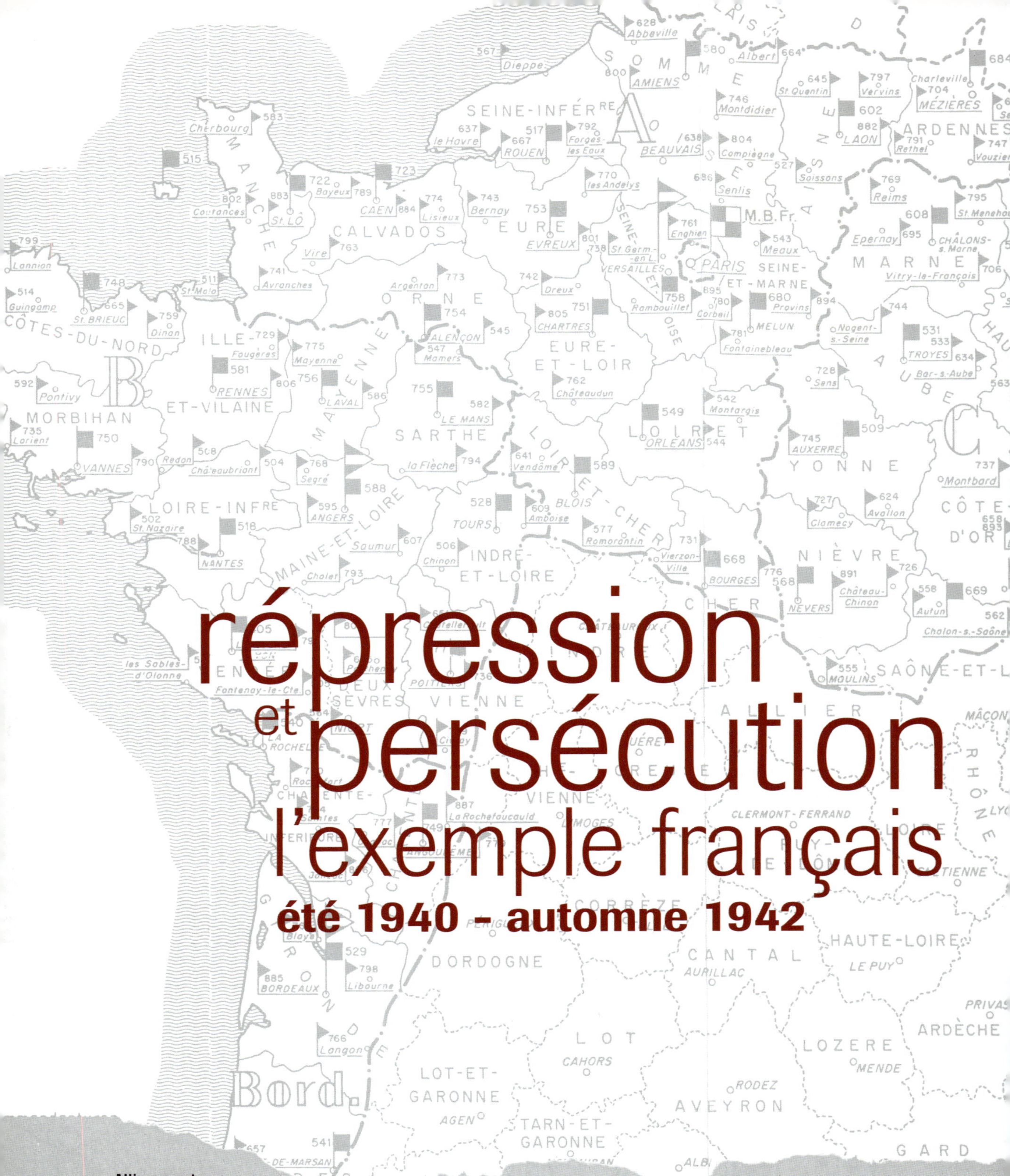

répression et persécution l'exemple français

été 1940 - automne 1942

Alliance entre l'Allemagne et l'Italie fasciste de Mussolini, et entre l'Allemagne et le Japon	Offensive allemande à l'Ouest	Les Allemands entrent dans Paris	Signature de l'armistice franco-allemand à Rethondes	Vote des pleins pouvoirs constituants à Pétain	Pétain engage une politique de collaboration avec l'Allemagne
NOV. 1936	10 MAI 1940	14 JUIN 1940	22 JUIN 1940	10 JUIL. 1940	30 OCT. 1940

L'occupation de la France par les Allemands et le rôle du gouvernement de Vichy

La défaite de 1940 et la mise en place du régime de Vichy

En quelques jours, en mai 1940, la « guerre éclair » de l'armée allemande met en déroute les troupes françaises. Après les attaques des 7 et 10 juin sur la Somme et sur l'Aisne, la défaite est consommée. Le 10 juin, le gouvernement quitte Paris, où les troupes allemandes font leur entrée le 14. Une semaine plus tard, elles sont à Bordeaux. Le désastre est immense. On compte plus de 90 000 soldats français morts au combat, 200 000 blessés et 1 850 000 prisonniers. Au moins 8 millions de personnes, paniquées, sont sur les routes d'un exode qui traduit l'ampleur de la crise. Populaire, héros de la Première Guerre mondiale, le maréchal Pétain impose la solution de l'armistice au pays et aux responsables d'une IIIe République qui vit alors ses dernières heures.

L'armistice avec l'Allemagne est signé dans la clairière de Rethondes le 22 juin, dans le wagon où avait été signé l'armistice de 1918, comme une revanche symbolique pour Hitler. Deux jours plus tard, la guerre s'arrête aussi avec l'Italie. Ce choix, qui n'était pas celui d'une poursuite de la lutte, comme le propose par contre depuis Londres le général de Gaulle dans son appel du 18 juin, laisse le champ libre à Pétain, à son programme antidémocratique et à sa politique de collaboration avec l'Allemagne. Officiellement, « l'État français » commence à Vichy le 10 juillet, à la suite du vote des pleins pouvoirs au Maréchal par la Chambre des députés et le Sénat réfugiés dans la « ville d'eaux ». Sur les 907 parlementaires de la IIIe République, 670 sont présents : certains n'ont pu atteindre Vichy à cause des combats et de l'exode ; les 61 élus communistes sont, eux, déchus de leur mandat depuis janvier 1940, à la suite du pacte germano-soviétique. Seuls 80 des présents votent non aux pleins pouvoirs à Pétain. Parmi les élus qui n'avaient pu se rendre à Vichy, 27 (dont Pierre Mendès-France, Jean Zay, Édouard Daladier, Georges Mandel), considérés comme des « déserteurs » par le nouveau gouvernement, avaient embarqué en juin à bord du *Massilia* pour que la République continue d'exister en Afrique du Nord.

Le général de Gaulle à la radio de Londres

À gauche : carte allemande de mars 1941

22 JUIN 1941	2-5 DÉC. 1941	7 DÉC. 1941	23 OCT. 3 NOV. 1942	8 NOV. 1942	11 NOV. 1942
L'Allemagne envahit l'URSS	Échec de la Wehrmacht devant Moscou	Attaque japonaise sur Pearl Harbor, entrée en guerre des États-Unis	Victoire des Britanniques en Égypte, à El-Alamein	Débarquement anglo-américain en Afrique du Nord	Invasion allemande de la zone Sud en France

Le général de Gaulle parlera d'eux ensuite comme des « premiers résistants » : la moitié s'engage rapidement dans des mouvements ou des réseaux ; vingt-deux connaissent ensuite la prison et dix sont déportés : cinq ne reviennent pas en 1945. Léon Blum, un des quatre-vingts, écrira en 1947 qu'ils avaient « *su résister à ce que Hugo, dans une pièce sublime des* Châtiments *appelle "l'abjection aux conseils misérables"* ». Après ce vote, le nouveau chef de l'État français concentre tous les leviers de commande, l'exécutif comme le législatif. La France n'est plus un État républicain.

Le découpage du pays

Mais l'armistice officialise aussi l'occupation partielle du territoire par les Allemands. Il le découpe en zones relevant d'autorités politiques différentes. L'Allemagne occupe en effet les trois cinquièmes de la métropole, les plus intéressants économiquement, et les côtes de l'Atlantique et de la Manche. Hitler confie les rênes à son armée victorieuse : un Commandant militaire, le *Militärbefehlshaber in Frankreich* (MBF), s'installe à Paris pour administrer cette « zone occupée ». Le gouvernement français s'installe, lui, à Vichy, en « zone non occupée », une ligne « de démarcation » séparant ces deux zones « Nord » et « Sud ». L'armistice signé avec l'Italie aboutit à amputer de manière réduite – une quinzaine de communes, principalement dans les Alpes-Maritimes – la zone Sud, laissée sous le contrôle total de Vichy. Le morcellement du pays est encore plus net dans le cas du Nord–Pas-de-Calais et de l'Alsace-Moselle. Avant même Rethondes, les deux départements du Nord et du Pas-de-Calais sont rattachés au Commandement militaire de Bruxelles (*Militärbefehlshaber in Belgien und Nordfrankreich*, MBB) : l'armistice du 22 juin ne revient pas sur ce découpage, maintenu tout au long de la guerre. Il ne mentionne pas plus l'annexion de fait qui est en train de se dérouler pour les trois départements d'Alsace et de Moselle et qui est officialisée en octobre 1940. Dès le 20 juin, deux responsables régionaux, des *Gauleiter*, sont nommés par Hitler pour administrer civilement ces territoires : l'Alsace est rattachée au pays de Bade pour former le *Gau* Oberrhein ; quant à la Moselle, elle forme, avec la Sarre et le Palatinat, le *Gau* Westmark. Les anciennes frontières françaises disparaissent. Par ailleurs, à partir d'avril 1941, une zone côtière interdite est créée tout au long des rivages occupés, des Pyrénées à la frontière Nord, du fait de leur importance stratégique. À la suite du débarquement des troupes alliées en Afrique du Nord, les troupes allemandes envahissent la zone Sud le 11 novembre 1942. La région située à l'est de la vallée du Rhône et la Corse sont laissées, jusqu'à la proclamation de l'armistice italien en septembre 1943, sous le contrôle des forces armées de Mussolini. Officiellement toujours souverain, le gouvernement de Vichy perd donc avec cette nouvelle occupation une grande partie de son autonomie réelle.

Ce découpage territorial a des conséquences politiques essentielles puisqu'il amène l'installation de systèmes d'occupation différents : des administrations militaires allemandes sur la plus grande partie du territoire (une pour la zone Nord, qui englobe la zone Sud à partir de novembre 1942 ; une pour le Nord–Pas-de-Calais), une administration italienne pour sa zone d'occupation, deux administrations civiles du Reich pour l'Alsace et la Moselle. Dans ces différentes zones, la gestion de l'Occupation n'est pas identique, tout comme la manière de mener les politiques de répression et de persécution. Les juifs de zone Sud ou de la zone italienne sont ainsi relativement à l'abri avant l'occupation totale du territoire par les Allemands. Autre exemple, la plupart des résistants du Nord–Pas-de-Calais ne sont pas déportés de la même façon que ceux du reste du pays et, de 1940 à 1944, ils ne prennent majoritairement pas la direction des camps de concentration.

Zones Nord et Sud : militaires et « Gestapo »

En zone occupée, le Commandement militaire (MBF) est, sur le plan exécutif et décisionnel, l'acteur principal jusqu'à l'été 1942. Il s'appuie sur les autorités françaises de Vichy pour assumer l'essentiel des tâches quotidiennes de l'Occupation, y compris répressives. Cette administration militaire veut avant tout assurer la sécurité de ses troupes d'occupation et permettre une bonne exploitation économique de la France.

Il est ainsi prévu que tout acte répréhensible aux yeux des occupants sera jugé par des tribunaux militaires, installés dans chaque département. Les condamnés purgent leur peine en France, ou sont déportés dans ce but vers une prison du Reich ; de plus en plus, certains sont fusillés après une sentence de mort. Ainsi, la police nazie, la Sipo-SD, qui comprend la Gestapo davantage connue et souvent le seul acteur cité, ne joue pas le premier rôle, d'abord réservé aux militaires. Elle ne prend la direction des opérations en France occupée qu'à partir de juin 1942. C'est crucial si l'on veut comprendre le parcours des premiers déportés vers le Reich : en 1940-1942, Sachsenhausen, Mauthausen ou Buchenwald, camps gérés par la SS, ne sont pas les destinations des résistants arrêtés, dirigés par contre vers des prisons du Reich. Toutefois, dès 1940, sans avoir la direction de la politique menée en France occupée, la Sipo-SD est chargée d'y appliquer les objectifs idéologiques nazis, en visant prioritairement les « ennemis du Reich » : essentiellement les communistes, les francs-maçons et les juifs. Elle suit avec attention l'application de la clause de l'armistice qui prévoit que soient livrés, par le gouvernement français, des opposants allemands au nazisme. Début octobre 1940, la Sipo-SD obtient la compétence prioritaire pour l'action anti-juive : très vite, le lieutenant SS Théo Dannecker, le responsable du service des affaires juives au sein de la Gestapo installée en France, déploie une très grande activité pour préparer les persécutions antisémites. À l'été 1942, il est remplacé par Heinz Röthke. C'est à cette date aussi que la Sipo-SD supplante les militaires et prend la direction de la politique de répression et de persécution. C'est à un chef supérieur de la SS et de la police (HSSPF), Karl Oberg, que revient désormais le soin de mener la répression. Il a pour principal adjoint Helmut Knochen, qui dirigeait déjà les membres de la Sipo-SD installés à Paris depuis 1940.

Les services policiers du Reich : la « Gestapo »

L'acronyme « Gestapo » est le plus souvent employé pour évoquer l'ensemble des forces de police allemandes et nazies. Pourtant, la « Gestapo » proprement dite n'est qu'un service d'un ensemble beaucoup plus vaste et compliqué, caractéristique de la manière dont les nazis ont progressivement phagocyté les structures de l'État allemand. Pour s'y retrouver dans des appellations cachant malheureusement des acteurs bien réels, il faut suivre chronologiquement l'évolution des services policiers du Reich nazi.

Au moment où les nazis prennent le pouvoir en 1933, chaque région allemande possède sa police, notamment pour le maintien de l'ordre public quotidien. La *Geheime Staatspolizei* (la Stapo ou Gestapo), une véritable police « politique » cette fois, « secrète », fait d'abord son apparition en Prusse, à l'initiative d'Hermann Goering, un des chefs nazis. Progressivement, plusieurs *Länder* se dotent d'une « Gestapo ». En 1936, l'unification de toutes ces polices est réalisée sous la direction d'Heinrich Himmler, également chef des SS (*Schutzstaffeln*, « échelons de protection », la branche armée du parti nazi). La police d'État du Reich se divise dorénavant en deux grandes branches : l'*Ordnungspolizei* (l'**Orpo**, la police en uniforme pour le maintien de l'ordre quotidien dans les villes et villages) et la *Sicherheitspolizei* (la **Sipo**) qui se divise en une *Kriminalpolizei* (la **Kripo**, la police criminelle chargée des crimes de droit commun) et en une *Geheime Staatspolizei* (la Stapo ou **Gestapo**, la police politique). Cette dernière est notamment chargée de réprimer les actes de haute trahison et d'espionnage, elle contrôle l'opinion publique et les activités politiques, elle surveille les frontières et s'occupe du suivi des dossiers des internés des camps de concentration.

Mais, au sein du parti nazi, les SS possédaient aussi un service de sécurité, le **SD**, *Sicherheitsdienst*, chargé de collecter des renseignements sur leurs ennemis. En 1939, Himmler réunit l'essentiel des polices et ce SD, pourtant donc issu du parti nazi, dans un nouveau service d'État, l'Office principal de sécurité du Reich (*Reichssicherheitshauptamt*, **RSHA**), dont la Gestapo est un de ses services (*Amt* IV). Ces membres rejoignent surtout la Sipo, si bien que l'on

LES SERVICES DE POLICE DU REICH (schéma simplifié)

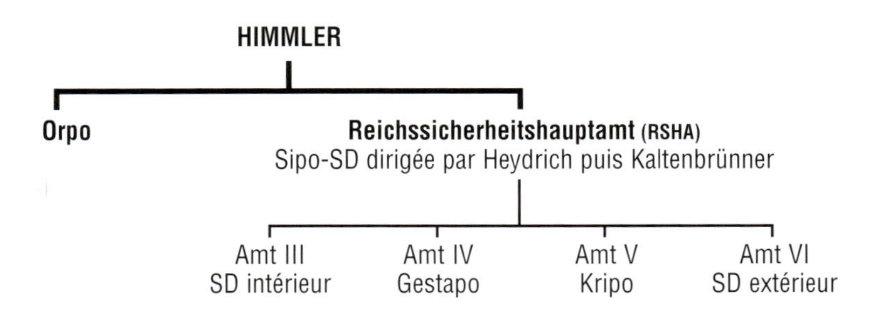

évoque à partir de cette date la **Sipo-SD** (*Sicherheitspolizei und Sicherheitsdienst*, police de sûreté d'État et services de sécurité du parti nazi, réunis donc au sein du RSHA sous les ordres de Reinhard Heydrich). La police d'ordre, l'Orpo, reste en dehors du RSHA.

LES SERVICES DE POLICE NAZIS EN FRANCE OCCUPÉE (schéma simplifié)

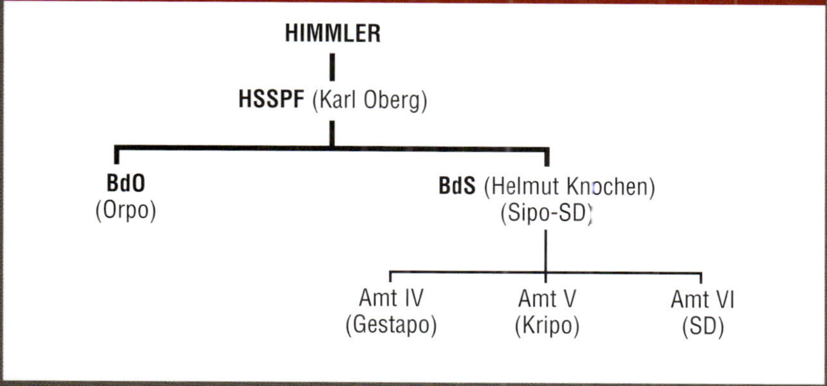

Une fois la France envahie, ces services du RSHA s'y installent, à commencer par la Sipo-SD : elle est dirigée par un **BdS**, *Befehlshaber der Sipo und des SD* – Helmut Knochen, qui en est le chef, reçoit ce titre officiellement en 1942. La Kripo, qui arrête notamment en France les personnes faisant du marché noir, est un des départements de cette Sipo-SD. La Gestapo en est un autre, l'*Amt* IV : c'est elle qui est à l'origine de l'arrestation et de la déportation de la plupart des résistants et des juifs de France.

L'Orpo s'implante aussi en France occupée à partir de 1942 : sur le même modèle, elle est dirigée par un *Befehlshaber der Orpo*, **BdO**.

BdS et BdO sont sous les ordres d'un représentant direct d'Himmler en France, un chef supérieur de la SS et de la police, *Höherer SS und Polizeiführer*, **HSSPF** : le général Karl Oberg.

Mais, ce sont les militaires et pas la Sipo-SD qui sont d'abord chargés de la répression en France occupée. Le Commandement militaire installé à Paris dispose ainsi lui aussi de sa police pour arrêter les résistants : la **Feldgendarmerie** d'abord – celle que l'on retrouve souvent caricaturée au cinéma – et la *Geheime Feldpolizei*, **GFP**, la police secrète aux armées, chargée des enquêtes. Celles-ci sont facilitées par la présence d'une antenne du service de renseignement militaire allemand en France, l'**Abwehr**.

À partir de 1942, les groupes de la GFP sont absorbés par la Sipo-SD, qui est alors chargée de la répression. La Feldgendarmerie continue de se charger de nombreuses tâches et l'Abwehr de fournir des renseignements.

Le rôle du gouvernement de Vichy

Du fait du faible nombre de policiers stationnés en France occupée, les autorités allemandes ont besoin du gouvernement français. Elles savent en outre qu'une action est d'autant plus efficace qu'elle est préparée et menée avec l'aide des fonctionnaires et des policiers de Vichy. Militaires d'abord, Sipo-SD ensuite, tous souhaitent la « collaboration » de l'État français.
Or, le régime de Vichy fait d'emblée ce choix. Il est demandeur d'une collaboration qui doit lui permettre de réussir son programme politique et idéologique, la « Révolution nationale », consistant d'abord à écarter ceux qui sont considérés comme les responsables de la défaite et de la déchéance de la nation, les forces de « l'anti-France » : le juif, le communiste, le franc-maçon. Et c'est donc la carte d'un traité de paix et de la victoire de l'Allemagne que Vichy joue tout au long de la guerre. Avec Pierre Laval, chef du gouvernement de Pétain en 1940 et du printemps 1942 à l'été 1944, cette collaboration est une priorité absolue.

« Travail, famille, patrie », la devise la plus connue du gouvernement de Vichy (les trois mots remplaçant « liberté, égalité, fraternité »)

La Collaboration, c'est donc, en matière de répression et de persécution, une convergence des objectifs vichystes et allemands – notamment policiers –, contre des ennemis communs. Au risque pour l'État français, qui veut toujours et partout maintenir la fiction d'une souveraineté française inchangée par l'Occupation, d'assumer et de participer à la réussite de programmes exclusivement nazis. Le rôle de Vichy dans la déportation des juifs de France en est l'exemple le plus dramatique. Au risque aussi d'une radicalisation croissante de la répression, s'achevant en 1944 par une dérive policière de l'État français. La Milice, une force paramilitaire, et son chef, Joseph Darnand, se retrouvent alors chargés de l'ensemble des forces du maintien de l'ordre.
La répression et la persécution menées par les autorités allemandes bénéficient ainsi de l'aide de la plupart des rouages de l'administration française, rendus encore plus efficaces par une volonté de les centraliser au sein d'un État autoritaire : création des préfets de région, étatisation des polices avec la figure importante de l'intendant de police, mise en place de tribunaux d'exception, recours à l'internement administratif (sans jugement et sans limite de temps), etc. À Paris, dans la lutte contre les communistes, le rôle de la Préfecture de police (aux pouvoirs inchangés ou presque par Vichy), et notamment de ses brigades spéciales des Renseignements généraux, témoigne de cette efficacité.

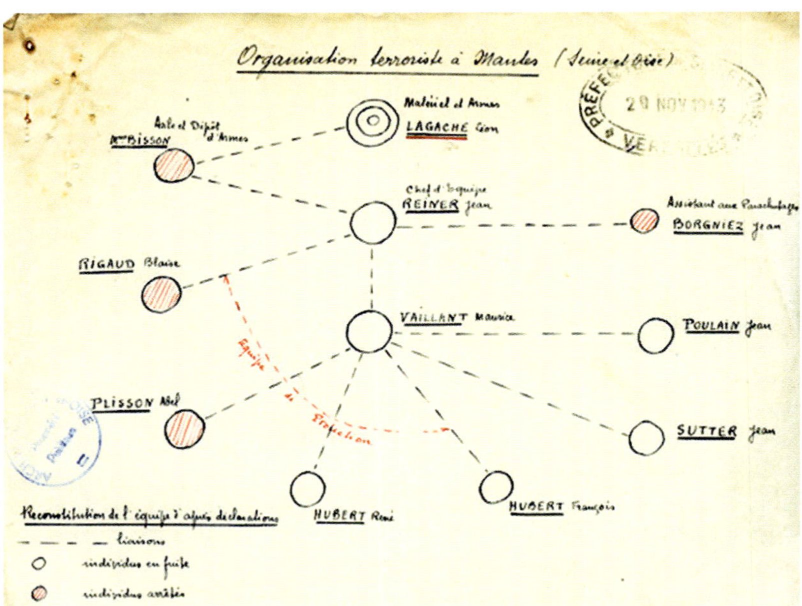

Vichy arrête : reconstitution d'un groupe de résistance à la suite d'une enquête minutieuse. Certaines des personnes notées sur cet organigramme, des résistants du réseau britannique Buckmaster, *ont été remises aux Allemands. Condamnées à mort, elles sont fusillées au mont Valérien fin mars 1944*

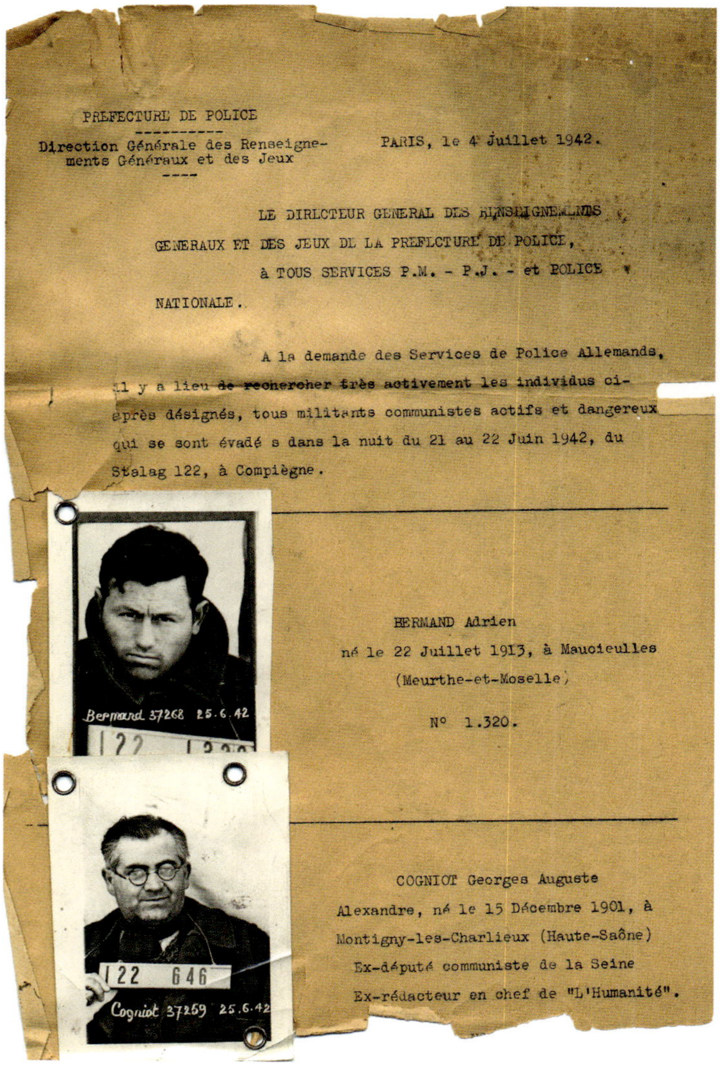

PREFECTURE DE POLICE

Direction Générale des Renseignements Généraux et des Jeux

PARIS, le 4 Juillet 1942.

LE DIRECTEUR GENERAL DES RENSEIGNEMENTS GENERAUX ET DES JEUX DE LA PREFECTURE DE POLICE, à TOUS SERVICES P.M. - P.J. - et POLICE NATIONALE.

A la demande des Services de Police Allemands, il y a lieu de rechercher très activement les individus ci-après désignés, tous militants communistes actifs et dangereux qui se sont évadé s dans la nuit du 21 au 22 Juin 1942, du Stalag 122, à Compiègne.

BERMAND Adrien
né le 22 Juillet 1913, à Maucieulles
(Meurthe-et-Moselle)
N° 1.320.

COGNIOT Georges Auguste Alexandre, né le 15 Décembre 1901, à Montigny-les-Charlieux (Haute-Saône)
Ex-député communiste de la Seine
Ex-rédacteur en chef de "L'Humanité".

Vichy interne : miradors de surveillance entourant le camp de Drancy, administré jusqu'en 1943 par les autorités françaises

Vichy collabore : un avis de recherche lancé par la Préfecture de police de Paris pour capturer des évadés du camp allemand de Compiègne en juin 1942

Juin 1940 – été 1941 : répression judiciaire et premières mesures anti-juives

La première année de l'Occupation, souvent qualifiée de calme, est en fait marquée par la mise en place de tout un arsenal répressif pour lutter contre les premiers actes de résistance. Les bases de la politique anti-juive sont également rapidement posées, du côté tant allemand que français.

En matière répressive, si les militaires allemands entendent laisser la main aux autorités françaises, ils se montrent d'emblée implacables pour imposer l'« ordre » et la « sécurité », notamment dès que des actes touchent directement la puissance occupante. Si le Commandement militaire s'autorise dès la fin de l'année 1940 des internements administratifs (au fort de Romainville) et des mesures de représailles collectives (essentiellement encore des sanctions financières, les exécutions d'otages prévues n'étant pas appliquées), son appareil répressif repose d'abord surtout sur ses tribunaux militaires, c'est-à-dire sur une politique judiciaire.

Progressivement, dès les premières mentions d'actes hostiles contre l'occupant, cette répression judiciaire se durcit. Les mouvements « gaullistes » sont ainsi rapidement visés, tout comme les personnes qui tentent de rejoindre l'Angleterre. Dans le même temps, Vichy a entamé sa lutte contre le parti communiste clandestin et ses militants.

Au total, de juin 1940 à la fin juillet 1941, un peu plus de 160 peines de mort sont prononcées par les tribunaux militaires allemands et un quart exécutées. Près d'une centaine de détenus condamnés sont déportés dans une prison du Reich pour purger leur peine. Ce sont les premiers déportés de France.

Exécution d'Émile Masson, le 12 novembre 1940 à la citadelle d'Amiens. Il est arrêté avec Lucien Brusque le 15 octobre 1940, par la gendarmerie française, pour avoir coupé une ligne téléphonique. Réclamés par les autorités allemandes, tous les deux sont condamnés à mort par un tribunal militaire une semaine plus tard et fusillés

BEKANNTMACHUNG!

Durch Urteil des FELDKRIEGSGERICHTES der Feldkommandantur Arras vom 17. September 1940 wurde

Frau Blanche Josephine PAUGAN

wegen eines

VERBRECHENS DER FREISCHÄRLEREI

nach § 3 der Kriegssonderstrafrechtsverordnung,

begangen durch Abschneiden von Militärkabeln,

zum TODE verurteilt.

Dieses Urteil wurde vom Militärbefehlshaber in Belgien und in Nordfrankreich bestätigt und ist somit rechtskräftig geworden.

Jeder neuerliche Fall von Freischärlerei wird unverzüglich die gleiche Bestrafung nach sich ziehen.

GEZ. WEYLAND
Oberstleutnant und Feldkommandant.

O. U., den 21. Oktober 1940.

AVIS

Par sentence rendue par le CONSEIL DE GUERRE de la Feldkommandantur d'Arras, en date du 17 Septembre 1940,

Madame Blanche Joséphine PAUGAN

a été condamnée à la

Peine de Mort

pour des actes de sabotage d'après le § 3 du Kriegssonderstrafrechtsverordnung, ayant coupé des fils téléphoniques Allemands.

Ce jugement ayant été ratifié par le Commandant Militaire de la Belgique et du Nord de la France, est maintenant devenu définitif.

Tout nouvel acte de sabotage entraînera immédiatement la même peine.

WEYLAND
Lieutenant-Colonel et Commandant.

Arras, le 21 Octobre 1940.

*Affiche annonçant la condamnation à mort de Blanche Paugam (qui orthographie mal son nom).
Arrêtée le 16 août 1940, elle est jugée par le tribunal militaire d'Arras. Les femmes n'étant pas exécutées en France, elle est déportée à la prison d'Aix-la-Chapelle en attendant que son dossier de grâce soit instruit. Sa peine ayant été finalement commuée, elle reste internée dans les prisons de Lubeck puis de Cottbus, avec le statut de détenue « NN » (dit depuis* Nacht und Nebel*), avant d'être transférée en janvier 1945 au camp de concentration de Ravensbrück. Dirigée ensuite vers Mauthausen puis Bergen-Belsen, elle décède dans ce dernier camp quelques jours avant la Libération*

Par ailleurs, l'essentiel de **la législation anti-juive** est établi durant cette première année d'occupation. D'un côté, sans pression allemande, le gouvernement de Vichy traduit par une première loi son antisémitisme : le 3 octobre 1940, il adopte le premier « Statut des Juifs », définis comme une race, exclus de certaines professions (enseignant, journaliste, cinéaste, etc.) et des responsabilités politiques ou administratives (pas de mandat d'élu, de chef de l'État, de préfet, ni de fonction de commandement, d'inspecteur des Finances, etc.). À partir de l'été 1941, les juifs ne pourront plus être non plus ni avocat, ni médecin.

Leur ségrégation et l'aryanisation de leurs biens commencent parallèlement : le 2 juin 1941, dans un second Statut, le gouvernement de Vichy ordonne le recensement des juifs et de leurs biens, dans les deux zones. D'un autre côté, à la tête du service des affaires juives de la Gestapo, Dannecker développe sa politique qui vise à l'internement initial de milliers de juifs de la zone occupée. La première rafle interviendra à Paris dès le mois de mai 1941.

« Monsieur le Maréchal, le chef de l'État est le défenseur et le protecteur des droits de tous les Français.

Or, toute discrimination d'une catégorie de Français en raison de leur religion ou de leur ascendance serait contraire aux règles du droit public interne, aux principes du droit public international, aussi bien qu'à l'idéal de civilisation que notre pays représente dans la plus grande France et dans le monde entier.

1. Toutes les lois constitutionnelles et organiques qui ont été promulguées par les différents régimes qui se sont succédé en France depuis 1789 proclament l'égalité des citoyens devant la loi, ce qui s'entend, en particulier, du libre choix des professions et de l'accès aux fonctions publiques fondé uniquement sur le mérite. Pour ce qui concerne les Israélites de France, leurs droits civiques ont été reconnus explicitement par les décrets de l'Assemblée nationale constituante du 28 janvier 1790 et du 27 septembre 1791, décrets convertis en lois de l'État par le roi Louis XVI.
2. Les principes qui ont inspiré constituants et législateurs ont été défendus par tous les gouvernements de la France dans le domaine international. »

Extraits de la lettre de mise en garde adressée au maréchal Pétain par le grand rabbin de France, Isaïe Schwartz, le 10 octobre 1940

Le grand rabbin réagit à la succession de mesures prises par Vichy depuis le début du mois d'octobre 1940. Le 3 est promulguée la loi portant « Statut des Juifs » : *« Est regardé comme juif, pour l'application de la présente loi, toute personne issue de trois grands-parents de race juive ou de deux grands-parents de la même race, si son conjoint lui-même est juif. »* Le lendemain, une nouvelle loi permet l'internement dans *« des camps spéciaux »* des *« ressortissants étrangers de race juive »*. Le 7 octobre est abrogé le décret Crémieux de 1870 : les droits politiques des juifs d'Algérie sont dorénavant alignés sur ceux des « musulmans algériens ».

la résistance

La Résistance en France

DENIS PESCHANSKI

Nous entendons par résistance tout acte subversif visant à empêcher la réalisation des objectifs de l'occupant.

Entre l'été 1940 et l'été 1941, c'est la naissance. De la drôle de guerre à la débâcle et à l'exode, la société française est sortie traumatisée de la défaite. La mise en place, à Vichy, d'un État autoritaire sous la férule de Pétain participe du trouble ambiant. Voilà un État français qui associe le projet idéologique de la Révolution nationale au choix de la collaboration. L'occupant a imposé sa loi. Le découpage en zones impose ses règles à la Résistance, qui reste le fait de quelques noyaux. Si les républicains convaincus sont en nombre dès le début, les vichysto-résistants (résistants authentiques, mais convaincus par la Révolution nationale) sont majoritaires jusqu'au printemps 1941. À Londres, de Gaulle engage une bataille pour la légitimité. Dès le 19 juin 1940, il dit parler « *au nom du peuple français* ». Stupéfiant affichage qui sera pourtant décisif pour ceux qui rejoignent Londres, ceux qui activent les filières (évasions, réseaux) en liaison avec le 2e Bureau dirigé à Londres par Passy ou, bientôt, les services britanniques *(Intelligence Service)*. Le Parti communiste présente un cas particulier. Au-delà des engagements individuels, l'organisation n'est pas engagée dans la Résistance avant mars 1941, au vu de ses mots d'ordre. Et c'est la rupture du pacte germano-soviétique, le 22 juin 1941, qui clarifie définitivement la situation en permettant un changement de stratégie politique.

Cet engagement est décisif dans la deuxième étape, celle de **la consolidation (été 1941-automne 1942)**. Le contexte change : l'URSS puis les États-Unis entrent dans une guerre devenue planétaire. En France, l'opinion décroche avec le régime. En témoignent le 14 Juillet 1942 dans tout le pays et le rejet des persécutions antisémites (rafles et déportations). La première génération des résistants rompt définitivement avec l'idéologie vichyste. Les formes se diversifient : la propagande, le renseignement, la lutte armée, le sauvetage, etc. C'est alors que se stabilise la trilogie des structures : mouvements, réseaux, partis. Envoyé par de Gaulle, Jean Moulin est l'instrument de l'unification des forces.

Ainsi, **entre novembre 1942 et la fin du printemps 1944, vient le temps de l'unification.** Avec la contre-offensive des Alliés, l'espoir a changé de camp.

Une du journal clandestin Défense de la France *du 25 octobre 1943*

DEFENSE DE LA FRANCE

PARIS — 2e EDITION
25 Octobre 1943 — N° 40 — JOURNAL FONDE LE 14 JUILLET 1941

„Je ne crois que les histoires dont les témoins se feraient égorger." PASCAL

Le Devoir de Révolte

Les Allemands viennent de faire recenser la classe 1943 et prévoient son emploi sur le territoire Français... De plus, nous savons qu'en cas de débarquement c'est à partir de 18 ans que les hommes seront tenus, sous peine de mort sans jugement, d'aller "dans les 4 heures" se faire parquer derrière les barbelés... Ainsi les très jeunes gens sont maintenant menacés de manière directe.

Jeunes hommes de France voici votre tour. Si vous êtes fortement trempés, les décisions allemandes ont du libérer votre cœur. Aucun prétexte, aucune contrainte familiale ne peuvent désormais vous masquer votre devoir : la RÉVOLTE. La vérité est là impitoyable. Vous serez des rebelles ou vous serez des esclaves.

Vous serez des rebelles ! Sur notre sol occupé vous agirez en hommes libres...

Mais ne vous payez pas de paroles... La Révolte n'est pas une attitude de salon. Son vrai visage est âpre, dur, dépouillé. Elle ne s'entoure d'aucune littérature. La Révolte est dans les actes.

La Révolte n'est pas une fuite. En rêvant à l'Espagne, en espérant que l'on viendra vous prendre en sous-marin ou en avion, vous poursuivez un mirage. Vous cherchez un refuge, vous n'acceptez pas le combat en face.

La Révolte n'est pas une attitude passive. Il est stérile de se cacher en allant sagement chez une paisible grand'mère faire du jardinage, garder les moutons, ou confectionner des pâtes de coing. Se Révolter ce n'est pas se mettre en conserve.

Se Révolter c'est combattre de façon efficace. Se Révolter c'est passer à l'attaque.

Vous devez d'abord vous grouper. Que ceux qui parmi vous possèdent la foi et la certitude de réussir au cœur, constituent de petites sections avec quelques amis sûrs.

Il faudra ensuite organiser ces groupes. Tant que celà est possible, restez dans la légalité conservez votre travail. Mais sans perdre un instant, préparez le moment où vous devrez disparaitre. Jeunes chefs, votre premier devoir sera de procurer des faux papiers à chacun de vos camarades. En demandant autour de vous à des personnes de confiance, vous ne tarderez pas à en trouver. Défense de la France en diffuse une quantité suffisante pour qu'ils parviennent jusqu'à vous. De la même manière prévoyez des sources de tickets, de ravitaillement, un lieu de retraite.

Quand vous tiendrez votre groupe bien en main, vous chercherez alors à vous rattacher à l'un des mouvements de Résistance. Nos distributeurs vous guideront. Ces mouvements vous donneront des ordres, vous feront préparer des terrains de parachutage pour les armes...

Mais n'attendez pas des miracles. Ne pensez pas que passer à la Résistance soit aussi simple que de s'enrôler dans les troupes d'une armée régulière. Dans cette lutte il ne suffit pas de se laisser conduire. C'est avec l'arme que l'on s'est forgée que l'on mène le combat.

Français, connaissez votre puissance. Contre l'ennemi vous possédez une force irrésistible : LA RÉVOLTE.

Indomitus

DÉFENSE DE LA LIBERTÉ

Beaucoup de Français nous ont demandé de caractériser d'un mot la position que nous défendons. Malgré notre répugnance à enfermer, donc à déformer, dans une formule une réponse extrêmement complexe, nous leur dirons qu'avant tout nous défendons « La Liberté ».

Nous luttons, *avec toute la Résistance*, pour la libération du sol. C'est là notre premier combat, notre unique souci actuel. Nous pensons que rien ne peut se bâtir avec la présence de l'ennemi ou de l'étranger. La volonté qui nous fait rejeter l'Allemand se retrouverait identique vis-à-vis de quiconque ferait peser sur nous la même contrainte. Nous voulons être seuls maitres chez nous.

Nous lutterons dans l'avenir, après la période nécessaire de gouvernement de salut public qui suivra le débarquement, pour la *liberté intérieure* [...]

[...] minorité, par la violence et par la terreur, impo[se] ses volontés souvent inspirées par des influence[s] étrangères à la volonté du peuple français.

C'est ici que nous nous adressons à nos compa[triotes] communistes. Nous avons à maintes re[prises] manifesté notre admiration pour le courag[e] dont ils ont fait preuve dans la lutte commune. Depuis 1941 la franchise de nos rapports ave[c] eux a toujours été entière *et nous refusons d'imaginer que cette fraternité née dans le combat puisse cesser un jour.* Nous n'en sommes que plus libres pour leur dire ouvertement notre pensée : « Nous ne sommes pas d'accord avec votre conception du monde. Nous ne sommes pas matérialistes. Nous ne pensons pas que la marche de l'histoire soit inéluctable; nous croyons possible l'intervention libre de l'homme. Si nous sommes prêts à être aussi audacieux que vous dans nos projets sociaux, si nous sommes décidé[s] [...]

L'ANGLETERRE ET LA FRANCE

Dans son discours du 20 avril 1943 le Général de Gaulle nous représentait avec raison l'image d'un monde d'après-guerre "restreint par la vitesse" et caractérisé par "l'osmose des idées, l'ubiquité des intérêts". C'est en vain que les petites cervelles de Vichy, ne pouvant nous convertir à la collaboration directe, ont pris ce biais de prêcher "la France, la France seule". Aucune nation ne peut aujourd'hui vivre en vase clos, et moins que tout autre la France, qui s'ouvre sur un continent, sur une mer et sur un Océan.

Nous voulons voir la France, après sa libération, accueillir tous les souffles du large et vivre d'une vie vraiment mondiale.

Mais la France n'est pas seule à avoir compris cette vérité élémentaire que, comme le disait M. Eden à Annapolis, une nation ne peut plus aujourd'hui se désintéresser de ce qui se passe "chez le voisin ou de l'autre côté de la rue". L'Angleterre a désormais relégué au magasin des accessoires la théorie du "splendide isolement" qui fut un axiome de la politique anglaise à l'époque glorieuse et démodée de Disraëli.

Plus que jamais les destinées de ces deux pays vont se mêler étroitement l'une à l'autre. La France et l'Angleterre ! Couple marqué par le destin, couple moins tragique mais non moins fatal que le couple France—Allemagne. Que de luttes ont divisé ces ennemis séculaires ! Mais aussi que de terribles combats menés en commun les ont rapprochés en ce 20ème siècle à la face bouleversée qui est comme le début d'une ère nouvelle dans l'histoire du monde.

La France et l'Angleterre ont pris l'habitude de rebâcher les griefs plus ou moins justifiés qu'elles peuvent nourrir l'une contre l'autre. Il faut en finir une fois pour toutes avec ces spectres du passé, ressuscités à plaisir par nos ennemis, avant de dire tout ce qui oriente nécessairement nos deux pays vers un commun avenir.

En France on a coutume de reprocher à l'Angleterre son "égoïsme". Mot imprudent et même absurde. Quelle nation ne poursuit des fins personnelles? L'égoïsme en matière nationale s'appelle le patriotisme, et nous-mêmes nous devons être égoïstes quand il s'agit de la France. La politique d'une puissance est nécessairement égoïste. Le tout est de savoir si cet égoïsme est mal compris, comme c'est le cas pour l'Allemagne qui refuse éternellement de s'intégrer à un ordre stable et juste. Dans le cas de l'Angleterre, au contraire, on se trouve en [...] a continué la lutte entreprise en commun; elle est restée le visage ensanglanté, mais debout, les armes à la main. Et dès le 7 août 1940, sur la foi du Général de Gaulle, qui lui assurait que l'âme de la France n'était pas morte, elle s'engageait à mettre tout en œuvre pour rétablir son alliée "*dans sa grandeur et son independance*".

Non, nous ne pouvons accuser l'Angleterre de déloyauté. L'Angleterre défend toujours bien ses intérêts, et nul ne songerait à le lui reprocher. Mais avec elle on peut ***passer des contrats***, on peut donc travailler avec elle à l'édification d'un ordre stable en Europe et dans le monde. Nous ne pouvons reprocher à l'Angleterre d'avoir violé ses engagements. Ce que nous pouvons, ce que nous devons lui dire, c'est qu'il lui est arrivé de se tromper lourdement. — Anglais ! en 1918 vous avez cru que la France de Clémenceau était encore impérialiste et belliqueuse comme la France de Napoléon. Vous vous êtes défiée de votre alliée. Hantés de je ne sais quelle crainte puérile, vous avez tout fait pour la frustrer de la victoire commune. Soucieux de rebâtir, de réajuster par des retouches savantes le système anachronique de "l'équilibre européen", vous avez accepté de considérer avec bienveillance le sourire grimaçant esquissé par le militarisme prussien. Vous avez, de vos propres deniers aidé à construire les engins de mort qui en 1940 ont failli détruire votre Empire séculaire. Anglais, ne retombez pas dans cette erreur. Comprenez que la France ne doit être traitée ni en parente pauvre (vos véritables amis, comme le Général de Gaulle, vous avertissent assez contre cette erreur), ni en rivale dangereuse, mais en alliée fidèle, qui a été deux fois sacrifiée à l'avant-garde pour la cause commune, qui ne nourrit aucun dessein offensif, dont l'amitié est nécessaire au maintien de la paix.

Comprenez que, sous peine de tomber dans une troisième catastrophe, cette fois irréparable, vous ne pouvez refuser plus longtemps à la France de prendre, dans la Ruhr et sur la rive gauche du Rhin les garanties nécessaires pour assurer la défense de nos deux pays.

Ne vous abandonnez pas non plus, à l'avenir, aux calculs mesquins, aux dosages patients et dérisoires grâce auxquels vous avez réussi, en 1922, à remporter sur votre alliée une dangereuse victoire, lui imposant l'humiliation d'entretenir une flotte notoirement insuffisante pour assurer la défense [...]

Après le débarquement en Afrique du Nord, Vichy a perdu les derniers vestiges de sa puissance : l'empire, la flotte et la zone non occupée. Laval pilote une politique de cogestion répressive, avant la montée en puissance des collaborationnistes. Dans la Résistance vient le temps de la fusion des mouvements de zone Sud dans les MUR (Mouvements unis de résistance), de la constitution du Conseil national de la Résistance (CNR) le 27 mai 1943, et de leur soutien décisif à de Gaulle face à Giraud dans la concurrence de légitimation. Viennent ensuite la création des FFI et la mise en place par Alger des structures d'encadrement. Si l'occupation de fait de la zone Sud élargit le front anti-allemand et la diversification des formes de résistance (maquis, sauvetage), les forces répressives sont aussi renforcées. L'instauration du STO provoque un vaste mouvement de réfractaires, dont une partie vient nourrir les maquis. Avec Darnand au Maintien de l'ordre et Henriot à l'Information, 1944 marque l'engagement résolu dans le combat à mort contre la Résistance, jusqu'à **la Libération.** Les réseaux de renseignements de la Résistance jouent un rôle important dans l'accompagnement des débarquements du 6 juin et du 15 août 1944, comme dans la lente libération du territoire. Les derniers moments du combat illustrent une donnée essentielle : l'importance de la Résistance française se mesure d'abord et avant tout à son efficacité politique, y compris dans la lutte armée. Toujours très minoritaire, elle est cependant indissociable des mouvements d'une opinion majoritairement contre l'occupation et de comportements de rejet (de dissensus, de résilience). Ils participent de la reconstruction individuelle et collective.

le 27 mai 1943, c'est la constitution du CNR

En juillet 1944, les résistants FTP-MOI (Francs-tireurs et partisans de la Main-d'œuvre immigrée) de la Compagnie Marat, alors qu'ils préparent le sabotage d'une voie de ferrée à Aubagne. Une des rares photographies prise à l'époque

Été 1941 – automne 1942 : radicalisation de la répression et « solution finale » en France occupée

Avec l'invasion de l'URSS, le 22 juin 1941, et le tournant pris par le PCF, qui s'engage dorénavant dans la lutte armée contre l'occupant, les militaires allemands radicalisent leur politique répressive. Le jour même de l'attaque, l'*Aktion Theodorich* conduit à l'arrestation et à l'internement au nouveau camp de Royallieu, à Compiègne, de près de 1 300 militants et sympathisants communistes. Dans le même temps, les autorités allemandes arrêtent les premiers membres des réseaux et mouvements d'une Résistance qui se structure progressivement. Si le commandement militaire s'engage alors surtout dans une « politique des otages » prévoyant dorénavant des exécutions, ces nouvelles mesures n'empêchent pas l'arsenal répressif déjà mis en place de se développer, toujours plus sévère.

Sévérité judiciaire et mise en place du décret NN

Les condamnations des tribunaux militaires allemands s'aggravent dès le printemps 1941, avant même la vague d'attentats contre les troupes d'occupation. En mai se tient le premier procès important contre un groupe de résistance lié à Londres : celui du comte Honoré d'Estienne d'Orves, condamné à mort avec deux camarades.

À partir de l'été 1941, enquêtes et actions de la police allemande se multiplient, comme le montrent les centaines d'arrestations opérées par l'action « Porto », qui se déroule d'octobre à décembre 1941, principalement contre des groupes de filiation « gaulliste » (le terme utilisé par les autorités allemandes).

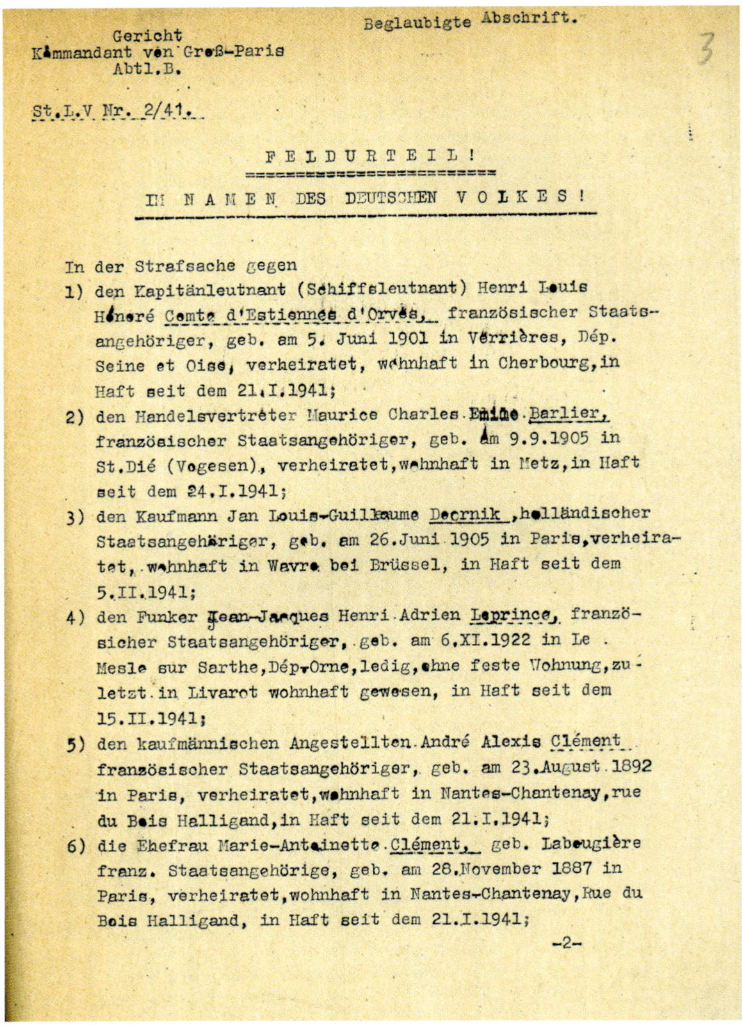

Beglaubigte Abschrift.

Gericht
Kommandant von Groß-Paris
Abtl.B.

St.L.V Nr. 2/41.

F E L D U R T E I L !

IM N A M E N DES DEUTSCHEN V O L K E S !

In der Strafsache gegen
1) den Kapitänleutnant (Schiffsleutnant) Henri Louis Hónoré Comte d'Estiennes d'Orvés, französischer Staatsangehöriger, geb. am 5. Juni 1901 in Verrières, Dép. Seine et Oise, verheiratet, wohnhaft in Cherbourg, in Haft seit dem 21.I.1941;
2) den Handelsvertreter Maurice Charles Emile Barlier, französischer Staatsangehöriger, geb. am 9.9.1905 in St.Dié (Vogesen), verheiratet, wohnhaft in Metz, in Haft seit dem 24.I.1941;
3) den Kaufmann Jan Louis-Guillaume Doornik, holländischer Staatsangehöriger, geb. am 26.Juni 1905 in Paris, verheiratet, wohnhaft in Wavre bei Brüssel, in Haft seit dem 5.II.1941;
4) den Funker Jean-Jacques Henri Adrien Leprince, französicher Staatsangehöriger, geb. am 6.XI.1922 in Le Mesle sur Sarthe, Dép. Orne, ledig, ohne feste Wohnung, zuletzt in Livarot wohnhaft gewesen, in Haft seit dem 15.II.1941;
5) den kaufmännischen Angestellten André Alexis Clément französischer Staatsangehöriger, geb. am 23.August 1892 in Paris, verheiratet, wohnhaft in Nantes-Chantenay, rue du Bois Halligand, in Haft seit dem 21.I.1941;
6) die Ehefrau Marie-Antoinette Clément, geb. Labougière franz. Staatsangehörige, geb. am 28.November 1887 in Paris, verheiratet, wohnhaft in Nantes-Chantenay, Rue du Bois Halligand, in Haft seit dem 21.I.1941;

-2-

Première page du jugement condamnant à mort Honoré d'Estienne d'Orves et ses camarades de résistance. Les trois premiers sont fusillés au mont Valérien

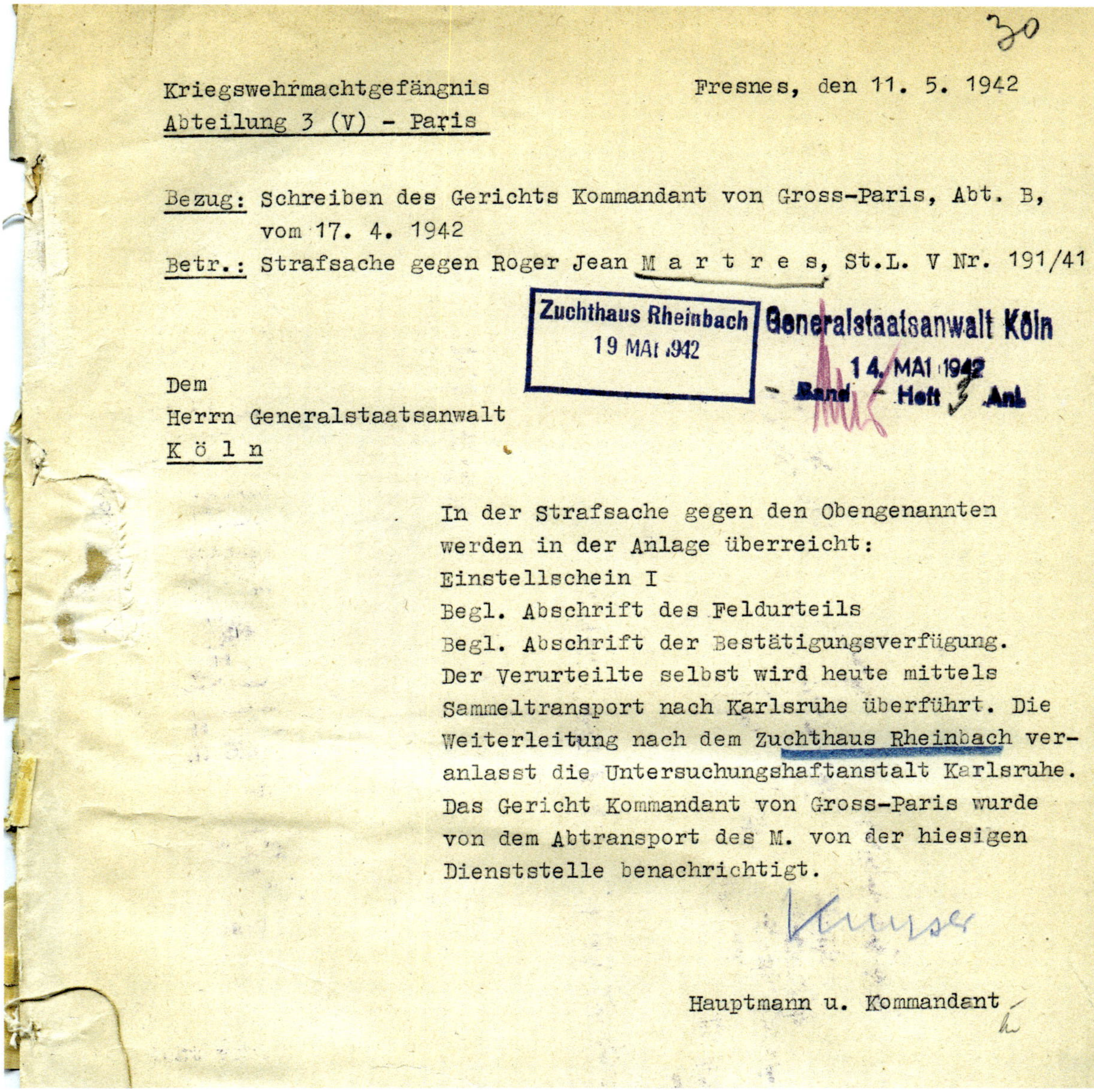

30

Kriegswehrmachtgefängnis
Abteilung 3 (V) - Paris

Fresnes, den 11. 5. 1942

Bezug: Schreiben des Gerichts Kommandant von Gross-Paris, Abt. B, vom 17. 4. 1942
Betr.: Strafsache gegen Roger Jean M a r t r e s, St.L. V Nr. 191/41

Zuchthaus Rheinbach
19 MAI 1942

Generalstaatsanwalt Köln
14. MAI 1942
- Band - Heft 3 Anl.

Dem
Herrn Generalstaatsanwalt
K ö l n

In der Strafsache gegen den Obengenannten werden in der Anlage überreicht:
Einstellschein I
Begl. Abschrift des Feldurteils
Begl. Abschrift der Bestätigungsverfügung.
Der Verurteilte selbst wird heute mittels Sammeltransport nach Karlsruhe überführt. Die Weiterleitung nach dem Zuchthaus Rheinbach veranlasst die Untersuchungshaftanstalt Karlsruhe.
Das Gericht Kommandant von Gross-Paris wurde von dem Abtransport des M. von der hiesigen Dienststelle benachrichtigt.

Hauptmann u. Kommandant

Lettre des autorités allemandes en France annonçant la déportation vers la prison de Rheinbach de Roger Martres, condamné à la prison à perpétuité pour avoir tenté de rejoindre l'Angleterre. Il meurt en détention en mai 1944

Le nombre des condamnations à mort augmente ainsi fortement : près de 500 sont prononcées par les tribunaux militaires allemands entre août 1941 et mai 1942 et trois quarts sont exécutées (contre un quart durant la période précédente). Les peines de réclusion sont de plus en plus purgées en Allemagne, dans une prison où le condamné est déporté : au moins 1 500 départs ont ainsi lieu entre juillet 1941 et fin novembre 1942.

Le Commandement militaire renforce également sa propagande, en tentant de criminaliser les résistants grâce à des « procès spectacles » menés contre des groupes de francs-tireurs. Ils y sont présentés à l'opinion comme des truands de la pire espèce et pas comme des patriotes. Le 4 mars 1942 s'ouvre ainsi à la Chambre des députés le procès « médiatisé » d'un groupe de communistes armés du 11e arrondissement de Paris : sept sont condamnés à mort le 9 mars. Les 15 et 16 avril, à la maison de la Chimie, le Commandement militaire organise un second procès de ce type : 23 membres des groupes armés du PCF clandestin sont condamnés et fusillés le 17 avril 1942 au mont Valérien.

Les « Bataillons de la jeunesse », le rôle de Vichy dans la répression

FRANCK LIAIGRE

Le résistant Jean Quarré tirant la langue au soldat allemand qui le filme lors de son procès

Créés au cours de l'été 1941, les Bataillons de la jeunesse constituent le bras armé des jeunesses communistes. Ils sont surtout implantés en région parisienne. D'août 1941 à mars 1942, date à laquelle ces Bataillons disparaissent, essentiellement sous les coups de la police française et avant d'être livrés aux autorités allemandes, leur effectif dans le département de la Seine ne dépasse pas trente-six hommes au total. Ce sont des jeunes de vingt ans en moyenne : des lycéens – environ 18 % des effectifs –, des étudiants, mais surtout des manuels, métallos, livreurs et camelots. Ils sont répartis en petits groupes, dont les responsables sont chapeautés par le commissaire militaire national, Pierre Georges, le futur colonel Fabien, et Albert Ouzoulias, alors commissaire politique national. La plupart ont des parents communistes, nul ou presque n'a accompli son service militaire, ne s'est battu en Espagne. Aussi, lorsque sonne l'heure de la lutte armée, ils s'engagent sans expérience, sans connaissances, hormis quelques conseils glanés dans l'urgence. Pourtant, jusqu'au premier trimestre 1942, les Bataillons constituent le fer de lance de la lutte armée dans le département de la Seine, près de 85 % des attentats leur étant imputés : à côté de nombreux échecs, le coup d'éclat du métro Barbès, où l'aspirant de marine allemand Moser est tué. Mais, pourchassés par les brigades spéciales de la Préfecture de police de Paris, leur courage, mêlant détermination et sacrifice, illusions et maladresses, n'a pas suffi. Ils n'ont notamment pas le temps de parfaire leur apprentissage et, face aux professionnels de la traque, ils ne tiennent généralement que quelques mois. Le face-à-face est d'autant plus inégal que toutes les consignes de sécurité de la clandestinité ne sont pas respectées, beaucoup de résistants se connaissant depuis longtemps. Sans protection réelle, à la merci d'une indiscrétion, d'une dénonciation, d'aveux souvent extorqués par torture et passage à tabac, ces combattants, véritables pionniers de la lutte armée, sont arrêtés, malmenés, livrés à l'occupant qui les juge à Paris lors de procès à grand spectacle (à la Chambre des députés, à la maison de la Chimie en avril 1942), puis les fusille. Les femmes résistantes, également condamnées à mort lors de ces procès, ne sont pas exécutées en France mais déportées en Allemagne : Simone Schloss, par exemple, est transférée vers la prison de Cologne où elle est guillotinée, en secret.

La salle du tribunal où se déroule le procès des résistants des "Bataillons de la jeunesse"

Hitler est toutefois mécontent de la façon dont est menée la répression, insuffisamment sévère et dissuasive selon lui. En décembre 1941, il impose la promulgation du décret dit depuis *Nacht und Nebel* (NN), qui modifie considérablement le travail des juges allemands en France occupée : désormais, ils doivent systématiquement condamner à mort les auteurs de certains actes considérés comme particulièrement graves, et cela dans la semaine qui suit l'arrestation. S'ils ne peuvent pas le faire, ils doivent se dessaisir de leur dossier au profit d'une justice civile ou militaire du Reich, les prévenus devant dès lors être déportés avant jugement. Une nouvelle catégorie de déportés voit ainsi le jour. Pour renforcer l'effet d'intimidation dans la population française, le décret prévoit que ces personnes disparaîtront dans le secret total et l'anonymat : d'où les deux lettres « NN », du latin *nomen nescio, « je ne sais pas le nom »*, qui sont l'équivalent courant de « X » en allemand. Aucune réponse aux demandes de renseignements ne doit parvenir à leurs familles. Les premières déportations de détenus NN au départ de Paris, vers le camp spécial d'Hinzert, ont lieu en mai 1942, par des petits convois formés de wagons de voyageurs. C'est le tribunal de Cologne qui est compétent pour les prévenus du ressort du Commandement militaire allemand de Paris. Fin novembre 1942, un peu plus de 650 détenus NN ont été déportés depuis Paris au camp d'Hinzert, où ils attendent d'être jugés.

Camp d'Hinzert

Médecin à Thouars, dans les Deux-Sèvres, André Chauvenet appartient au réseau CND-Castille. Arrêté en janvier 1942, il est déporté au camp spécial d'Hinzert dans l'attente de son jugement par le Tribunal du peuple, à Trèves, le 28 mai 1943. Condamné à trois ans de réclusion, il les purge dans différentes prisons du Reich. Lorsque Himmler met fin à la procédure NN à l'été 1944, il est transféré dans un camp de concentration, comme beaucoup d'autres NN. Il est immatriculé le 13 mars 1945 à Buchenwald, d'où il est libéré le 11 avril

Extraits du témoignage d'André Chauvenet, déporté NN à Hinzert

« Près de neuf mois de réclusion dans la prison de Fresnes, mois passés dans l'attente d'une mort probable, dans une séparation quasi absolue du monde extérieur [...].

L'aventure commence réellement le 9 octobre 1942 avec notre départ de Paris. [...] Nous étions cent soixante-deux si je m'en souviens bien dans ce convoi fait d'hommes provenant de Fresnes, de la Santé et du Cherche-Midi, qui fûmes déversés de voitures cellulaires trop pleines sur le quai de la gare de l'Est où, quelques instants après, nous étions répartis dans les wagons aux fenêtres barrées qui devaient nous conduire là-bas. De loin, nous pouvions apercevoir quelques Français libres, dont beaucoup peut-être ne se doutaient pas de ce que représentait notre pauvre troupeau. [...]

Notre wagon n'était pas particulièrement inconfortable. C'était une voiture de voyageurs transformée, et nous étions une dizaine par compartiment. [...] Ces hommes, dont beaucoup appartenaient à la même affaire, étaient très heureux de se retrouver après plusieurs mois de séparation, et de pouvoir parler de leurs interrogatoires et plus encore de leurs espoirs. Puis on fit l'inventaire de ce qu'à nous tous nous avions comme restes de colis alimentaires et de cigarettes, et nous commençâmes à manger et à fumer, ce qui dura presque sans arrêt jusqu'à notre arrivée à destination. Une certaine gaîté régnait. [...]

Le train s'arrêta dans la gare de Reinsfeld. C'est là que nous fûmes pris en mains par les SS. [...] La route montait le long d'une forêt sombre de sapins [...]. Nous vîmes un grand panneau de bois sur lequel était écrit en grosses lettres : « Hinzert SS *Sonderlager* » (camp spécial SS de Hinzert), et [...] nous vîmes la clôture et les baraques basses et vert sombre qui allaient nous absorber.

À peine entrés à l'intérieur du camp, il fut difficile de conserver la moindre illusion sur la vie qui nous y serait faite. Ce furent d'abord l'alignement et l'attente interminable dans la cour [...]. Pendant ce temps, rentrant d'un *Kommando*, des êtres faméliques, hâves, vêtus d'uniformes en loques [...], arrivaient dans la cour, et, au milieu des cris, à grand renfort de coups, devaient courir en rond les mains levées... »

« Politique des otages » et début de la « solution finale »

Mais, les attentats se multipliant contre leurs soldats et leurs installations, les autorités allemandes s'engagent désormais aussi dans des mesures de représailles collectives, en procédant à des exécutions d'otages, non jugés.

Après l'attentat meurtrier à Paris contre l'aspirant de marine allemand Moser au métro Barbès, le 21 août 1941, par les « Bataillons de la jeunesse » du PCF, l'administration militaire annonce que des Français détenus dans des prisons sont dorénavant considérés comme des otages, susceptibles donc d'être fusillés. Le 6 septembre, après un nouvel attentat, les trois premiers otages sont exécutés au mont Valérien, à Suresnes, en banlieue parisienne. Ils meurent donc pour des actes qu'ils n'ont pas commis. Les pressions exercées sur le gouvernement de Vichy pour réprimer encore plus sévèrement les activités communistes amènent notamment celui-ci à créer les sections spéciales et un tribunal d'État, ce qui repousse un peu plus les limites du droit. Le 13 septembre, Jean Catelas, député communiste d'Amiens, Adolphe Guyot et Jacques Woog sont condamnés à mort et guillotinés le 24 septembre. Fin septembre 1941, un « code des otages » est édicté par les autorités allemandes. Il rappelle et formule les règles devant gérer les fusillades et le choix des victimes. Dorénavant, ces dernières ne sont plus seulement des notables français, dont la mort était censée impressionner l'opinion publique, mais surtout les ennemis politiques de l'occupant, communistes et gaullistes. Ce code est notamment appliqué après les attentats des 20 et 21 octobre contre le *Feldkommandant* de Nantes et contre un conseiller d'administration militaire tué à Bordeaux. Pour le premier mort, les autorités allemandes procèdent le 22 octobre à l'exécution de 48 otages, essentiellement issus du camp de Châteaubriant – dont Guy Môquet – ; pour le second, ils fusillent deux jours plus tard 50 autres otages à Souges, près de Bordeaux. Début décembre 1941, alors qu'Hitler juge insuffisant le nombre d'otages fusillés, le Commandement militaire y ajoute des déportations massives de représailles, considérées comme plus dissuasives : est d'abord annoncé le départ de 1 000 juifs et de 500 communistes. Ces déportations s'ajoutent aux déportations judiciaires déjà instaurées, vers les prisons du Reich, et aux départs des NN. Cette fois, elles sont massives et les détenus partent en wagons à bestiaux, dans des conditions inhumaines. Cette décision marque un autre tournant, idéologique, avec ce choix ciblé d'otages communistes et juifs. Aux premiers, jusque-là principalement visés, sont dorénavant ajoutés les seconds. Comme le montre l'exécution du 15 décembre 1941, les autorités allemandes visent désormais « l'ennemi judéo-bolchevique » : si les trois quarts des 95 otages étaient proches des milieux communistes, plus de la moitié étaient juifs.

Le 12 décembre, pour organiser la déportation des 1 000 otages juifs annoncée quelques jours plus tôt, une nouvelle rafle à Paris permet au Commandement militaire d'interner à Compiègne plus de 700 personnes. Dans le même temps, des détenus communistes sont aussi transférés vers ce camp, en vue de la déportation prévue.

Papillon de la Résistance dénonçant les exécutions auxquelles a procédé Vichy en septembre 1941

1• À partir du 23 août, tous les Français mis en état d'arrestation, pour quelque raison que ce soit par les autorités allemandes en France, ou pour le compte de celles-ci, sont considérés comme otages.
2• En cas d'un nouvel acte, un nombre d'otages correspondant à la gravité de l'acte criminel commis sera fusillé.

BEKANNTMACHUNG

Am Morgen des 21. August ist in Paris ein deutscher Wehrmachtangehöriger einem Mordanschlag zum Opfer gefallen. Ich bestimme daher :

1. Sämtliche von deutschen Dienststellen oder für deutsche Dienststellen in Frankreich in Haft irgend einer Art gehaltenen Franzosen gelten vom 23. August ab als Geiseln.

2. Von diesen Geiseln wird bei jedem weiteren Anlass eine der Schwere der Straftat entsprechende Anzahl erschossen werden.

Paris, den 22. August 1941.

Der Militärbefehlshaber in Frankreich
In Vertretung :
SCHAUMBURG
Generalleutnant

AVIS

Le 21 août au matin, un membre de l'Armée Allemande a été victime d'un assassinat à Paris.

En conséquence j'ordonne :

1. A partir du 23 août, tous les Français mis en état d'arrestation, quel que ce soit par les autorités allemandes en France, ou qui sont arrêtés pour celles-ci sont considérés comme otages.

2. En cas d'un nouvel acte, un nombre d'otages correspondant à la gravité de l'acte criminel commis sera fusillé.

Paris, le 22 Août 1941.

Pour le
Militärbefehlshaber in Frankreich
SCHAUMBURG
Generalleutnant

Rafle de juifs à Paris, le 20 août 1941

Mais Dannecker, le responsable de la Gestapo chargé de la lutte contre les juifs en France, décide de profiter de cette situation pour déporter massivement à l'Est des juifs, même s'ils sont considérés comme des « otages ». Il lance ainsi, pour la France occupée, la « solution finale », dont la phase la plus radicale est alors préparée à Berlin. Depuis quelques mois déjà, Dannecker organisait l'internement des juifs de la zone occupée : le 20 août 1941, ce sont plus de 4 200 juifs qui ont été arrêtés et internés au nouveau camp de Drancy, en banlieue parisienne. À Berlin, la décision est prise alors de déporter séparément les juifs et les communistes dont le départ a été annoncé. Surtout, en plus des 1 000 otages déjà prévus par le Commandement militaire, Dannecker obtient le départ de 5 000 autres juifs, dans le cadre de cette politique de représailles. Les deux premiers convois de juifs partent du camp de Compiègne les 27 mars et 5 juin 1942.

Extraits des listes des convois d'otages juifs des 5 et 22 juin 1942 partis vers Auschwitz

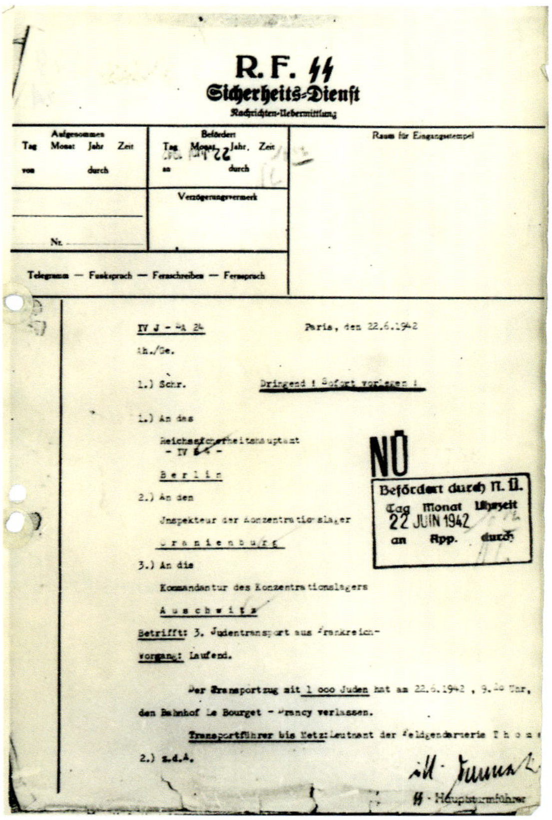

R.F. SS
Sicherheits-Dienst
Nachrichten-Uebermittlung

Aufgenommen — Tag Monat Jahr Zeit — von — durch
Befördert — Tag Monat Jahr Zeit — an — durch
Raum für Eingangsstempel
Verzögerungsvermerk
Nr.
Telegramm — Funkspruch — Fernschreiben — Fernspruch

IV J - SA 24 Paris, den 22.6.1942
Dh./Ge.

1.) Schr. Dringend ! Sofort vorlegen !

1.) An das
Reichssicherheitshauptamt
- IV B 4 -
Berlin

2.) An den
Inspekteur der Konzentrationslager
Oranienburg

3.) An die
Kommandantur des Konzentrationslagers
Auschwitz

Betrifft: 3. Judentransport aus Frankreich-
Vorgang: Laufend.

Der Transportzug mit 1 000 Juden hat am 22.6.1942, 9.30 Uhr, den Bahnhof Le Bourget - Drancy verlassen.

Transportführer bis Metz: Leutnant der Feldgendarmerie T h o m

2.) z.d.A.

NÖ
Befördert durch N. Ü.
Tag Monat Uhrzeit
22 JUIN 1942
an Rpp. durch

SS-Hauptsturmführer

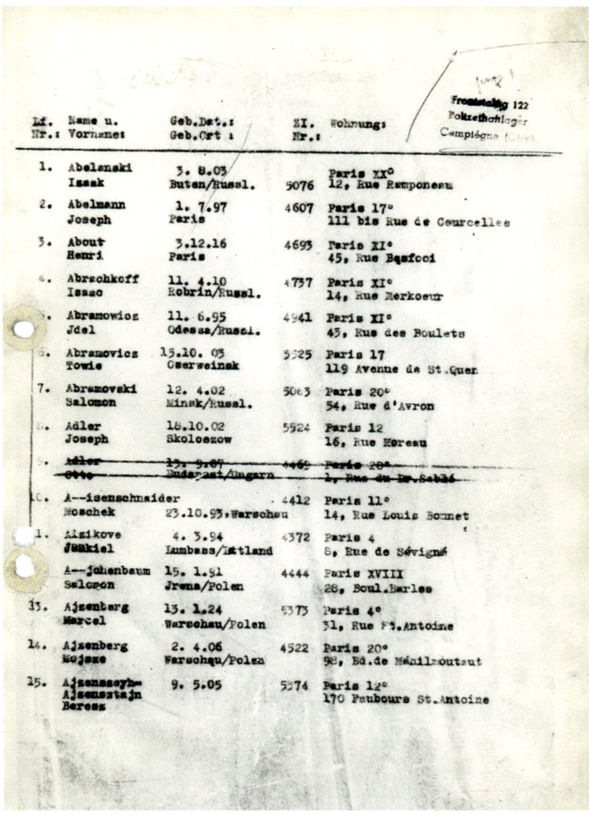

Frontstalag 122
Polizeihaftlager
Compiègne (Oise)

Lf. Nr.:	Name u. Vorname:	Geb.Dat.: Geb.Ort :	Zl. Nr.:	Wohnung:
1.	Abelanski Isaak	3. 8.03 Buten/Russl.	5076	Paris XX° 12, Rue Ramponeau
2.	Abelmann Joseph	1. 7.97 Paris	4607	Paris 17° 111 bis Rue de Courcelles
3.	About Henri	3.12.16 Paris	4693	Paris XI° 45, Rue Beaufoci
4.	Abrschkoff Isaac	11. 4.10 Kobrin/Russl.	4737	Paris XI° 14, Rue Merkoeur
5.	Abramowicz Jdel	11. 6.95 Odessa/Russl.	4941	Paris XI° 45, Rue des Boulets
6.	Abramovicz Towie	15.10. 03 Oserweinsk	5525	Paris 17 119 Avenue de St.Quen
7.	Abramovski Salomon	12. 4.02 Minsk/Russl.	5063	Paris 20° 54, Rue d'Avron
8.	Adler Joseph	18.10.02 Skoloszow	5524	Paris 12 16, Rue Moreau
9.	~~Adler Otto~~	~~13. 9.07 Budapest/Ungarn~~	~~4469~~	~~Paris 20° 1, Rue du Dr.Goblé~~
10.	A--isenschnaider Moschek	23.10.93, Warschau	4412	Paris 11° 14, Rue Louis Bonnet
11.	Aizikove Jankiel	4. 3.94 Lumbass/Lettland	4372	Paris 4 8, Rue de Sévigné
	A--jchenbaum Salomon	15. 1.91 Jrena/Polen	4444	Paris XVIII 28, Boul.Barbes
13.	Ajzenberg Marcel	13. 1.24 Warschau/Polen	5373	Paris 4° 31, Rue St.Antoine
14.	Ajzenberg Mojsze	2. 4.06 Warschau/Polen	4522	Paris 20° 98, Bd.de Ménilmontant
15.	Ajzensseyb-Ajzensztajn Beresz	9. 5.05	5374	Paris 12° 170 Faubourg St.Antoine

Portrait de Jean-Louis Corringer réalisé au fort de Romainville par Robert Dartagnan : tous les deux sont fusillés comme otages le 21 septembre 1942

En matière de déportation, « politique des otages » et « solution finale » sont alors mêlées en France occupée. Le 1er juin 1942, les militaires laissent la conduite de la répression à la Sipo-SD, déjà chargée de l'essentiel des mesures anti-juives. La politique répressive va ainsi évoluer, sans pour autant que le HSSPF, Karl Oberg, rompe totalement avec les décisions prises jusque-là par le Commandement militaire. Les tribunaux militaires continuent d'ailleurs de fonctionner pour juger des résistants : près de 460 d'entre eux sont condamnés à mort entre juin 1942 et janvier 1943, et 80 % exécutés. La « politique des otages » n'est pas non plus abandonnée par le nouveau pouvoir policier : les exécutions sont toutefois regroupées, pour augmenter leurs effets d'intimidation dans l'opinion française et laisser le temps aux policiers allemands et français de procéder à la recherche des coupables d'actes de résistance. 88 otages sont fusillés le 11 août 1942 et 116 le 21 septembre. Par le nombre des victimes, cette dernière exécution est la plus importante de toute l'Occupation. Par ailleurs, le convoi de représailles annoncé en décembre 1941 par le Commandement militaire part bien de Compiègne le 6 juillet, avec 1 175 otages hommes, essentiellement communistes et cégétistes. Les otages juifs annoncés étaient déjà partis depuis mars et juin, séparément donc.
Mais ces représailles n'arrêtent pas les attentats contre les forces d'occupation. Condamnées par la population, elles risquent par ailleurs de gêner la réquisition des travailleurs prévue par la nouvelle loi française du 4 septembre 1942 et dont le Reich a un besoin de plus en plus urgent parce que la guerre se prolonge. La fusillade envisagée pour le 15 octobre est ainsi repoussée, puis ajournée. La « politique des otages » est suspendue.

La Sipo-SD au pouvoir : la « solution finale »

Depuis le mois de juin 1942, tous les juifs âgés de plus de six ans en zone occupée doivent dorénavant porter une étoile jaune, comme signe distinctif. Surtout, à partir de cette date du fait de la prise de pouvoir de la Sipo-SD, Dannecker n'a plus besoin de se préoccuper de la question des otages pour déporter des juifs. D'autant plus qu'à Berlin, depuis quelques mois, la décision a été prise de lancer l'extermination totale et immédiate des juifs d'Europe. Pour réaliser cet objectif à l'Ouest, le 11 juin 1942, une nouvelle réunion a lieu à Berlin dans les bureaux d'Adolf Eichmann, le responsable d'ensemble du programme. Dannecker promet la déportation de 100 000 juifs avant la fin novembre. À l'arrivée à destination, il est prévu que les juifs travaillent notamment à l'agrandissement du vaste complexe d'Auschwitz-Birkenau, qui doit devenir la plus grande « usine de mort » de la « solution finale ». Berlin demande ainsi d'envoyer des personnes « aptes au travail » et pas plus de 10 % d'« inaptes ». Les sélections à l'arrivée à Auschwitz entre les aptes et les inaptes, les valides et les non-valides, ceux qui peuvent vivre et ceux qui doivent mourir en étant envoyés directement à la chambre à gaz, démarrent, dans le cas des convois partis de France, avec celui du 19 juillet, le n° 7. Sur les neuf convois qui quittent Drancy du 19 juillet au 3 août, 12,2 % des personnes ainsi déportées sont gazées dès l'arrivée parce que considérées comme inaptes, ce qui demeurait dans la « norme » autorisée. C'est Vichy qui, dans le cas français, va considérablement aggraver ces déportations et faire modifier cette norme. En effet, à peine arrivé, le HSSPF relance les négociations avec le gouvernement français, notamment sur le plan policier : les accords dits « Bousquet-Oberg », signés début août 1942 entre le responsable de la police française et le chef de la « Gestapo » en France occupée, inauguraient une étroite collaboration des deux polices en matière répressive. Pour des forces répressives allemandes aux effectifs réduits, face à la montée de la Résistance, l'enjeu était de taille pour espérer une certaine efficacité répressive.

c'est Vichy qui va considérablement aggraver ces déportations

Le convoi d'otages communistes vers Auschwitz du 6 juillet 1942

CLAUDINE CARDON-HAMET

Ce transport occupe une place particulière dans la déportation de répression. C'est le premier convoi de déportation de répression à quitter Compiègne et le seul de l'année 1942. Avec le convoi de femmes du 24 janvier 1943 et celui des hommes du 27 avril 1944, il est l'un des trois seuls transports de déportation de répression à avoir été dirigés sur Auschwitz-Birkenau. Il est enfin l'un des très rares transports partis de France à mêler des prisonniers politiques et des juifs (environ cinquante otages juifs demeurés à Compiègne après le départ des convois du 27 mars et du 5 juin 1942 pour Auschwitz). Ces caractéristiques s'expliquent par les objectifs et le contexte de cette déportation de représailles, résultat de la « politique des otages », placée sous la bannière de la lutte contre le « judéo-bolchevisme ».

Georges Dudal à son arrivée à Auschwitz le 9 juillet 1942

Ces déportés étaient principalement des militants et des sympathisants communistes, des syndicalistes de la CGT. Au moins 86 d'entre eux étaient d'anciens élus : maires, conseillers municipaux ou d'arrondissement, ou même député (Robert Philippot). Ils étaient en majorité des ouvriers (principalement de la métallurgie et du bâtiment). Les autres étaient mineurs, cheminots, mais aussi artisans, commerçants, enseignants.
Ils avaient été arrêtés dans toute la zone occupée entre septembre 1939 et juin 1942, et pour près d'un tiers avant le 22 juin 1941. À partir de septembre 1941, les Allemands avaient procédé à de nouvelles arrestations de masse dans plusieurs départements.

À leur arrivée à Auschwitz le 8 juillet 1942, les 1 170 déportés sont enregistrés entre les numéros 45 157 et 46 326 et deviennent ainsi pour les autres détenus des « 45 000 ». Ils sont conduits, le lendemain, à Birkenau. Le 13 juillet, la moitié d'entre eux retournent au camp principal. Au bout de neuf mois, ils ne sont plus que 160. Seuls 27 ont survécu au régime de Birkenau. En décembre 1942, quelque « 45 000 », contactés par des résistants du « Comité international » dirigé par des communistes autrichiens (dont Hermann Langbein) et allemands des Sudètes, créent le premier réseau français de résistance à Auschwitz-Birkenau.
En mars et août 1943, les derniers « 45 000 » de Birkenau rejoignent le camp principal. Le 4 juillet, ils peuvent écrire à leur famille. Puis ils connaissent une sorte de répit lorsqu'ils sont placés en quarantaine, entre août 1943 et décembre 1943, au premier étage du *Block* 11, la prison du camp.
À partir de l'été 1944, les SS commencent à évacuer Auschwitz. À la fin août et au début de septembre 1944, les « 45 000 » sont divisés en quatre groupes, dont trois sont transférés à Gross-Rosen, Sachsenhausen et Flossenbürg et dans leurs *Kommandos* extérieurs respectifs, d'où ils sont évacués en 1945. La trentaine de « 45 000 » restés à Auschwitz sont dirigés le 18 janvier 1945 vers Mauthausen, à l'exception de trois d'entre eux qui assistent à la libération du camp par les Soviétiques.
Sur les 1 170 hommes immatriculés à Auschwitz en juillet 1942, il ne reste, en mai 1945, que 119 survivants. C'est, de tous les convois de répression, celui qui a connu le taux de mortalité le plus élevé (89%).

Pierre Laval (à gauche) et Karl Oberg (au centre, avec des lunettes), en 1942

Mais, au cours de ces négociations, tout en cherchant constamment à préserver cette exigence première de sécurité, Oberg et Knochen obtiennent la collaboration de Vichy dans l'arrestation et la déportation des juifs de France. En effet, leurs interlocuteurs français acceptent de livrer les juifs apatrides et étrangers qu'ils détiennent en zone non occupée. Le résultat était inespéré pour des services allemands manquant de moyens et qui ne pouvaient encore agir au-delà de la ligne de démarcation. Pire, le fait que Vichy refuse alors la déportation des juifs français lui fait proposer, pour atteindre les quotas demandés par les nazis, de livrer aussi les enfants juifs de moins de 16 ans arrêtés avec leurs parents étrangers. Berlin, informé par ses services parisiens, accepte et lève ainsi la condition de disposer en priorité d'hommes aptes au travail. Concrètement, parents et enfants ne sont pas déportés ensemble : dans le treizième convoi de la « solution finale » du 31 juillet 1942, pères et mères partent avec leurs enfants de 15 à 20 ans, mais pas avec ceux plus jeunes. Dans le convoi n° 14, les femmes partent seules : leurs enfants (les bébés aussi) arrivent durant le mois suivant, déportés avec des adultes pour eux inconnus, et tous sont immédiatement gazés à l'arrivée. Le 14 août, pour la première fois, le convoi n° 19 comprend des enfants de moins de 12 ans. Dans le convoi du 24 août, 131 enfants ont moins de 6 ans. Grâce à cette collaboration, les objectifs fixés en juin 1942 à Berlin – toutefois ensuite revus à la baisse par Knochen à Paris autour de 40 000 juifs à déporter – sont pratiquement tenus à l'automne : 38 convois de juifs de France partent vers Auschwitz de la mi-juillet à la mi-novembre 1942, emmenant environ 37 000 personnes. Alors que les accords « Bousquet-Oberg » n'étaient pas encore paraphés, Vichy avait aidé une nouvelle fois les autorités allemandes à arrêter les 16 et 17 juillet 1942, en région parisienne, un peu plus de 13 000 juifs étrangers, dont 4 000 enfants. En attendant leur transfert dans des camps, beaucoup sont parqués au Vélodrome d'hiver, une enceinte sportive dans le 15e arrondissement de Paris. En août, Vichy livre près de 10 000 juifs étrangers jusque-là internés dans les camps de la zone Sud. À la fin du mois, alors que les rapports des préfets montrent de vives réactions de la population française, alors que les 23 et 30 août l'archevêque de Toulouse, Monseigneur Saliège, et l'évêque de Montauban, Monseigneur Théas, font lire des lettres très critiques dans leur diocèse sur l'action du gouvernement envers les juifs, Pierre Laval signifie seulement aux SS de ne plus rien lui demander en matière de politique anti-juive... Même si des Français ont réagi et caché des juifs, à l'automne 1942, le bilan est déjà très lourd.

...les objectifs fixés en juin 1942 à Berlin sont tenus

La déportation des enfants juifs

Les 4 000 enfants juifs arrêtés lors de la rafle du Vél' d'hiv' sont internés dans les camps du Loiret, notamment à Pithiviers. Là, le 29 juillet 1942, Marie-Louise Blondeau, assistante sociale qui intervient à l'infirmerie du camp écrit :

« C'était un désordre inimaginable, un tableau pitoyable qui vous serrait le cœur : tant de bébés sur la paille, tant de bébés désemparés ! C'est à peine si on pouvait encore pénétrer dans les baraques. Les femmes anéanties essayaient de s'installer dans cette pagaille où les enfants criaient, pleuraient. Certaines bousculaient tout le monde, se disputaient, essayant d'accaparer tout ce qu'elles pouvaient obtenir, d'autres pleuraient en silence. [...] Il y avait des très petits, deux ans et demi, trois ans, qui butaient contre les grosses pierres calcaires du champ autour et tombaient le visage crispé, trop sérieux, tragiques, personne pour les consoler, ils reprenaient leur chemin. Certains étaient seuls, d'autres s'accrochaient à leur mère, désespérément, qu'ils avaient peur de perdre. Ils arrivaient du Vél' d'hiv', les regards affolés, les visages tirés, vieillis, des petites filles bien habillées et des petits du XXe, des chérubins de seize mois et des petits hommes de huit ans. »

Le 31 juillet, comme l'a démontré Serge Klarsfeld, Laval annonce au Conseil des ministres, à Vichy, que *« le problème des enfants est réglé : les enfants seront conduits du 8 au 12 août à leurs familles »*. Tout est en effet prévu.
Le 3 août, le délégué du secrétaire général à la Police en zone occupée, Leguay, écrit ainsi au préfet régional d'Orléans :

« Les enfants ne doivent pas partir dans les mêmes convois que les parents ; ils seront gardés dans un camp soit à Pithiviers, soit à Beaune-la-Rolande. En attendant leur départ pour rejoindre leurs parents, ils seront laissés aux soins de femmes choisies parmi les mères, les infirmières et institutrices devant elles-mêmes faire partie d'un départ [...].
D'après les renseignements donnés par les Autorités allemandes des trains d'enfants seront mis en route dans la deuxième quinzaine d'août. »

Les gendarmes devront frapper les mères pour les séparer de leurs enfants. Laval avait pourtant tenté de justifier sa proposition de déporter les enfants par un souci « *humanitaire* », pour ne pas les séparer de leurs parents. Les directives de Leguay contredisent les paroles du chef du gouvernement. Comme conclut Serge Klarsfeld, à qui l'on doit *Le Mémorial des enfants juifs déportés de France*, *« quel sens [Leguay] peut-il donner à la déportation alors que, pour une dizaine de jours de battement entre le dernier train de mères et le premier train d'enfants, il impose un calvaire inouï aux unes et aux autres en les déportant séparément ? Ne sait-il pas, Leguay, quelle épreuve mortelle ce sera pour des milliers d'enfants, dont plus de 800 ont moins de 6 ans, de traverser l'Europe sans leurs mères dans des wagons de marchandises plombés, en plein été, livrés à la seule volonté des SS ? »*.

répression et persécution l'exemple français
automne 1942 - été 1944

Capitulation allemande à Stalingrad	Reddition des forces allemandes et italiennes en Tunisie	Débarquement allié en Sicile	Chute du régime de Mussolini à Rome	Entrée des troupes soviétiques en Pologne	Prise de Rome par les Alliés	Débarquement allié en Normandie	Débarquement franco-américain en Provence
2 FÉV. 1943	13 MAI 1943	10 JUIL. 1943	25 JUIL. 1943	5 JANV. 1944	4 JUIN 1944	6 JUIN 1944	15 AOÛT 1944

Décembre 1942 – septembre 1943 : premières déportations de répression massives, poursuite de la « solution finale »

Pour plusieurs raisons, l'automne 1942 marque un tournant dans la façon dont les autorités allemandes mènent l'occupation de la France. Le 11 novembre d'abord, leurs troupes envahissent la zone jusque-là non occupée. Dorénavant, répression et persécution vont se développer sur l'ensemble du territoire, aggravant le bilan humain. La Sipo-SD stoppe aussi la « politique des otages », ses inconvénients – surtout les réactions de l'opinion publique française – devenant plus importants que les bénéfices espérés. À partir de janvier 1943, les services d'Oberg organisent la déportation des opposants par convois massifs (de 1 000 ou 2 000 personnes), les premiers départs coïncidant aussi avec un besoin de main-d'œuvre dans les camps de concentration. Dans le même temps, la Sipo-SD poursuit la « solution finale ».

La prison de Cologne où sont enfermés avant leur jugement beaucoup de NN français

Une répression multiforme

Depuis la mi-octobre 1942, les exécutions massives d'otages ont été suspendues par la Sipo-SD. Les otages qui n'avaient pas été fusillés sont déportés dans des convois spécifiques : la Sipo-SD décide en effet de les déporter vers un camp de concentration en utilisant la garantie du secret offerte par le décret dit depuis *Nacht und Nebel*. N'ayant pas l'intention de les juger, elle détourne de fait l'étiquette NN pour ainsi envoyer, à partir de mars 1943, des centaines de détenus jugés très dangereux dans le secret des camps de concentration du Reich. Les trois premiers convois, formés de wagons de voyageurs comprenant quelques dizaines de détenus seulement, partent entre le 25 mars et le 1er avril 1943 vers Mauthausen. Pour autant, les départs de détenus NN appelés à être jugés devant un tribunal du Reich et déportés vers le camp spécial d'Hinzert se poursuivent jusqu'en septembre 1943.

Continuent aussi les déportations vers des prisons du Reich de personnes déjà condamnées en France par un tribunal militaire : la répression judiciaire du Commandement militaire ne s'arrête donc pas avec les nouveaux outils employés par la Sipo-SD. À Nantes, du 15 au 28 janvier 1943, est ainsi mené le procès dit des « 42 », qui condamne à mort 37 Francs-tireurs et Partisans français (FTPF) de la région : par le nombre de victimes, c'est le verdict le plus important de toute l'Occupation.

À gauche : les camps de Romainville et de Drancy

Libération de Paris	Libération de Bruxelles	Offensive soviétique vers Budapest, Vienne, Berlin	Anglais et Américains franchissent le Rhin	Entrée des Soviétiques à Berlin	Jonction sur l'Elbe des troupes américaines et soviétiques	Suicide d'Hitler	Capitulation de l'Allemagne
25 AOÛT 1944	3 SEPT. 1944	12 JANV. 1945	22-23 MARS 1945	19 AVRIL 1945	25 AVRIL 1945	30 AVRIL 1945	8 MAI 1945

Fusillés ou déportés ?

Pour Jean Laffitte comme pour ses compagnons enfermés dans les casemates du fort de Romainville, où ils voient nombre d'entre eux partir au mont Valérien pour y être exécutés, la déportation est quasiment un soulagement. La répression allemande revêt, alors des formes multiples pour ces « détenus dangereux » qui, pour certains, sont fusillés après avoir été condamnés à mort, pour d'autres, sont exécutés comme otages et enfin, c'est le cas de Jean Laffitte fin mars 1943, sont déportés NN vers Mauthausen.

« Nous roulons maintenant sur la chaussée. Nous sommes dans Paris. […] Les gens regardent, muets.
-Où allons-nous ? me dit mon compagnon.
-Attends, c'est ici que ça se décide.
Le rond-point de la Villette. Ici, deux routes vont décider de notre destin. L'une, celle des boulevards, va au mont Valérien : c'est le peloton. L'autre, celle de la rue Lafayette, va à la gare du Nord.
La voiture semble s'engager sur le boulevard. Elle ralentit… semble hésiter… tourne… change de direction…
C'est le chemin de l'exil.
-On va en Allemagne, Petit Louis.
Il ne bronche pas et continue de sourire. Il n'aurait pas bronché non plus si nous avions pris l'autre route.
Un compartiment de 3e classe, avec des barreaux aux portières. Nous sommes huit enchaînés deux à deux. Un gendarme ferme la porte qui claque d'un coup sec. […] On avait fait un barrage pour empêcher les gens de nous approcher en traversant la gare. J'ai levé la tête en passant. J'étais fier. »

Jean Laffitte, *Ceux qui vivent*, 1947

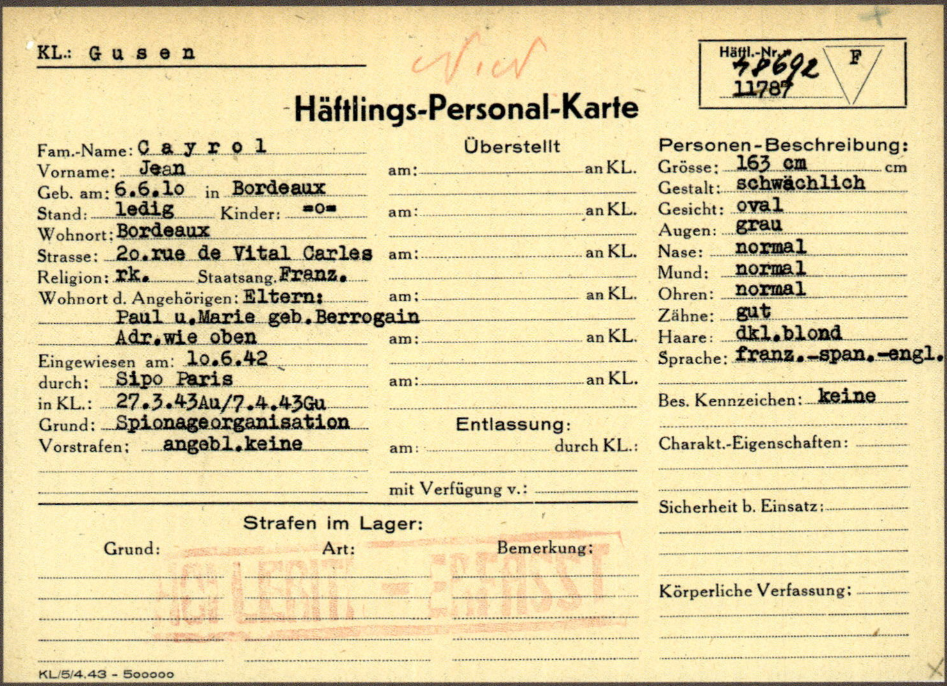

KL.: Gusen

Häftl.-Nr. 48692 11787 F

Häftlings-Personal-Karte

Fam.-Name: Cayrol
Vorname: Jean
Geb. am: 6.6.10 in Bordeaux
Stand: ledig Kinder: -0-
Wohnort: Bordeaux
Strasse: 20.rue de Vital Carles
Religion: rk. Staatsang. Franz.
Wohnort d. Angehörigen: Eltern: Paul u.Marie geb.Berrogain Adr.wie oben
Eingewiesen am: 10.6.42
durch: Sipo Paris
in KL.: 27.3.43Au/7.4.43Gu
Grund: Spionageorganisation
Vorstrafen: angebl.keine

Überstellt
am: … an KL.
am: … an KL.
am: … an KL.
am: … an KL.
am: … an KL.
am: … an KL.

Entlassung:
am: … durch KL.:
mit Verfügung v.:

Personen-Beschreibung:
Grösse: 163 cm
Gestalt: schwächlich
Gesicht: oval
Augen: grau
Nase: normal
Mund: normal
Ohren: normal
Zähne: gut
Haare: dkl.blond
Sprache: franz.-span.-engl.
Bes. Kennzeichen: keine
Charakt.-Eigenschaften:
Sicherheit b. Einsatz:
Körperliche Verfassung:

Strafen im Lager:
Grund: Art: Bemerkung:

HOLLERITH – ERFASST

KL/5/4.43 - 500000

Fiche d'entrée à Mauthausen et Gusen de Jean Cayrol, déporté dans le convoi précédent de celui de Jean Laffitte. On remarque en haut les deux lettres du sigle "NN", et en bas la mention "Hollerith-erfasst" qui indique que cette fiche était utilisée selon le système "Hollerith" inventé aux États-Unis à la fin du XIXe siècle pour faciliter le traitement de nombreuses données administratives

Enfin, la répression prend parfois l'aspect de vastes opérations militaro-policières, comme celles qui se multiplient à la fin de l'Occupation. Ainsi, en réaction à un attentat contre un soldat de la Wehrmacht à Marseille, qui fait particulièrement réagir Hitler, les Allemands procèdent à la fin du mois de janvier 1943 à la destruction du quartier du Vieux Port. Les arrestations préalables sont menées par la police française, beaucoup entraînent des déportations : de Drancy vers Sobibor en mars pour les juifs, de Compiègne vers Sachsenhausen en avril pour les autres personnes appréhendées.

Les déportations massives de janvier à juin 1943 : répression et besoin de main-d'œuvre

Depuis le printemps 1942, la direction des camps de concentration cherche à orienter l'ensemble du système vers davantage de résultats économiques. Les détenus des camps de concentration vont dorénavant travailler au profit des besoins de guerre du Reich. Celui-ci commence à manquer d'hommes, la plupart des Allemands ayant été mobilisés sur le front. Un décret d'Himmler du 14 décembre 1942 demande aux Gestapo du Reich et des territoires occupés l'envoi dans les camps (d'abord jusqu'à fin janvier, puis jusqu'en juin 1943) de 35 000 « détenus aptes au travail ». Les services de la SS en France appliquent particulièrement bien cette directive qu'ils baptisent « opération *Meerschaum* » (« Écume de mer »). Ils forment, entre fin janvier et fin juin 1943, six convois de déportation qui transportent près de 7 000 personnes vers les camps de concentration. Le premier quitte Compiègne le 24 janvier, emportant plus de 1 500 hommes vers Sachsenhausen et 230 femmes vers Auschwitz : le parcours de ces dernières, connues pour leur engagement politique – c'est notamment le cas de Danielle Casanova et de Marie-Claude Vaillant-Couturier, responsables communistes – et pour avoir été les seules résistantes déportées à Auschwitz-Birkenau, sera retracé en 1965 dans un livre, *Le Convoi du 24 janvier*, par Charlotte Delbo, l'une de ces « 31 000 ».

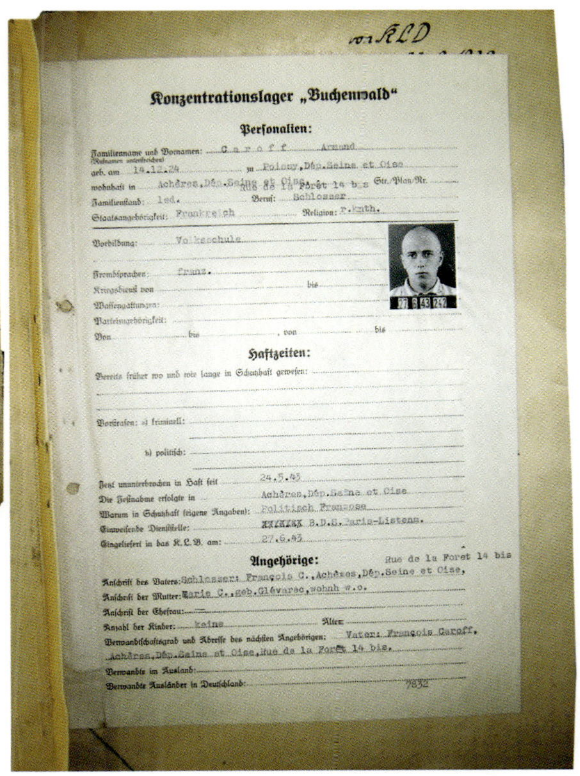

Konzentrationslager „Buchenwald"

Personalien:

Familienname und Vornamen: Caroff Armand
geb. am 14.12.24 zu Poissy, Dép. Seine et Oise
wohnhaft in Achères, Dép. Seine et Oise, Rue de la Forêt 14 bis Str./Platz/Nr.
Familienstand: led. Beruf: Schlosser
Staatsangehörigkeit: Frankreich Religion: r. kath.

Vorbildung: Volksschule
Fremdsprachen: franz.
Kriegsdienst von bis
Waffengattungen:
Parteizugehörigkeit:
Von bis, von bis

Haftzeiten:

Bereits früher wo und wie lange in Schutzhaft gewesen:
Vorstrafen: a) kriminell:
b) politisch:
Jetzt ununterbrochen in Haft seit 24.5.43
Die Festnahme erfolgte in Achères, Dép. Seine et Oise
Warum in Schutzhaft (eigene Angaben): Politisch Franzose
Einweisende Dienststelle: B.D.S. Paris-Listenn.
Eingeliefert in das K.L.B. am: 27.6.43

Angehörige:

Anschrift des Vaters: Schlosser: François C., Achères, Dép. Seine et Oise, Rue de la Foret 14 bis
Anschrift der Mutter: Marie C., geb. Glévarec, wohnh. w.o.
Anschrift der Ehefrau: —
Anzahl der Kinder: keine Alter
Verwandtschaftsgrad und Adresse des nächsten Angehörigen: Vater: François Caroff, Achères, Dép. Seine et Oise, Rue de la Forêt 14 bis.
Verwandte im Ausland:
Verwandte Ausländer in Deutschland: 7832

Dossier personnel d'un Häftling *déporté dans le cadre de l'opération* Meerschaum

Armand Caroff, ajusteur, est arrêté le 24 mai 1943 pour avoir participé à une grève dans son usine de Sartrouville, ce qui est assimilé à un acte de sabotage par les autorités allemandes. Un mois plus tard, il est déporté à Buchenwald dans le cadre de l'opération « Meerschaum », *comme l'indique son dossier d'*Häftling *constitué à son arrivée à Buchenwald, le 27 juin 1943. Il est ensuite successivement transféré à Lublin-Maïdanek, Auschwitz, Mauthausen et Gusen, avant d'être enfin libéré le 5 mai 1945*

Les principaux camps d'internement en France (1940-1944)

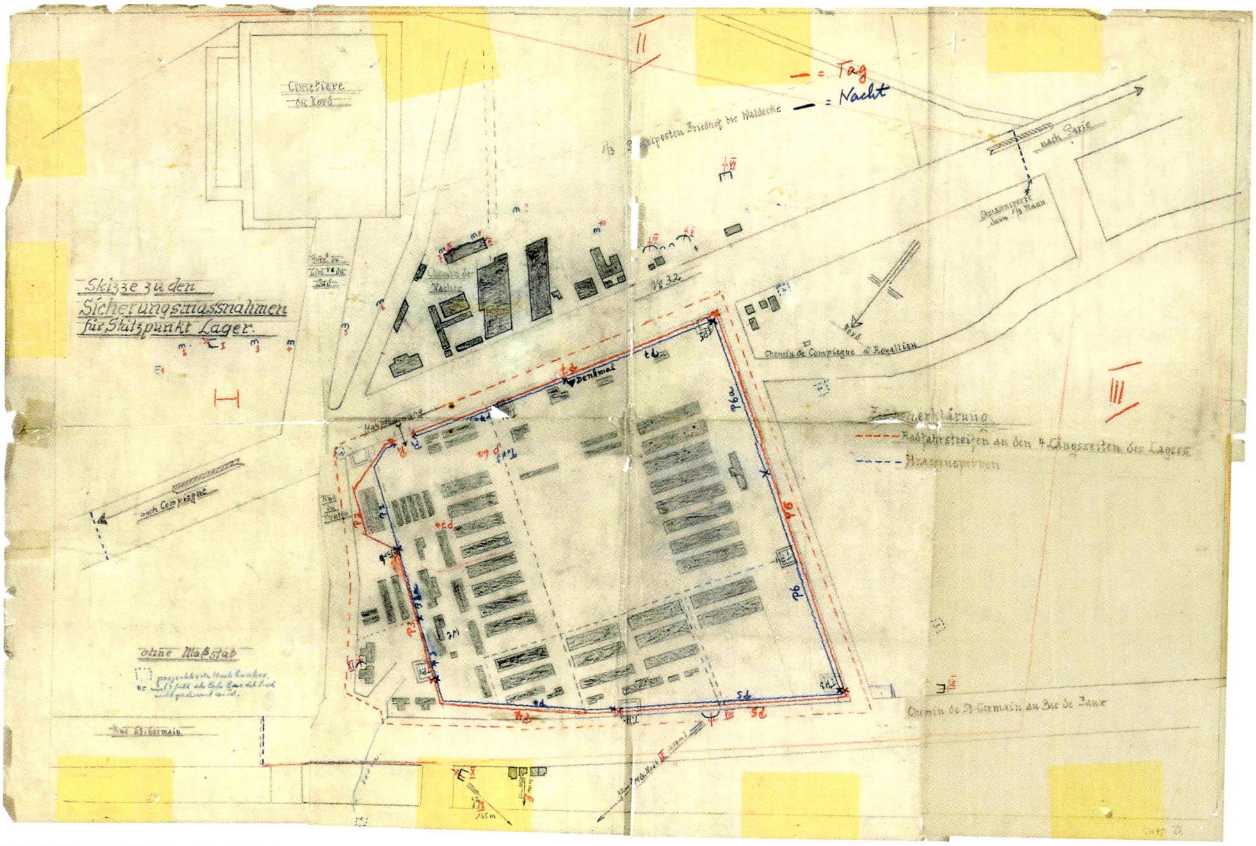

Plan allemand du camp de Compiègne

Entrée du camp allemand de Romainville

La prison de Fresnes devient à partir de 1943 surtout un lieu d'internement important pour les services de la « Gestapo »

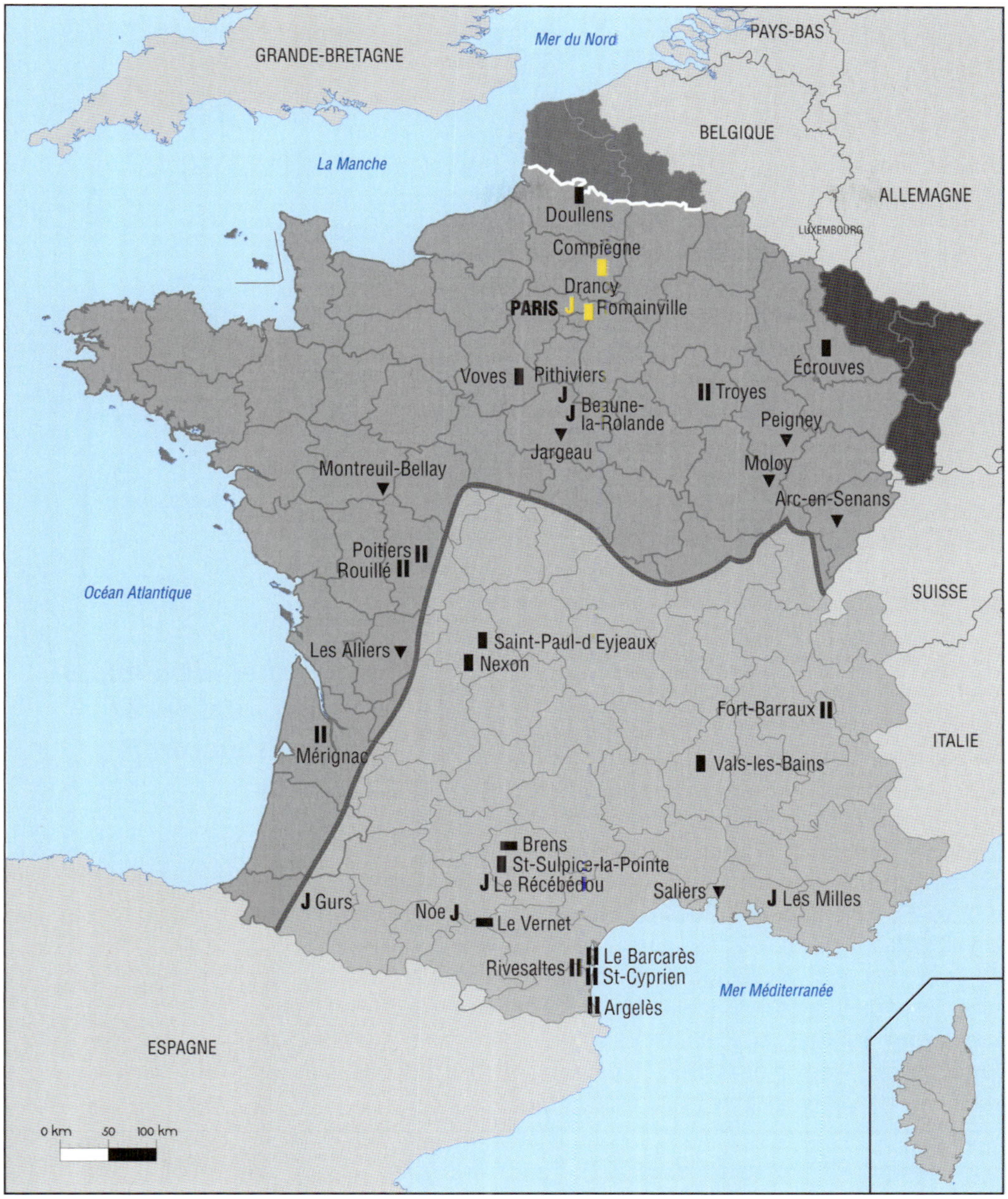

CAMPS SOUS ADMINISTRATION FRANÇAISE

Catégories dominantes d'internés :

- *nomades, Tsiganes*
- J *juifs*
- *politiques*
- *mixtes*
- *étrangers*

CAMPS SOUS ADMINISTRATION ALLEMANDE (le camp de Drancy est administré par les Français jusqu'en juillet 1943)

- *politiques*
- J *juifs*

Photographies du camp de Drancy

La poursuite de la « solution finale » à partir de février 1943

Le premier programme de la « solution finale », décidé en juin 1942 et qui prévoyait la déportation de 40 000 juifs de France, s'achève à la mi-novembre. Jusqu'en février 1943, aucun nouveau transport n'est formé. Mais le service des affaires juives installé à Paris, anticipant de nouveaux départs, continue les internements des juifs en attendant un nouveau « feu vert » pour leur déportation. Les responsables SS se heurtent toutefois à deux obstacles.

Le premier, c'est l'attitude protectrice des autorités italiennes à l'égard des juifs qui se trouvent dans la zone qu'elles occupent depuis l'invasion de novembre 1942, soit huit départements de la zone Sud. Des milliers de juifs fuient ainsi les zones occupées par les Allemands pour rejoindre la zone italienne et se mettre provisoirement à l'abri.

Le second tient aux réticences du gouvernement de Vichy, devenues tangibles depuis quelques mois, depuis qu'il est évident que l'opinion publique réagit négativement à la persécution des juifs. Or, sans l'aide de l'État français, pas d'arrestations massives. Le gouvernement de Vichy ne souhaitant toujours pas que les autorités allemandes s'emparent des juifs possédant la citoyenneté française, celles-ci cherchent à obtenir de son interlocuteur une loi les dénaturalisant. Ainsi, devenus des étrangers, ils seraient « déportables ». Mais Vichy refuse. En juillet 1943, l'échec est patent. Oberg et Knochen ne tentent pas de passer en force : le service des affaires juives continue donc de n'arrêter que des juifs étrangers, à Paris comme en province, profitant toutefois des opérations de représailles après des attentats pour obtenir l'arrestation de juifs français. Les nazis déportent aussi tous les juifs étrangers disponibles, y compris les personnes âgées et les malades : le 11 février 1943, 170 déportés ont plus de 60 ans et beaucoup ont été sortis des asiles où ils étaient internés. Dans celui du 2 mars, plus de 300 juifs ont plus de 70 ans, 395 sont sexagénaires.

les autorités allemandes prennent totalement le contrôle du camp de Drancy

Le 1er juillet 1943, pour maîtriser davantage l'internement et le départ des juifs de France, les autorités allemandes prennent totalement le contrôle du camp de Drancy, jusque-là laissé sous l'administration quotidienne des autorités françaises. C'est le capitaine SS Aloïs Brunner, qui vient d'organiser la déportation des 43 000 juifs de Salonique, qui est envoyé par Adolf Eichmann pour cette tâche.

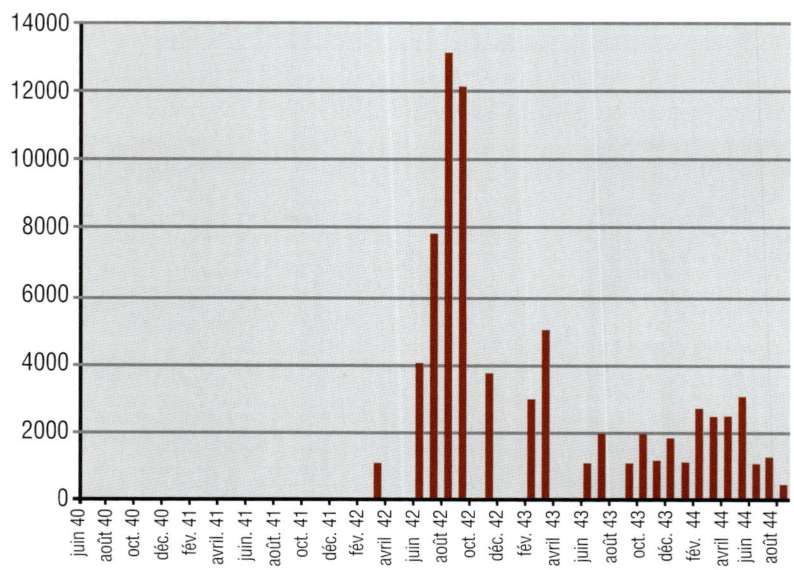

LES DÉPORTÉS JUIFS DE LA « SOLUTION FINALE » mars 1942-août 1944

Déportés juifs dans les convois de la « solution finale »

source : Serge et Beate Klarsfeld, Mémorial de la déportation des Juifs de France

Septembre 1943 – été 1944 : déportations systématiques des résistants et des juifs, escalade des violences contre la population civile

La chasse aux juifs

La proclamation de l'armistice italien, le 8 septembre 1943, et l'occupation immédiate par les troupes allemandes de la zone au-delà du Rhône amènent une véritable « chasse aux juifs », notamment à Nice où près de 1 800 personnes sont arrêtées. Un des deux obstacles à la « solution finale » en France vient de sauter. Le second ne va pas tarder non plus à céder.

En effet, dans la deuxième moitié du mois d'août 1943, le critère de la nationalité française va progressivement être levé par les autorités allemandes, qui ne se gênent plus pour arrêter et déporter des juifs français. En témoigne la présence de plus de 500 d'entre eux dans le convoi qui part vers Auschwitz le 2 septembre. Désormais, la Sipo-SD tente d'arrêter le plus de juifs possible, quelle que soit leur nationalité. Toutefois, sans s'y opposer, l'administration de Vichy n'aide pas les autorités allemandes, les préfets notamment refusent toujours de fournir les listes des juifs français.

Aussi, pour les Allemands, le chef de la police de l'État français, René Bousquet, n'est plus l'homme de la situation. On lui reproche également de ne pas se montrer implacable dans la lutte contre les résistants. En décembre 1943, sur pression d'Hitler en personne, Joseph Darnand, le chef de la Milice, l'organisation paramilitaire extrémiste, entre au gouvernement dirigé par Pierre Laval. Il prend en charge le « Maintien de l'ordre » et une police de plus en plus rétive à collaborer. Dès lors, Vichy se radicalise, et d'abord dans son antisémitisme. Les derniers barrages sautent. Le 10 janvier, à la suite d'une demande de la Sipo-SD à la préfecture de Bordeaux, les listes des juifs français de la Gironde lui sont remises : près de 500 juifs, dont plus de 220 Français, sont arrêtés ; ils sont déportés à Auschwitz dès le 20. Le 25 janvier, l'ordre est donné à tous les préfets de communiquer aux autorités allemandes la liste des juifs étrangers et français. Désormais, régulièrement, les convois suivent les vagues d'arrestations opérées, et cela jusqu'en juillet 1944. Le 13 avril par exemple, près de 1 500 juifs dont 148 enfants de moins de 12 ans et une partie de ceux arrêtés à Izieu par le chef de la Gestapo de Lyon, Klaus Barbie, sont déportés vers Auschwitz. Toutefois, après le débarquement des Alliés en Normandie, la fréquence des départs diminue : un seul convoi quitte Drancy en juin. Le dernier grand transport formé de détenus de ce camp part le 31 juillet, avec près de 1 300 juifs. Des centaines d'entre eux venaient à peine d'être arrêtés dans la région parisienne. On compte 330 enfants de moins de 18 ans, la grande majorité là aussi gazée dès l'arrivée.

Jeunes filles d'un foyer de l'Union générale des Israélites de France (UGIF), à Saint-Mandé : 18 sont déportées à Auschwitz le 31 juillet 1944, une seule en revient

La répression : des convois massifs et réguliers vers les camps de concentration

Le programme du 14 décembre 1942, demandant de la main-d'œuvre pour les camps de concentration, qui avait instauré les départs massifs et réguliers depuis la France vers le système concentrationnaire, est officiellement stoppé en juin 1943. Les convois de personnes arrêtées par mesure de répression, forcées ensuite de travailler dans les camps, se poursuivent pourtant. L'accélération de la lutte contre la Résistance en France, qui provoque un grand nombre d'arrestations, et le besoin de main-d'œuvre des camps se cumulent alors pour expliquer ces départs. Depuis la fin de l'année 1942, la Sipo-SD a d'ailleurs officiellement l'autorisation d'interner « administrativement » qui elle veut, sans jugement par un tribunal militaire. Ne pouvant pas (face au surpeuplement des lieux d'internement) et ne souhaitant pas (face aux risques encourus en cas de second front de maintenir ainsi des prisonniers, dont beaucoup de résistants, dans le dos des troupes allemandes) multiplier les détentions en France occupée, la déportation de *Schutzhaft* (de sécurité, sans jugement) devient ainsi l'horizon de la majorité des personnes arrêtées. Elle se traduit, à partir de 1943, par la formation d'importants convois de déportation, de 1 000 ou 2 000 personnes, directement dirigés vers les camps de concentration. C'est le camp de Royallieu à Compiègne, dans l'Oise, qui sert de principal centre de rassemblement de ces détenus à déporter : à partir de février 1944, il se charge uniquement des hommes, les femmes partant du fort de Romainville, en région parisienne. Les deux camps forment administrativement le « Fronstalag 122 ». De septembre 1943 à la fin du mois de janvier 1944, tous les déportés qui composent ces convois (plus de 9 500 au total) sont dirigés vers le camp de Buchenwald puis, pour une grande partie d'entre eux, vers le *Kommando* de Dora, où ils travaillent à l'installation de l'usine de fabrication des armes secrètes. De mars à août 1944, les transports prennent la direction de presque tous les camps, selon leurs besoins en main-d'œuvre : Mauthausen en mars-avril, Buchenwald en mai et en août, Dachau en juin, Neuengamme en juillet. Le convoi du 27 avril 1944 prend la direction d'Auschwitz, où les détenus ne restent que quinze jours avant d'être transférés à Buchenwald. Avec l'augmentation du nombre d'arrestations, les départs de 1944 ne sont plus formés de 1 000 déportés, mais de 1 200 en mars, 1 600 en avril puis 2 000 à partir de mai 1944.

Le convoi le plus tragique est celui qui quitte Compiègne le 2 juillet 1944, que les survivants appellent le « train de la mort » : composé de 2 100 hommes, au moins 530 d'entre eux décèdent durant le voyage, du manque d'eau et de l'entassement, sous une chaleur d'été intense. Le débarquement des Alliés en Normandie vient bouleverser ce schéma des départs depuis Compiègne-Romainville. Désormais, tous les détenus ne sont pas systématiquement envoyés vers ces deux camps, mais partent directement depuis les prisons où ils sont d'abord internés. Ainsi, le 22 juin, un convoi de 359 hommes part de Grenoble pour Buchenwald. Deux jours plus tard, 256 déportés quittent Besançon pour Dachau ; le 28 juin, 317 autres prennent aussi cette direction depuis Bordeaux. Enfin, le lendemain, 720 détenus de la prison Saint-Paul, à Lyon, administrée par les Français, sont déportés par les Allemands, toujours à Dachau.

LES DÉPORTÉS ARRÊTÉS PAR MESURE DE RÉPRESSION PARTIS VERS LES CAMPS DE CONCENTRATION ET LES PRISONS DU REICH - août 1940 – novembre 1944

(source : FMD, Livre-Mémorial)

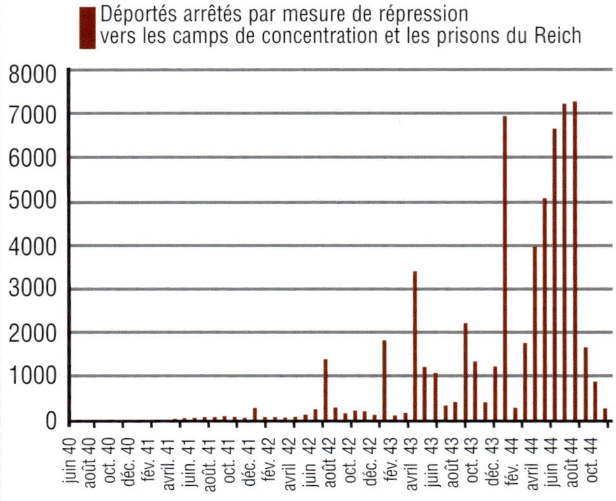

Le convoi de déportation

Le convoi marque souvent la césure essentielle dans les récits des déportés qui décrivent, après l'internement et avant les camps, des « *Scènes d'entre deux mondes* » selon l'expression de David Rousset dans *Les Jours de notre mort*, dont nous reprenons ici des passages.

Mot jeté du train parti de Compiègne vers Buchenwald le 12 mai 1944. Son auteur a été arrêté lors d'une des rafles de représailles menées dans le Jura au printemps 1944

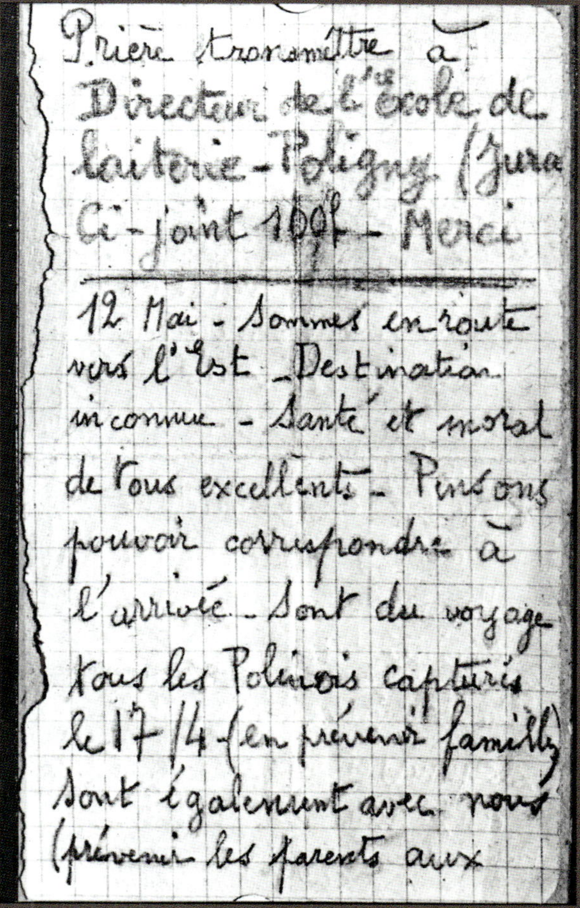
Prière transmettre à
Directeur de l'école de
laiterie - Poligny (Jura
Ci-joint 100f - Merci

12 Mai - Sommes en route
vers l'Est - Destination
inconnue - Santé et moral
de tous excellents - Pensons
pouvoir correspondre à
l'arrivée - Sont du voyage
tous les Polinois capturés
le 17/4 - (en prévenir familles
Sont également avec nous
(prévenir les parents aux

...des « Scènes d'entre deux mondes »... selon l'expression de David Rousset

Il y a d'abord la montée : « *cohue tourbillonnante vers les angles, s'écrasant le long des parois pour avoir un appui au dos, près des étroites ouvertures aux volets mobiles pour un peu d'air* » ; « *le glissement enroué des portes. Stupide stupéfaction, celle du rat surpris dans la boîte* ».

Aussitôt, le sentiment qu'il faut s'organiser, à la recherche de « *La position* » et « *ce refus de l'impossible* », cette « *croyance féroce, qui enveloppera de haine le voisin* ». On cherche des organisateurs auprès de certains, habitués à décider, un militaire, un médecin, un avocat... « *Il y a les fidèles, les croyants, et puis les conciliants, et puis les hostiles. Beaucoup de piétinements et de colère.* » Mais, les combinaisons sont « *illusoires* » : « *Les égoïsmes ne peuvent rien construire dans un wagon avec cent hommes, à moins de tuer.* »

Reste alors l'évasion, cette « *bourrasque de vent libre dans cette boîte* ». Mais elle provoque aussitôt des désaccords sur les risques encourus, et des disputes. Très vite, dans cette promiscuité source de conflits, la chaleur devient terrible et la soif se fait atrocement ressentir. « *Elle exalte les têtes. Elle réveille dans les corps harassés toutes les hargnes.* » Elle provoque souvent de véritables délires. Tout est alors « *ligué : fatigue, faim, soif* », pour des « *corps noués à l'aventure* ». « *Les hommes se laissent aller, affalés les uns sur les autres, hébétés de fatigue, ahuris de l'aventure qui les dépasse* ».

Départ à pied du camp de Compiègne du convoi du 18 juin 1944 vers Dachau. Cette photographie, la seule que nous ayons d'un départ de Royallieu, a été prise par une personne habitant près du camp

Les archives des camps de concentration

Laurent Thiery

Contrairement à une idée reçue, nous disposons d'une grande quantité de documents produits par l'administration du système concentrationnaire nazi. La bureaucratie SS ne cesse d'établir rapports et bilans statistiques pour suivre les mouvements des détenus d'un camp à un autre, les raisons de ces transferts, la mortalité et les éventuelles libérations. Elle le fait jusqu'à l'effondrement du IIIe Reich, quasiment jusqu'au bout, avec une rigueur qui paraît alors dérisoire et folle. Cette comptabilité ne cessera que dans les tout derniers jours marqués par les évacuations et le chaos, par de nombreux morts qui ne pourront être documentés. Dans le cas de Buchenwald, ces archives sont particulièrement nombreuses, alors qu'elles manquent cruellement par exemple pour Neuengamme. À travers elles, on peut suivre le parcours des déportés d'un convoi parti de Compiègne le 12 mai 1944 vers Buchenwald. Une liste de départ est d'abord établie par l'administration du camp de Compiègne afin de procéder à l'appel des partants (**document 1**). Sur celle-ci, sont inscrits, à côté d'un numéro d'ordre, les noms, prénoms et dates de naissance de 2 097 prisonniers et enfin leur matricule au camp de Compiègne. Cette liste n'est pas définitive : en face de 24 noms figure la mention « *Gestrichen* », c'est-à-dire « rayé », signifiant que le prisonnier ne part pas. La très grande majorité de ces détenus « rayés » sera déportée ultérieurement ; un sera finalement libéré. Au final, 2 073 hommes partent le 12 mai. Le convoi est enregistré à Buchenwald deux jours plus tard et une nouvelle liste est établie à l'arrivée par l'administration du camp, la *Politische Abteilung*. Le document montre qu'à l'arrivée, 2 052 hommes sont enregistrés et que 21 personnes sont manquantes : huit détenus se sont évadés et treize autres sont morts pendant le trajet (**doc. 2**). Pour les nouveaux entrants commence alors un processus de déshumanisation qui passe par l'attribution d'un numéro matricule, dorénavant seule identité du détenu. Toutefois, des informations personnelles sont consignées sur des fiches individuelles (**doc. 3**, ici celle de Raymond Druart, un résistant communiste du Pas-de-Calais) : état civil, profession, religion, nom du père, adresse en France et date d'arrestation sont méthodiquement enregistrés. Le détenu est aussi photographié. Tous les jours, les mouvements d'ensemble à l'intérieur du camp sont scrupuleuse-

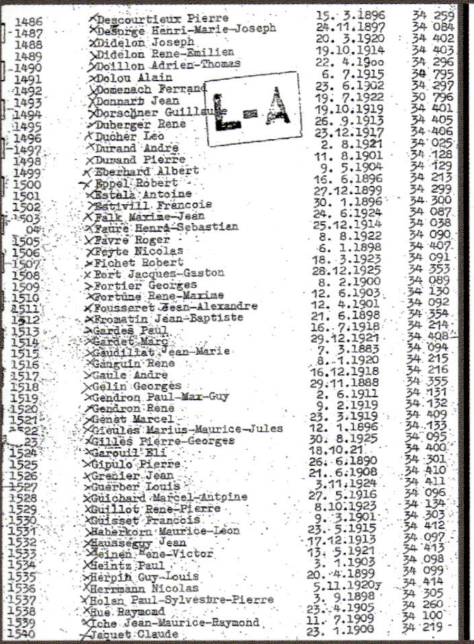

1486	Descourtieux Pierre	15. 3.1896	34 259
1487	Desorge Henri-Marie-Joseph	24.11.1897	34 084
1488	Didelon Joseph	20. 3.1920	34 402
1489	Didelon Rene-Emilien	19.10.1914	34 403
1490	Doillon Adrien-Thomas	22. 4.1900	34 296
1491	Dolou Alain	6. 7.1915	34 795
1492	Domenach Ferrand	23. 6.1902	34 297
1493	Donnart Jean	19. 7.1922	30 796
1494	Dorschner Guillaume	19.10.1919	34 401
1495	Duberger Rene	26. 9.1913	34 405
1496	Ducher Leo	23.12.1917	34 406
1497	Durand Andre	2. 8.1921	34 025
1498	Durand Pierre	11. 8.1901	34 128
1499	Eberhard Albert	9. 5.1904	34 129
1500	Eppel Robert	16. 6.1896	34 213
1501	Estala Antoine	27.12.1899	34 299
1502	Estivill Francois	30. 1.1896	34 300
1503	Falk Maxime-Jean	24. 6.1924	34 087
04	Faure Henri-Sebastien	25.12.1914	34 038
1505	Favre Roger	8. 8.1922	34 090
1506	Feyte Nicolas	6. 1.1898	34 407
1507	Fichet Robert	18. 3.1923	34 091
1508	Bort Jacques-Gaston	28.12.1925	34 353
1509	Fortier Georges	8. 2.1900	34 089
1510	Fortune Rene-Maxime	12. 6.1903	34 130
1511	Fousseret Jean-Alexandre	12. 4.1901	34 092
1512	Fromatin Jean-Baptiste	21. 6.1898	34 354
1513	Gardes Paul	16. 7.1918	34 214
1514	Gardet Marc	29.12.1921	34 408
1515	Gaudilliat Jean-Marie	7. 3.1883	34 094
1516	Ganguin Rene	8. 1.1920	34 215
1517	Gaule Andre	16.12.1918	34 216
1518	Gelin Georges	29.11.1888	34 355
1519	Gendron Paul-Max-Guy	2. 6.1911	34 131
1520	Gendron Rene	9. 2.1919	34 132
1521	Genet Marcel	23. 3.1919	34 409
1522	Gieules Marius-Maurice-Jules	12. 1.1896	34 133
23	Gilles Pierre-Georges	30. 8.1925	34 095
1524	Garouil Eli	18.10.21	34 400
1525	Gipulo Pierre	26. 6.1890	34 301
1526	Grenier Jean	21. 6.1908	34 410
1527	Guerber Louis	3.11.1924	34 411
1528	Guichard Marcel-Antoine	27. 5.1916	34 096
1529	Guillot Rene-Pierre	8.10.1923	34 134
1530	Guisset Francois	9. 3.1901	34 303
1531	Haberkorn Maurice-Leon	23. 5.1915	34 412
1532	Hausseguy Jean	17.12.1913	34 097
1533	Heinen Rene-Victor	13. 5.1921	34 413
1534	Heintz Paul	3. 1.1903	34 098
1535	Herpin Guy-Louis	20. 4.1899	34 099
1536	Herrmann Nicolas	5.11.1920	34 414
1537	Holen Paul-Sylvestre-Pierre	3. 9.1898	34 305
1538	Hue Raymond	23. 4.1905	34 260
1539	Iche Jean-Maurice-Raymond	11. 7.1909	34 100
1540	Jacquet Claude	23. 1.1900	34 219

L-A

document 1

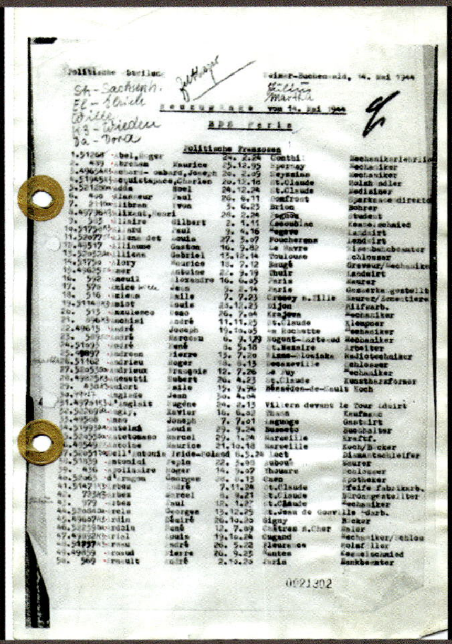

document 2

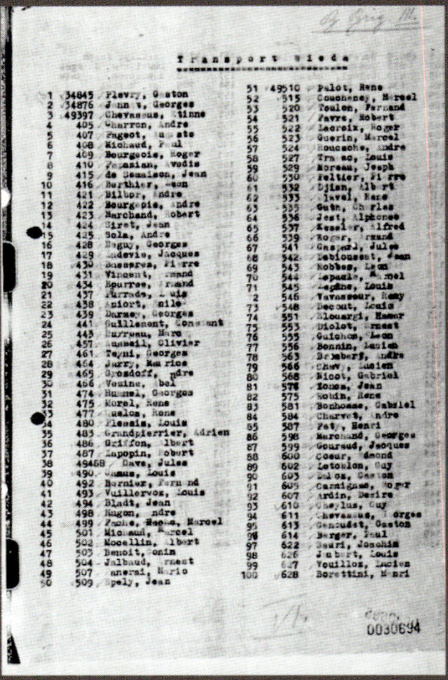

document 5

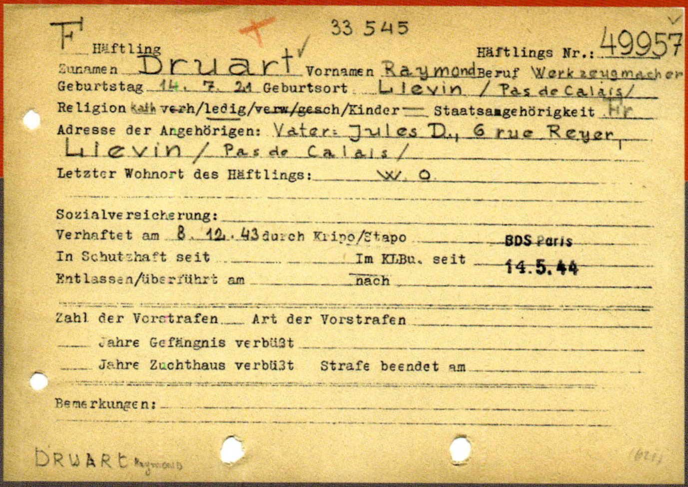

F Häftling 33 545 Häftlings Nr.: 49957

Zunamen Druart Vornamen Raymond Beruf Werkzeugmacher

Geburtstag 14. 7. 21 Geburtsort Lievin / Pas de Calais/

Religion kath ~~verh~~/ledig/~~verw~~/~~gesch~~/Kinder — Staatsangehörigkeit Fr

Adresse der Angehörigen: Vater: Jules D., 6 rue Reyer, Lievin / Pas de Calais /

Letzter Wohnort des Häftlings: w. o.

Sozialversicherung:

Verhaftet am 8. 12. 43 durch Kripo/Stapo BDS Paris

In Schutzhaft seit Im KLBu. seit 14.5.44

Entlassen/überführt am nach

Zahl der Vorstrafen Art der Vorstrafen

Jahre Gefängnis verbüßt

Jahre Zuchthaus verbüßt Strafe beendet am

Bemerkungen:

DRUART Raymond

document 3

ment notés sur un registre (**doc. 4**). À l'effectif total sont soustraits les « sortants » *(Abgang)* et ajoutés les « entrants » *(Zugang)*. On constate qu'à Buchenwald, le 14 mai, en plus des 2 052 hommes arrivés de Compiègne, 1 677 autres proviennent d'Auschwitz : il s'agit des déportés partis de Compiègne le 27 avril 1944, dont Marcel Paul qui joue très vite à Buchenwald un rôle important dans la Résistance. L'effectif total du camp atteint alors 51 453 prisonniers. Cette population importante constitue pour les SS une main-d'œuvre d'esclaves et très vite les nouveaux détenus sont dirigés vers des *Kommandos* de travail. Sur la liste d'arrivée du 14 mai (**doc. 2**), des codes ajoutés à la main indiquent le destin de chacun des déportés : 5 hommes partent vers le *Kommando* de Wille, 20 autres vers le camp de Sachsenhausen (Sh), 37 au *Kommando* Julius, 62 à Martha, 296 vers le *Kommando* d'Ellrich (El), 311 à Dora (Da), 696 à Wieda (K3), alors que 623 restent au camp de Buchenwald. Ces départs donnent lieu à l'élaboration de nouvelles listes (dont celle du 6 juin pour Wieda, **doc. 5**). La mort fait aussi l'objet d'un processus administratif, même s'il faut manier ces documents avec prudence, les raisons des décès étant souvent maquillées : la cause de la disparition d'un déporté mort d'épuisement et sous les coups devient souvent une « faiblesse du cœur ». Consignés dans des registres spéciaux, et soustraits des effectifs, les décès font l'objet d'une information auprès du service policier qui a ordonné l'envoi dans le camp de concentration. Le 18 mars 1945, alors que la France est libérée depuis quelques mois, le camp de Mittelbau signale pourtant au service de la « Gestapo » de Paris, replié à Stetten en Allemagne, que le détenu Elie Chossefoin, résistant dans le mouvement « Ceux de la Libération », entré le 30 avril 1944 à Buchenwald, vient de mourir à l'âge de 21 ans. Laconique et complètement déconnecté de la réalité, le document demande d'« *aviser immédiatement la famille* » et précise qu'il est « impossible d'assister à l'incinération du corps qui aura lieu au plus tard le 7 mars 1945, aux frais de l'État » (**doc. 6**).

document 4

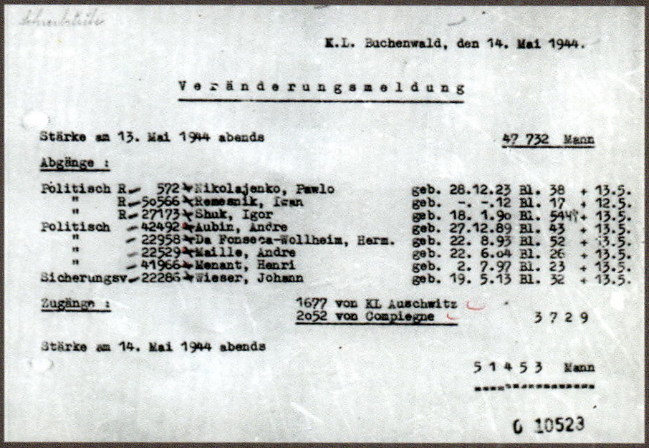

K.L. Buchenwald, den 14. Mai 1944.

Veränderungsmeldung

Stärke am 13. Mai 1944 abends 47 732 Mann

Abgänge :

Politisch	R. 572	Nikolajenko, Pawlo	geb. 28.12.23	Bl. 38	+ 13.5.
"	R. 50566	Remesnik, Iwan	geb. -. -.12	Bl. 17	+ 12.5.
"	R. 27173	Shuk, Igor	geb. 18. 1.90	Bl. 54	+ 13.5.
Politisch	42492	Aubin, Andre	geb. 27.12.89	Bl. 43	+ 13.5.
"	22958	Da Fonseca-Wollheim, Herm.	geb. 22. 8.93	Bl. 52	+ 13.5.
"	22529	Maille, Andre	geb. 22. 6.04	Bl. 26	+ 13.5.
"	41966	Menant, Henri	geb. 2. 7.97	Bl. 23	+ 13.5.
Sicherungsv.	22286	Wieser, Johann	geb. 19. 5.13	Bl. 32	+ 13.5.

Zugänge : 1677 von KL Auschwitz, 2052 von Compiegne 3 7 2 9

Stärke am 14. Mai 1944 abends

5 1 4 5 3 Mann

0 10523

document 6

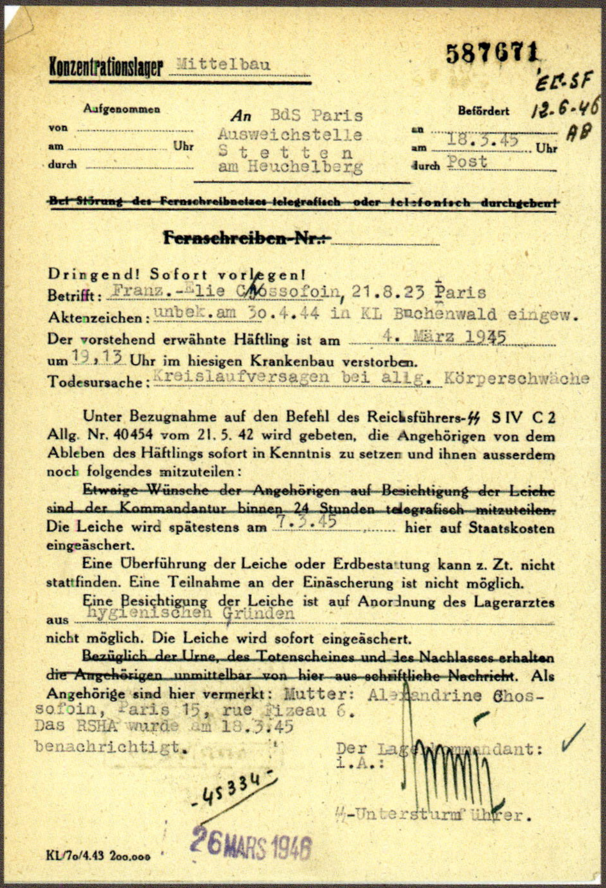

Konzentrationslager Mittelbau 587671

EC-SF 12-6-46 AB

Aufgenommen von am Uhr durch

An BdS Paris Ausweichstelle Stetten am Heuchelberg

Befördert an am 18.3.45 Uhr durch Post

~~Bei Störung des Fernschreibnetzes telegrafisch oder telefonisch durchgeben!~~

~~Fernschreiben-Nr.:~~

Dringend! Sofort vorlegen!

Betrifft: Franz.-Elie Chossofoin, 21.8.23 Paris

Aktenzeichen: unbek. am 30.4.44 in KL Buchenwald eingew.

Der vorstehend erwähnte Häftling ist am 4. März 1945 um 19,13 Uhr im hiesigen Krankenbau verstorben.

Todesursache: Kreislaufversagen bei allg. Körperschwäche

Unter Bezugnahme auf den Befehl des Reichsführers-SS S IV C 2 Allg. Nr. 40454 vom 21. 5. 42 wird gebeten, die Angehörigen von dem Ableben des Häftlings sofort in Kenntnis zu setzen und ihnen ausserdem noch folgendes mitzuteilen:

~~Etwaige Wünsche der Angehörigen auf Besichtigung der Leiche sind der Kommandantur binnen 24 Stunden telegrafisch mitzuteilen.~~ Die Leiche wird spätestens am 7.3.45 hier auf Staatskosten eingeäschert.

Eine Überführung der Leiche oder Erdbestattung kann z. Zt. nicht stattfinden. Eine Teilnahme an der Einäscherung ist nicht möglich.

Eine Besichtigung der Leiche ist auf Anordnung des Lagerarztes aus hygienischen Gründen nicht möglich. Die Leiche wird sofort eingeäschert.

~~Bezüglich der Urne, des Totenscheines und des Nachlasses erhalten die Angehörigen unmittelbar von hier aus schriftliche Nachricht.~~ Als Angehörige sind hier vermerkt: Mutter: Ale andrine Chossofoin, Paris 15, rue Fizeau 6. Das RSHA wurde am 18.3.45 benachrichtigt.

Der Lag dant:
i.A.:
SS-Untersturmführer.

-45334-

26 MARS 1946

KL/70/4.43 200.000

Le maintien des autres procédures répressives

Si les autorités allemandes déportent massivement les opposants et les résistants depuis le premier puis le second semestre 1943, elles ont toutefois maintenu les procédures répressives jusque-là mises en place.

Ainsi, après l'attentat du 28 septembre 1943 contre Julius Ritter, rue Pétrarque, à Paris, la Sipo-SD réactive exceptionnellement la « politique des otages » ajournée depuis l'automne 1942. Ritter, haut représentant allemand pour le recrutement de la main-d'œuvre en France, a été abattu par une équipe spéciale des FTP-MOI, dont le chef militaire est Missak Manouchian. En représailles, cinquante otages extraits du fort de Romainville sont fusillés au mont Valérien.

Les « petits » convois de détenus NN, généralement composés de cinquante déportés, se poursuivent jusqu'à l'été 1944, qu'un jugement ait été prévu à l'arrivée ou pas. S'y ajoutent, à partir de la fin de l'année 1943 et en 1944, d'autres « petits » transports, de « personnalités-otages » cette fois. Il s'agit essentiellement de militaires et de hauts fonctionnaires, déportés pour éviter qu'ils ne servent de cadres à l'Armée secrète de la Résistance alors en plein essor. Ils sont regroupés dans des lieux de détention spécifiquement réservés pour eux ou dans des zones particulières des camps de concentration, où ils jouissent la plupart du temps de conditions de vie différentes et plus favorables que celles des autres détenus.

L'« affiche rouge » réalisée par les services de la propagande allemande

Les déportations de personnes condamnées par des tribunaux militaires des zones occupées continuent aussi jusqu'en novembre 1944, à partir de différentes villes du territoire encore sous contrôle allemand. L'activité des tribunaux militaires s'intensifie même encore durant cette période. Plus de 380 prévenus sont ainsi condamnés à mort durant la seconde moitié de l'année 1943, principalement pour des « actes de francs-tireurs ». Ils sont environ 600 de janvier à avril 1944. Le 19 février, les autorités allemandes font du procès expéditif du « groupe Manouchian » une opération de propagande pour discréditer la Résistance, représentée sur une célèbre affiche rouge comme une armée de *« terroristes juifs et immigrés à la solde de l'Angleterre et du bolchevisme russe »*.

1944 : l'escalade répressive

L'année 1944 est, en nombre de victimes, la plus meurtrière de toute l'Occupation. Pour les Allemands, elle s'amorce dans la peur d'un débarquement allié en France, un danger mortel pour un IIIe Reich qui serait dès lors obligé de se battre en même temps à l'Est, en Italie et en France. Il s'agit donc pour les autorités allemandes d'éradiquer les maquis naissants et les groupes de résistance de plus en plus nombreux, notamment depuis la loi sur le Service du travail obligatoire (STO) du 16 février 1943, qui pousse de nombreux réfractaires dans la clandestinité. La « lutte contre les bandes » devient une tâche prioritaire, notamment dans les zones montagneuses et forestières et, dans ce combat, les méthodes policières des services de la Sipo-SD et leur collaboration avec les forces de l'ordre françaises ne suffisent plus. Dès l'automne 1943, des opérations militaires d'envergure sont menées par les troupes de la Wehrmacht, en partenariat avec la Sipo-SD chargée des aspects policiers et du sort des personnes arrêtées. Quatre actions importantes sont menées de février à avril 1944, dont l'opération « Korporal » contre les maquis de l'Ain, entre le 5 et le 13 février, ou l'action « Brehmer » contre les maquis de Dordogne et de Corrèze, entre le 25 mars et le 15 avril. Elles se font avec la plus extrême dureté, les autorités allemandes usant de méthodes jusque-là réservées au front de l'Est. En février 1944, une ordonnance permet à la troupe de répliquer systématiquement et de brûler les maisons des « partisans ». L'ordre est complété début mars par une nouvelle ordonnance permettant de fusiller sur place les résistants capturés une arme à la main. Les autres pouvaient être jugés dans des procès expéditifs et très rapidement fusillés. Dans cette véritable « guerre contre les francs-tireurs », la porte était ainsi ouverte à nombre d'exactions. Après surtout le débarquement des Alliés en Normandie, le 6 juin 1944, les massacres de populations civiles se multiplient (99 pendus à Tulle, 642 civils tués à Oradour-sur-Glane – dont des enfants –, etc.), le haut commandement allemand recensant ainsi 7 900 « francs-tireurs » tués en juin 1944, dont en fait beaucoup de civils. Les 10 et 11 juin, lorsque les troupes allemandes attaquent le Mont-Mouchet, en Auvergne, où une importante concentration de maquisards s'était opérée, plus de 125 résistants et une cinquantaine de civils sont tués. Le 21 juillet 1944, une offensive générale, incluant un assaut aéroporté, est lancée contre le maquis du Vercors. Dans cette opération, la plus importante menée contre la Résistance en Europe de l'Ouest, en trois jours, 326 maquisards sont tués et 130 civils massacrés.

Exécution de maquisards de Lantilly (Côte-d'Or), en mai 1944

LES PRINCIPAUX MASSACRES DE 1944
(d'après les travaux de Peter Lieb, *Konventioneller Krieg oder NS-Weltanschauungskrieg ? Kriegführung und Partisanenbekämpfung in Frankreich 1943/44,* Munich, Oldenbourg, 2007)

Nombre de victimes en :
- *mars*
- *avril*
- *juin*
- *juillet*
- *août*
- *septembre*
- * *femmes et enfants parmi les victimes*

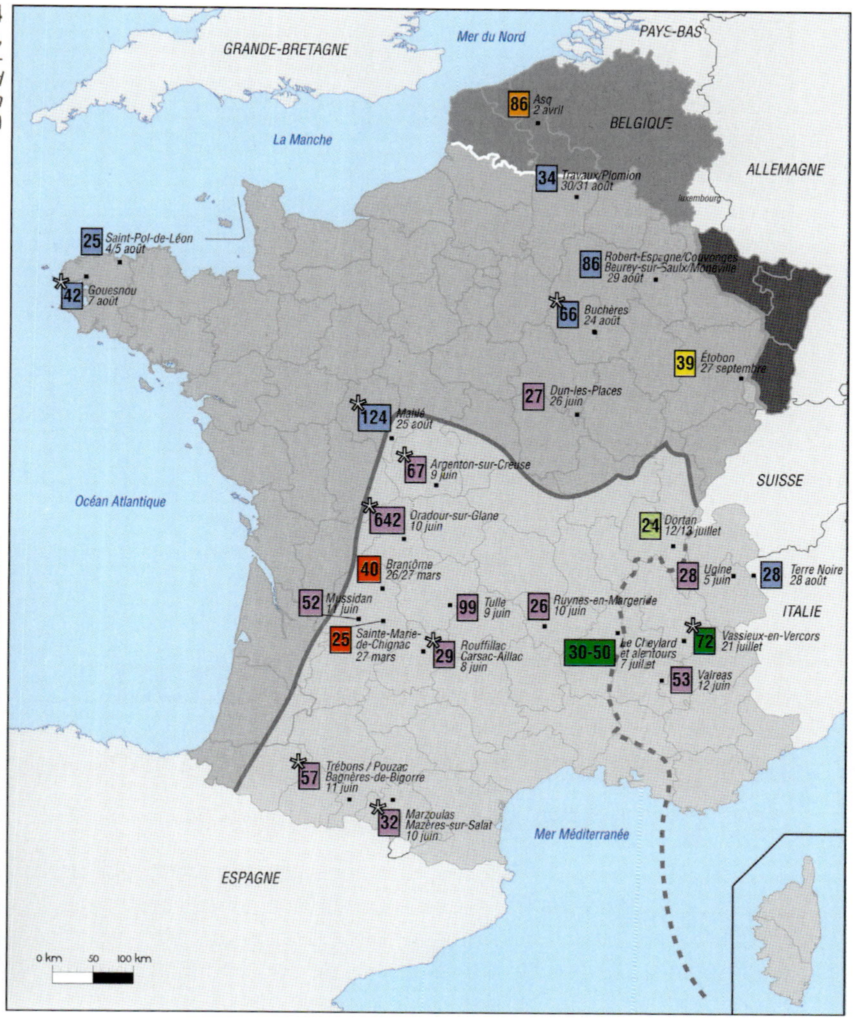

Le village d'Oradour-sur-Glane après le passage de la division allemande Das Reich

Les forces de Vichy accompagnent cette radicalisation de la répression, et cela à tous les échelons. Jusqu'à l'arrivée de Darnand à la tête des forces de l'ordre, il s'agissait toujours d'affirmer la souveraineté du gouvernement de Vichy sur l'ensemble du pays et de démontrer l'indépendance de la police française. Désormais, les autorités de l'État français partagent la plupart de leurs informations avec la police allemande et mènent même des actions conjointement avec elle. Depuis le 20 janvier 1944 et la loi instaurant les cours martiales, le gouvernement de Vichy a aussi fortement radicalisé son système judiciaire. Créées pour réprimer les « activités terroristes », elles « jugent » sans avoir mené d'instruction, sans avocat, et la peine de mort est exécutoire immédiatement et sans appel. La Milice, dont le chef est à la tête des forces de l'ordre, participe pleinement à ces opérations et a toute la latitude pour commettre des assassinats politiques, dont ceux de Georges Mandel (ancien ministre de la IIIe République, qui refuse l'occupation allemande et le gouvernement de Vichy), de Jean Zay (ancien ministre de l'Éducation nationale dans le gouvernement du Front populaire), ou des époux Basch (Victor Basch, âgé de 80 ans, juif, était président de la Ligue des droits de l'homme).

Joseph Darnand avec, derrière lui, les principaux responsables SS en France : à gauche, Karl Oberg, à droite, Helmut Knochen

La fin de l'Occupation

Les derniers convois massifs lors de l'évacuation des grandes villes françaises

À partir de la mi-août 1944, les Allemands entament leur repli de Paris. L'évacuation d'autres grandes villes françaises a commencé ou est imminente. À chaque fois ou presque, l'ordre est donné de faire partir la plus grande partie des détenus encore emprisonnés. Les trajets vers les camps de concentration sont alors très chaotiques, dépendant beaucoup de l'avance progressive des troupes alliées.

Dès le 30 juillet, un convoi de près de 1 200 déportés avait quitté Toulouse. Par manque de temps et de moyens, plus question de faire partir, comme cela se déroulait jusque-là, les hommes séparément des femmes, et les juifs des résistants. Une centaine de femmes et d'enfants juifs de moins de 15 ans (dont deux bébés de six mois) de ce convoi rejoignent le camp de Ravensbrück. Tous les hommes et les adolescents sont immatriculés le 6 août au camp de Buchenwald : des déportés juifs sont ainsi immatriculés à Buchenwald et, du fait de l'avance des Soviétiques sur le front de l'Est, ils ne repartent pas ensuite pour Auschwitz.
Le 9 août, un dernier train important de détenus quitte le sud-ouest de la France et Bordeaux pour le Reich. Il était parti en réalité de Toulouse en juillet, avait fait une halte à Bordeaux et était reparti vers Compiègne : mais les bombardements et l'avance alliée l'empêchent d'y arriver et le train doit revenir à Bordeaux, où les prisonniers sont détenus près d'un mois dans l'attente d'un nouveau départ, qui intervient finalement le 9 août. Le convoi prend cette fois la direction du sud-est, pour passer plus facilement la frontière : mais le débarquement des Alliés en Provence, le 15 août, ralentit considérablement sa marche et ces déportés (plus de 550 hommes et une soixantaine de femmes au moins, selon les listes reconstituées jusqu'à aujourd'hui) mettent finalement près de trois semaines à rejoindre le camp de Dachau. Ce voyage en train, en camions, à pied, de nouveau en train, a marqué les civils qui en ont été les témoins et qui ont parfois cherché à porter secours aux déportés d'un convoi resté dans les mémoires sous le nom de « train fantôme ».

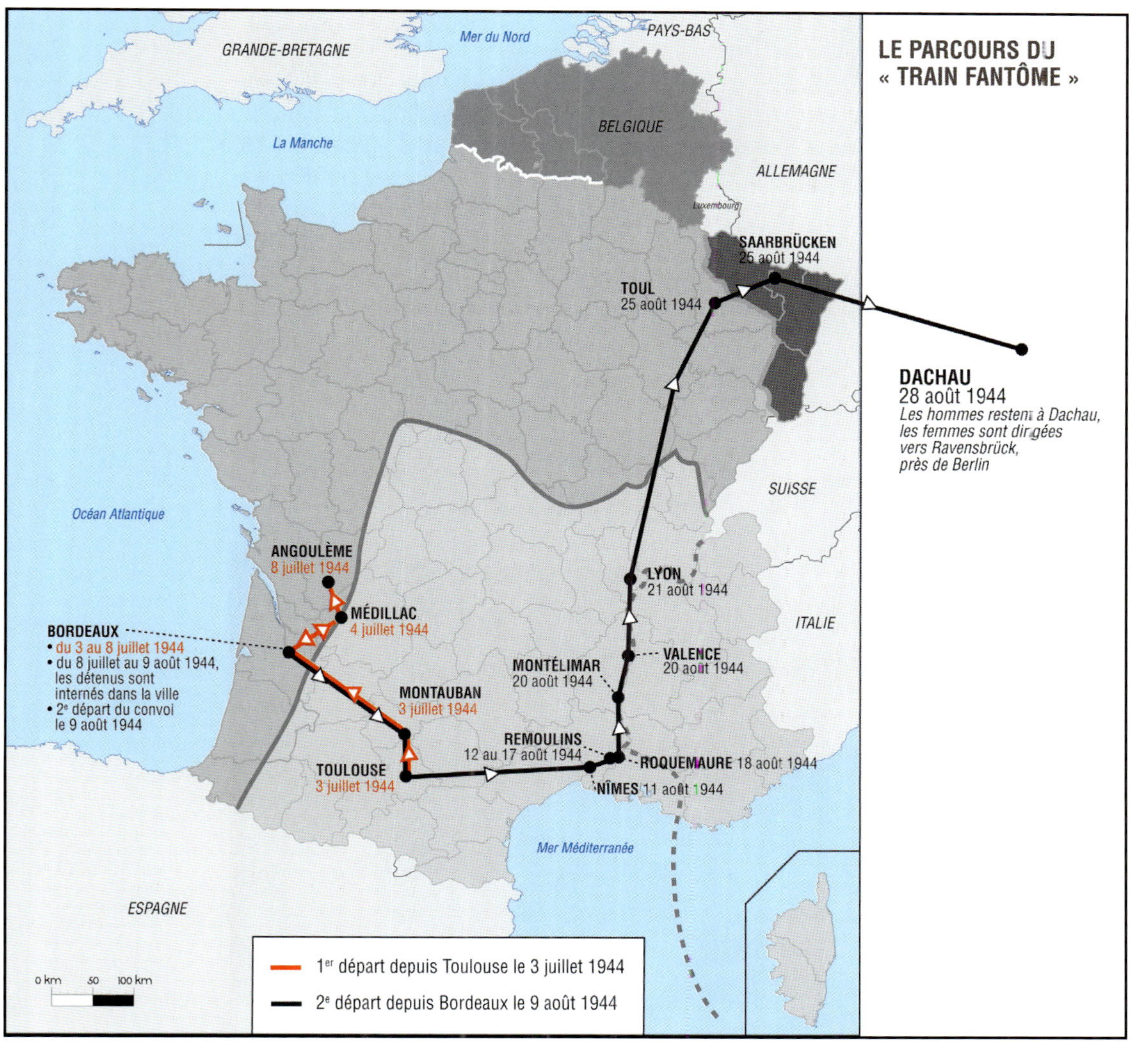

LE PARCOURS DU « TRAIN FANTÔME »

Le 11 août, à l'instar de ce qui s'était passé à Toulouse le 30 juillet, un nouveau convoi de 600 personnes part directement de province, mélangeant hommes et femmes, juifs et résistants. De Lyon, il rejoint l'Alsace où, cette fois, les hommes arrêtés par mesure de répression (plus de 220) descendent pour être dirigés vers le camp de Natzweiler ; les femmes résistantes repartent, elles, pour le camp de Ravensbrück. Quant aux juifs, des deux sexes, ils sont transférés à Auschwitz, sans avoir transité par Drancy.
Le 15 août, c'est l'évacuation de Paris, avec le départ du dernier convoi massif de déportation de la région parisienne, formé en gare de Pantin. Plus de 1 650 hommes sont dirigés vers Buchenwald, alors que 550 femmes sont immatriculées à Ravensbrück. Deux jours après, un transport massif de 1 200 déportés quitte encore Compiègne pour Buchenwald. Une semaine plus tard, les Allemands évacuent le camp de Royallieu, en partant vers Péronne, dans la Somme, où les derniers détenus sont finalement libérés. Le 18 août déjà, le camp de Drancy avait été libéré : près de 1 400 internés juifs s'y trouvaient encore. Trois jours plus tard, des résistants des Lilas entrent dans le fort de Romainville et y découvrent les corps de 11 dernières victimes massacrées. Enfin, dernière grande ville française à être évacuée, Lille voit partir le convoi qui restera dans les mémoires sous le nom de « Train de Loos », du nom de la prison de Loos-lès-Lille, dont près de 900 détenus sont ainsi déportés vers Cologne puis, pour la majorité, à Sachsenhausen.

Répression et persécution jusqu'au bout

Le repli des troupes et des services allemands ne met donc pas fin aux déportations ou aux massacres. La violence nazie se poursuit jusqu'au bout : des déportations se produisent encore depuis Colmar, en zone annexée, au début du mois de février 1945. Plus largement, c'est toute la population civile qui continue d'être la cible de massacres, de fusillades aveugles et de déportations vers le Reich. Les procédures suivies jusque-là ne peuvent par contre plus se dérouler comme prévu. Les tribunaux militaires cessent leur activité mais les fusillades sommaires se multiplient. Le dispositif formé par les camps de Compiègne et de Romainville est remplacé par des formations de convois là où les Allemands le peuvent, au fur et à mesure de leur repli. Les convois de la « solution finale » ont pris fin avec la libération de Drancy, mais les juifs sont encore une des cibles privilégiées pour les exécutions lors de l'évacuation du territoire.

Le 27 juillet 1944, à Lyon, place Bellecour, cinq jeunes emprisonnés au fort Montluc sont exécutés par les Allemands à titre de représailles

Massacre du 8 septembre 1944 dans les jardins de l'institution Saint-Lazare à Autun

Ainsi, une fois le territoire libéré, la population française découvre horrifiée la « carte » des derniers massacres : 110 et 109 victimes juives sont par exemple assassinées dans le Rhône, à Saint-Genis-Laval le 20 août et à Bron le lendemain ; le 25 août, dans le village de Maillé en Indre-et-Loire, des soldats allemands assassinent 124 hommes, femmes et enfants dans un des plus importants massacres de cette période.

Les déportations s'effectuent de plus en plus depuis des villes de l'est de la France, régulièrement jusqu'en novembre 1944. Beaucoup de détenus transitent par le camp de concentration de Natzweiler, où ils arrivent de l'ouest ou du centre de la France, avant de repartir dès le début du mois de septembre, lors de l'évacuation du camp, vers celui de Dachau. D'autres partent en déportation depuis Belfort : le 29 août surtout, 720 détenus prennent la direction de Neuengamme, alors que près de 200 femmes partent encore pour Sarrebruck puis Ravensbrück le 4 septembre. Enfin, de septembre à novembre, plus de 2 000 maquisards et civils des Vosges, arrêtés dans de véritables opérations militaires menées par les Allemands, sont rassemblés dans le camp alsacien de Schirmeck, avant d'être dirigés vers Dachau.

Résistance, persécution et déportations dans le Nord–Pas-de-Calais (1940-1944)

Laurent Thiery

Humiliations, arrestations, déportations et exécutions avaient déjà marqué la première occupation du Nord–Pas-de-Calais entre 1914 et 1918. La précocité de la résistance puise ses racines dans cette expérience, accentuée par un profond sentiment anglophile. Dès la fin des combats, de nombreux habitants du nord de la France recueillent des soldats britanniques égarés. Ces hommes et ces femmes forment l'ossature des futurs réseaux d'évasions de soldats alliés (Pat O'Leary, Shelburn, Comète ou Bordeaux-Loupiac). De nombreux sabotages sont également effectués dès 1940, en particulier contre les câbles téléphoniques allemands. À partir de juillet 1941, le Nord–Pas-de-Calais, à l'instar de la région parisienne, devient un des bastions de la lutte armée communiste en France, illustrée par les figures emblématiques de Charles Debarge et d'Eusebio Ferrari. En 1941 toujours, tracts et journaux clandestins appelant au refus des lois de l'occupant et de Vichy se multiplient : le journal *La Voix du Nord* est le plus célèbre par sa longévité. Devenu mouvement de résistance, ses premiers membres sont en 1943 à l'origine, avec l'Organisation civile et militaire, de la préparation de l'Armée secrète dans le nord de la France en prévision du débarquement allié. Mais, en raison de nombreuses vagues d'arrestations qui frappent les mouvements et réseaux, les groupes FTPF constituent la principale force de la Résistance en juin 1944.

Mais si la Résistance revêt dans ces deux départements des formes et des évolutions connues dans le reste de la France, la répression y est spécifique du fait du **rattachement en 1940 de la région à la Belgique, sous l'égide du Commandement militaire allemand installé à Bruxelles (MBB).** Jusqu'en juillet 1944, les SS n'y dirigent pas les politiques de répression et de persécution. Les militaires mènent une répression essentiellement judiciaire et une déportation principalement carcérale, passant d'abord par les prisons belges. Ainsi, parmi les 5 500 déportés de répression partis depuis la « zone rattachée », dont 400 femmes, moins d'un sur deux entre finalement dans un camp de concentration. Près de 1 700 condamnés par les tribunaux militaires allemands d'Arras, Lille et Valenciennes sont déportés vers les prisons d'outre-Rhin (Rheinbach, Wittlich, Anrath ou Diez-sur-Lahn). À partir de 1942, 1 200 déportés partent aussi en application de la procédure *Nacht und Nebel*. Plusieurs dizaines de résistants sont également exécutés après leur condamnation à mort par les tribunaux militaires allemands. Toutefois, comme les militaires de Paris, les autorités allemandes de la région n'hésitent pas à recourir à des mesures extrajudiciaires pour répondre aux grands mouvements d'opposition. En représailles de la lutte armée communiste, elles exécutent 75 otages et déportent vers la citadelle de Huy un millier de communistes, dont 200 sont ensuite transférés à Mauthausen. En juillet 1941, après la grève des mineurs du Nord–Pas-de-Calais, un convoi de 244 d'entre eux rejoint le KL Sachsenhausen : c'est le premier transport massif de déportation de France. Toutefois, avec le dernier « train de Loos », ce type de convoi reste l'exception dans le Nord–Pas-de-Calais.
Au total, parmi les 5 500 déportés de répression du Nord—Pas-de-Calais, 1 775 sont décédés ou disparus (32,3 %), 1 860 sont revenus (33,8 %), alors que près de 1 500 avaient été libérés par les autorités allemandes avant la fin de la guerre (27 %) et que le sort de moins de 300 déportés demeure encore inconnu.

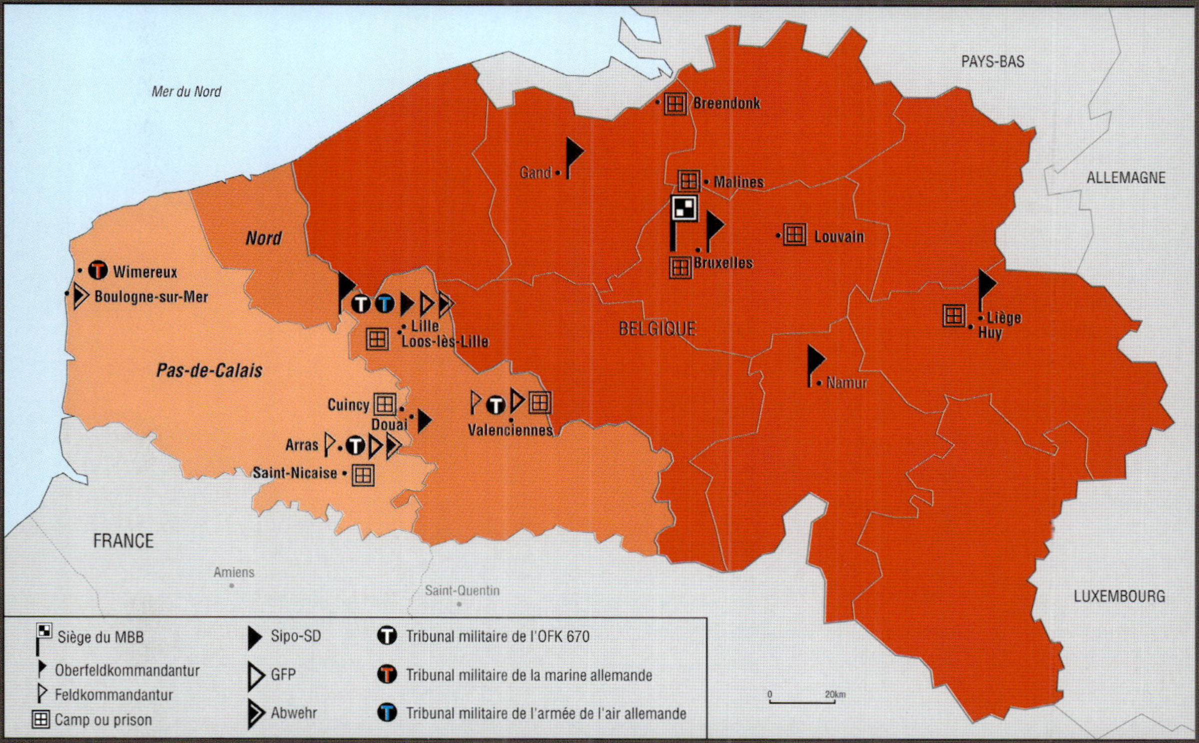

Avec des différences par rapport au reste de la France occupée, la « solution finale » est également appliquée dans le Nord—Pas-de-Calais et en Belgique. Un premier « Statut des Juifs » est édicté dès le 28 octobre 1940. Jusqu'au 21 septembre 1942, dix-sept ordonnances excluent les juifs de la société et les spolient de leurs biens. La réunion du 11 juin 1942 fixe le quota de 10 000 juifs du Nord—Pas-de-Calais et de la Belgique à déporter « vers l'Est » : les rafles peuvent commencer. L'équivalent de celle dite du « Vél' d'hiv », pour Paris, a lieu le 11 septembre 1942 dans le Nord–Pas-de-Calais. À partir de 3 heures du matin, la police française, qui collabore, quadrille toutes les villes de la région où ont été recensés des juifs étrangers. La Feldgendarmerie allemande arrête ainsi 535 personnes, dont 155 enfants de moins de quinze ans. Transférées à Malines, le « Drancy belge », elles sont déportées à Auschwitz dans le « Transport X » : 400 d'entre elles sont immédiatement gazées à leur arrivée. Seuls 16 des 535 juifs arrêtés le 11 septembre 1942 rentrent de déportation en 1945. Le choc provoqué par cette rafle dans la population de la région oblige dorénavant les autorités allemandes à opérer par des arrestations ponctuelles, en plus petit nombre. Mais elles n'épargnent plus les juifs français à partir de 1943. Au total, durant toute l'Occupation, près de 645 juifs sont arrêtés dans le Nord–Pas-de-Calais et déportés : 94 % ne reviennent pas en 1945. Enfin, et c'est une particularité de cette zone, à la différence de ce qui se déroule dans le reste de la France occupée, les arrestations de tsiganes entraînent des déportations à Auschwitz : au moins 162 personnes appréhendées dans le Nord—Pas-de-Calais partent ainsi de Malines vers Auschwitz le 15 janvier 1944 : 137 au moins décèdent en déportation.

L'Alsace-Moselle annexée

CÉDRIC NEVEU

De 1940 à 1944, l'Alsace et la Moselle sont annexées unilatéralement au Troisième Reich : **les départements alsaciens du Haut-Rhin et du Bas-Rhin sont rattachés au pays de Bade pour former le *Gau* (région) Oberrhein,** avec pour capitale Strasbourg, alors que **la Moselle est intégrée à la Sarre et au Palatinat, au sein du *Gau* Westmark** dont la capitale est Sarrebruck. À la différence de celle de 1871, aucun traité ne légalise cette annexion. La situation de ces trois anciens départements français est donc radicalement différente de ce qui se passe dans le reste du pays. Ici, pas de puissance militaire gérant l'occupation d'un territoire étranger, mais un pouvoir exclusivement civil administrant une région décrétée unilatéralement comme relevant de la souveraineté allemande ; pas de pouvoir étatique légal collaborant avec la puissance occupante, car les représentants du gouvernement de Vichy sont exclus du début à la fin de l'annexion.

Dès leur prise de fonction officielle, les deux *Gauleiter* (les chefs des *Gau*) engagent la germanisation et la nazification de ces nouvelles provinces. Ainsi, la langue française est interdite et l'allemand devient la langue officielle. Les noms et prénoms sont germanisés, tout comme les intitulés de rues : sans grand discernement parfois puisqu'à Mulhouse, par exemple, la rue du Sauvage est rebaptisée *Adolf-Hitler-Strasse*, provoquant pendant plusieurs semaines les rires moqueurs des Mulhousiens ! Les bibliothèques sont épurées des livres « marxistes » et « juifs », brûlés lors d'autodafés publics. Les associations religieuses sont dissoutes, les synagogues incendiées et les cimetières juifs rasés, alors que la législation raciale nazie est mise en place. Des dizaines de monuments à la gloire de la France sont détruits ou transformés. Dans le même temps, différentes organisations nazies encadrent et surveillent la population. En parallèle, les autorités civiles procèdent entre l'été et la fin de l'année 1940 à l'expulsion vers la France de près de 150 000 personnes, considérées comme dangereuses politiquement et racialement – juifs, étrangers, francophones, opposants politiques, etc. – soit environ 30 % de la population mosellane et 10 % de celle de l'Alsace. Dans le même temps, les autorités allemandes filtrent le retour des réfugiés de 1939-1940, interdisant celui des personnes jugées « indésirables ».

Si l'Alsace et la Moselle doivent être germanisées dans un délai de dix ans, les deux *Gauleiter* et chefs de l'administration civile, munis des pleins pouvoirs par Hitler, mènent des politiques différentes. En Moselle, Josef Bürckel fonde son action sur des critères linguistiques, expulsant massivement la population francophile de l'ouest de la Moselle. En Alsace, Robert Wagner, privilégie la « rééducation » de la population pour qu'elle retrouve ses racines germaniques. Les mesures se multiplient : mise en place du Service du travail du Reich (RAD) pour les jeunes gens et jeunes filles de 17 à 25 ans au printemps 1941, introduction de la législation du Reich, notamment le code pénal au printemps 1942. Jusqu'au début de l'année 1942, la répression reste relativement mesurée et frappe essentiellement ceux qui prononcent des propos anti-allemands, écoutent la radio étrangère et aident des prisonniers de guerre évadés d'Allemagne. La résistance, qui s'organise peu à peu autour des filières de passage vers la « zone libre » et de groupes de renseignement et de propa-

Alsace-Moselle

gande, n'est pas épargnée. Ainsi, à l'été 1941, l'Espoir français, groupe de jeunes mosellans affiliés au réseau Uranus-Kléber, est démantelé, tout comme la filière de passage de sœur Hélène, religieuse de Metz. Cependant, l'internement en camp de concentration reste relativement rare ; celui de Natzweiler – le seul installé sur le territoire français – n'est créé en Alsace qu'en mai 1941. Le camp de Schirmeck, situé à quelques kilomètres, sert de camp d'internement et « de rééducation » pour les Alsaciens et Mosellans récalcitrants.

Le 19 août 1942 en Moselle et le 25 août en Alsace, l'introduction du service militaire obligatoire dans la Wehrmacht constitue un tournant décisif. 100 000 Alsaciens et 30 000 Mosellans sont ainsi contraints de porter l'uniforme allemand ; 30 % sont tués ou portés disparus. L'hostilité au Reich s'accentue nettement dans la population alors que des milliers de réfractaires tentent de franchir la frontière pour échapper à l'enrôlement. La répression se fait alors féroce, elle est susceptible de toucher l'ensemble de la population. En Alsace comme en Moselle, les ***Gauleiter*** ordonnent ainsi la « transplantation » de force ***(Umsiedlung)***, dans des « camps de rééducation » du Reich, de milliers de familles suspectes (hommes et femmes, enfants et personnes âgées). Leurs biens sont saisis. En Alsace, les internements se comptent par milliers à Schirmeck alors que les condamnations à mort se multiplient à l'encontre des résistants et de jeunes réfractaires : 7 de 1940 à 1942, 72 pour la seule année 1943 (dont treize jeunes gens de Ballersdorf fusillés à Natzweiler le 18 février 1943), 112 au total en mars 1944. En Moselle, les services répressifs privilégient l'envoi en camp de concentration : au moins 1 900 personnes arrêtées en Moselle sont envoyées au KL Natzweiler en 1943-1944, dont des centaines de résistants mosellans du groupe « Mario-Jean Burger ». Échouant à empêcher l'insoumission au service militaire des jeunes Alsaciens-Mosellans, de vastes opérations de représailles sont organisées à partir du printemps 1944 dans des dizaines de localités, visant tout particulièrement les familles de réfractaires.

Cette répression s'exerce dans toute sa brutalité jusqu'à la libération définitive de ces régions en mars 1945.

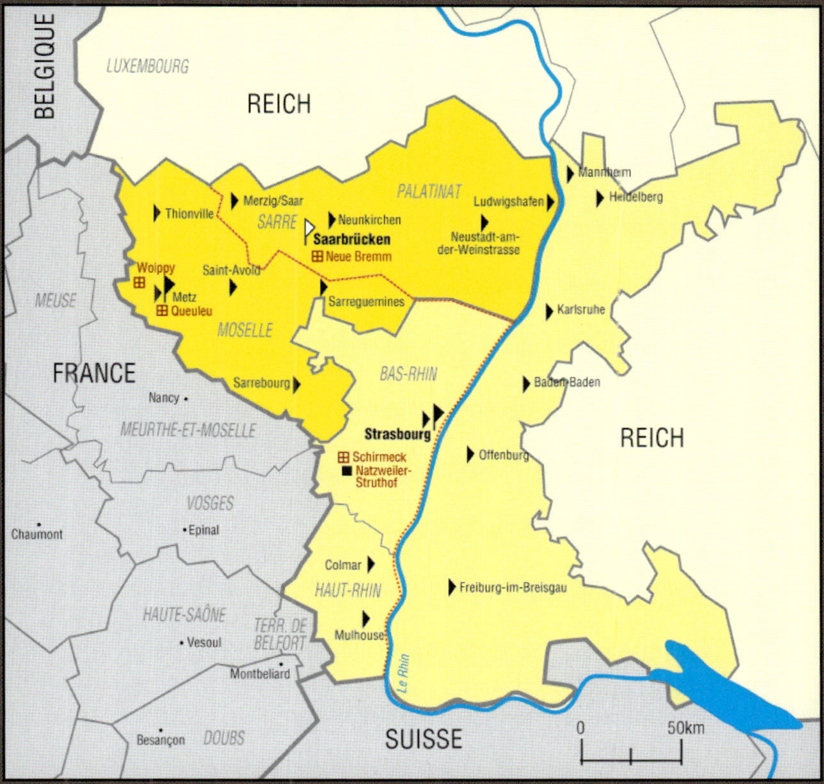

Conclusion : le bilan humain de la répression et de la persécution en France (1940-1945)

Depuis la Libération, l'État, les associations, les historiens ont tenté de chiffrer l'horreur. Aujourd'hui, si l'on dispose de bilans statistiques fiables pour la plupart des victimes (les déportés, les condamnés à mort et les otages fusillés), pour certaines catégories, seules des estimations sont disponibles (notamment les personnes massacrées à la fin de l'Occupation, les victimes d'Alsace-Moselle annexée, etc.).

En 1978, Serge Klarsfeld édite Le *Mémorial de la déportation des Juifs de France,* qui recense 75 721 déportés juifs. En 2004, la Fondation pour la mémoire de la déportation présente dans son *Livre-Mémorial* les noms de 86 827 « déportés arrêtés par mesure de répression » (arrêtés dans les zones Nord, Sud, dans le Nord–Pas-de-Calais, en Alsace-Moselle annexée ; ainsi que des républicains espagnols extraits des *Stalags* et des Français arrêtés sur le territoire du IIIe Reich).

Depuis quelques années également, des travaux historiques ont évalué le nombre des autres victimes. Détaillons l'ensemble de ce bilan selon les catégories de victimes et les différentes zones d'occupation. L'addition des chiffres est rendue difficile par des définitions et des contextes variables. Les chiffres sont donnés en l'état actuel des recherches.

ZONES NORD ET SUD

relevant du Commandement militaire allemand de Paris et des services policiers nazis

LES DÉPORTÉS : ENVIRON 135 000

- Plus de 74 000 déportés juifs dans le cadre de la « solution finale » : 58,8 % sont gazés dès l'arrivée ; 3,5 % seulement reviennent en 1945. Les ressortissants français sont un peu moins d'un tiers (24 000), les autres étant des juifs étrangers vivant en France : des Polonais (26 000), des Allemands (7 000), des Russes (4 500), etc. Moins de 1 000 ont été déportés dans des convois majoritairement composés de personnes arrêtées par mesure de répression (chiffres établis par Serge Klarsfeld).
- Plus de 60 300 déportés par mesure de répression vers les camps de concentration nazis et des prisons du Reich : au moins 42 % y décèdent (Fondation pour la mémoire de la déportation, *Livre-Mémorial des déportés arrêtés par mesure de répression).*
- La politique de persécution n'a pas entraîné en France (sauf depuis le Nord—Pas-de-Calais) la déportation de tsiganes, à l'exception toutefois de quelques dizaines d'entre eux dans le convoi du 24 janvier 1943 dirigé vers Sachsenhausen. Denis Peschanski estime à près de 3 000 le nombre de tsiganes internés durant l'Occupation dans les camps de Vichy.

LES CONDAMNÉS À MORT ET LES OTAGES FUSILLÉS : PRÈS DE 3 500

- Environ 2 500 fusillés condamnés à mort par un tribunal militaire allemand.
- 735 otages exécutés de septembre 1941 à octobre 1943 dans le cadre des « mesures d'expiation » *(Sühnemassnahmen)* décidées par les autorités allemandes (chiffres établis par Thomas Pouty et Gaël Eismann).
- Environ 200 fusillés par les cours martiales constituées en 1944 par Vichy.

L'historien Peter Lieb estime à 15 000 **LES PERSONNES MASSACRÉES** par les troupes allemandes dans les opérations menées en 1944 contre les maquisards et les populations civiles.

Les statistiques, plus encore que les mots, perdent leur sens.
Comment parler de cela, comment me représenter cela ?
Comment chiffrer cela ?
Il n'y a sans doute pas de mathématiques de l'horreur.

Maurice Voutey, *Prisonnier de l'invraisemblable ou l'extravagance du rêve. Quatre saisons à Dachau et dans les camps du Neckar*, 1995

NORD—PAS-DE-CALAIS, DÉPENDANT DU COMMANDEMENT MILITAIRE ALLEMAND DE BRUXELLES

(chiffres établis par Laurent Thiery)

LES DÉPORTÉS : ENVIRON 6 200

- 645 déportés juifs dans le cadre de la « solution finale », 94 % ne reviennent pas.
- 5 500 déportés de répression : 1 775 décèdent en déportation (32,3 %), 1 860 reviennent en 1945 (33,8 %), 1 500 sont libérés avant la fin de la guerre (27 %), le sort de 300 personnes n'est pas connu.
- 162 tsiganes, dont 137 ne reviennent pas.

LES FUSILLÉS :

513 fusillés, dont 375 condamnés à mort et 75 otages.

LES PERSONNES MASSACRÉES :

sans doute au moins 400, selon le Comité d'histoire de la Deuxième Guerre mondiale, mais ces estimations ne tiennent pas compte des victimes civiles des exactions commises lors de l'invasion de mai 1940.

ALSACE-MOSELLE ANNEXÉE

(chiffres établis par Cédric Neveu pour la Moselle et par le Comité d'histoire de la Deuxième Guerre mondiale pour l'Alsace)

LES DÉPORTÉS ET INTERNÉS :

du fait des particularités de la zone, il est très difficile dans les statistiques de séparer les données relatives aux déportés dans des prisons et des camps de concentration du Reich et les internés en Alsace-Moselle annexée. Les estimations sont de 13 000 personnes environ pour l'Alsace ; alors que des recherches plus récentes permettent d'établir le chiffre plus sûr de 14 000 personnes arrêtées pour la Moselle.

LES FUSILLÉS ET LES PERSONNES EXÉCUTÉES SOMMAIREMENT :

une centaine en Moselle ; chiffre inconnu pour l'Alsace.

LES « TRANSPLANTÉS » :

c'est une particularité de l'annexion, des familles entières ont été « transplantées » (selon la terminologie nazie) et envoyées dans le Reich, dans des « camps de rééducation ». On en compterait 10 000 pour la Moselle, alors que les estimations varient entre 10 000 et 17 000 pour l'Alsace.

6 700 républicains espagnols engagés dans l'armée française, prisonniers de guerre en 1940 et transférés dans des *Stalags* du Reich, sont très rapidement extraits pour être envoyés au camp de Mauthausen. Vichy ignorait ces prisonniers étrangers et « communistes », Franco ne voulait pas les récupérer : le RSHA s'en chargea. Les premiers arrivent à Mauthausen le 6 août 1940. En 1945, près de 64 % d'entre eux sont décédés dans les camps.

6 400 Français arrêtés sur le territoire du IIIe Reich et envoyés dans des camps de concentration à la suite de sabotages ou de refus de travail : il s'agit surtout de prisonniers de guerre « transformés », c'est-à-dire mis au travail – 17 % au moins –, de travailleurs contraints au travail (dont les STO) – au moins 45 % d'entre eux –, et de travailleurs volontaires – 25 %.

penser
l'événement
juger, témoigner, commémorer, enseigner

Déportés espagnols et soviétiques à Mauthausen après la Libération. Photographie prise par l'ancien détenu Francisco Boix

Avril 1945, les Alliés découvrent l'horreur des camps de concentration. Pour beaucoup de détenus, ces libérations sont difficiles, meurtrières tant leur état de santé est précaire et les conditions sanitaires catastrophiques.

Toutefois, ces premières heures et ces premiers jours de liberté sont aussi intenses. En témoignent les extraordinaires photographies que les internés espagnols du camp de Mauthausen prennent dès leur libération, en mai 1945. Ils le font d'abord pour enregistrer l'événement, à l'instar des reporters qui arrivent pour photographier l'horreur. Témoins, des détenus tout juste libérés se font photographier alors qu'ils montrent des éléments caractéristiques des camps et de ce qu'ils viennent d'endurer.

Mais, plus que le choc de ce qui n'est évidemment pas une découverte pour eux, c'est la soif de vivre et l'air d'une liberté retrouvée que ces hommes enregistrent surtout. On découvre sur ces images de la joie, de la fraternité et de la solidarité. Des photographies saisissent des groupes d'amis, transcendant les nationalités ou au contraire les affirmant. On pose parfois les armes à la main, symboles de la victoire d'une communauté de survivants.

on découvre sur ces images de la joie, de la fraternité et de la solidarité

Surtout, de nombreux clichés concernent des hommes photographiés seuls qui se réapproprient ainsi leur individualité volée. Les signes de leur déshumanisation passée ont disparu – ils portent de nouveaux vêtements civils, le numéro de matricule a été arraché, etc. – ou, au contraire, ont été détournés – certains imitent les anciennes photographies d'identité prises dans les camps, mais à côté des chiffres de leur matricule figurent dorénavant, ostensiblement, leur nom.

À gauche : dessin de Jean Bernard Aldebert, ancien déporté à Buchenwald et Mauthausen

Émile Valley,
le futur secrétaire général
de l'amicale de Mauthausen,
prononçant un discours lors
du serment international
à Mauthausen,
16 mai 1945

On s'organise aussi durant ces premiers jours de liberté, avant que le rapatriement et le retour au pays puissent commencer. On pense à l'avenir et aux sociétés à reconstruire, en tirant les enseignements de la tragédie qui vient de se terminer. À Mauthausen toujours, mais cela s'est déroulé dans la plupart des camps libérés, le 16 mai 1945, un serment international est prononcé, de fraternité et d'espérance. Il est précédé d'une déclaration du Comité français de libération du camp, lue par et pour tous les *« citoyens du grand peuple allié »*.

En bas :
ce texte a été ramené
par Pierre-Serge Choumoff,
secrétaire du Comité français.
On remarquera à l'envers le tampon
du camp de Mauthausen,
utilisé et "détourné"
par les anciens détenus

Mauthausen,lr 16 Mai 1945.

F r a n c a i s ,

Nous,les rescapés du camp d'extermination nazi de Mauthausen et de ses Kommandos,réunis en ce matin du 16 Mai sur cette place ou ont passé tant de nos camarades que nous ne reverrons plus,nous portons tristement notre pensee vers nos morts innombrables tombés pour la défense de la liberté.
Nous saluons la mémoire de tous nos morts,nous jurons de reste unis pour la défense de leur cause qui est la notre.
Nous jurons de ne jamais tolérer que l'on insulte leur idéal, nous serons impitoyables pour tout ce qui pourrait rappeler l'esprit ou les méthodes de nos bourreaux.

Nous nous rappelons aussi qu'aujourd'hui,si nous sommes encore vivants ,nous le devons aux alliés,c'est à dire aux U.S.A.,à la Grande Bretagne et à l'Union Soviétique confondus dans nos coeurs dans une même pensée de reconnaissance.
En ce jour nos camarades Russes quittent le camp.Nos v ux ux ardents les accompagnent dans leur fière destinée.
Elle est celledes citoyens du grand peuple alliédevant laquelle s'ouvre l'étonnant avenir de la société collective, de l'élévation nationale et du perfectionnement individuel.

Sachons demain nous inspirer de l'histoire prodigieuse del'URSS,depuis trente années,de la ténacité farouche et froid du peuple britannique,du puissant esprit d'organisation de la nation américaine.
Mais sachons aussi nous inspirer de la grandeur et de la noblesse de notre propre et longue histoire.
Demain une France nouvelle nous attend,une France populaire, unie autour du généralde Gaulle qui a sauvé l'honneur et la liberté francaise.-

Une fois revenus au pays, les anciens déportés traduisent leurs aspirations en témoignant et en commémorant l'événement. Mais le souci de la justice pousse beaucoup à écrire ou à enregistrer une déposition. Pierre-Serge Choumoff, ancien otage ayant échappé à une exécution, déporté à Mauthausen en avril 1943, secrétaire du Comité français de libération du camp deux ans plus tard, considère alors « *comme un devoir* » ce témoignage. Début juin 1945, avec son camarade Émile Valley, le futur secrétaire général de l'amicale de Mauthausen, il retourne au camp dans le cadre d'une mission organisée par le ministère français chargé des Prisonniers, Réfugiés et Déportés pour y récupérer des documents.

Retour de déportés particulièrement atteints par avion, au Bourget, près de Paris

Le 4 août 1945, à Paris, Pierre-Serge Choumoff dépose auprès du Service de recherche des crimes de guerre un texte de plusieurs pages sur les *Kommandos* de Gusen. En avril 1946, cela lui vaut d'être convoqué au procès des SS de Mauthausen, organisé par les Américains dans l'ancien camp de Dachau. Récolter des preuves, témoigner, juger… loin de seulement commémorer l'événement, dès le début, on cherche donc aussi à le penser.

Émile Valley (1er en partant de la gauche) et Pierre-Serge Choumoff (le troisième), revenus à Mauthausen le 4 juin 1945 pour récupérer des documents

Dachau Dachau Dachau Dachau Dachau

Entre la Libération et le retour : l'exemple de Dachau

Le 29 avril, Dachau est libéré par les troupes américaines. Mais ce n'est que dans le courant du mois de juin que les derniers libérés quittent l'enceinte du camp. Cette période fut celle de la « *République autonome de Dachau sous protectorat américain* », selon l'expression d'Edmond Michelet. En effet, après cette Libération, le Comité international clandestin des détenus administre le camp en accord avec les Américains.

Cet *International Prisoners Committee* (IPC) est chargé d'organiser la vie quotidienne dans une enceinte contenant encore plus de 30 000 personnes qu'il faut nourrir et vêtir. Il faut aussi assurer les formalités pour le retour de tous : beaucoup n'ont en effet plus de papiers d'identité, d'autres même plus de pays d'accueil, comme les républicains espagnols opposés à Franco. De leur côté, les Américains font remplir des questionnaires. C'est l'IPC aussi qui rédige les premières listes des morts. Les Américains demandent aussi qu'un strict service d'ordre se mette en place pour maintenir la quarantaine et imposer le respect de règles : pas de cuisine dans les *Blocks*, pas de dégradation des bâtiments pour faire du feu, etc. Après quelques jours, ils reprennent finalement le contrôle de l'administration du camp, chapeautant l'IPC.

C'est que les conflits ne manquent pas, beaucoup de détenus ne comprenant pas l'interdiction imposée par les Américains de quitter le camp. Pourtant, durant quelques jours encore, les combats dans le sud de l'Allemagne empêchent des départs. Surtout, les Américains veulent contenir les risques d'épidémie : beaucoup d'internés sont encore malades du typhus, alors qu'une semaine après la Libération, tous les cadavres n'avaient pas encore été ensevelis, malgré la réquisition des habitants voisins. En mai, plus de 2 200 personnes meurent encore à Dachau. Les Américains organisent ainsi des séries de vaccination contre la typhoïde et le typhus ; ils désinfectent occupants et matériel ; ils séparent progressivement les malades des bien portants en utilisant notamment l'ancien camp SS. Mais la solution passe surtout par les retours rapides des anciens détenus dans leur pays : la majorité des Français partent le 22 mai.

Le journal Liberté *réalisé à Dachau par les anciens déportés français*

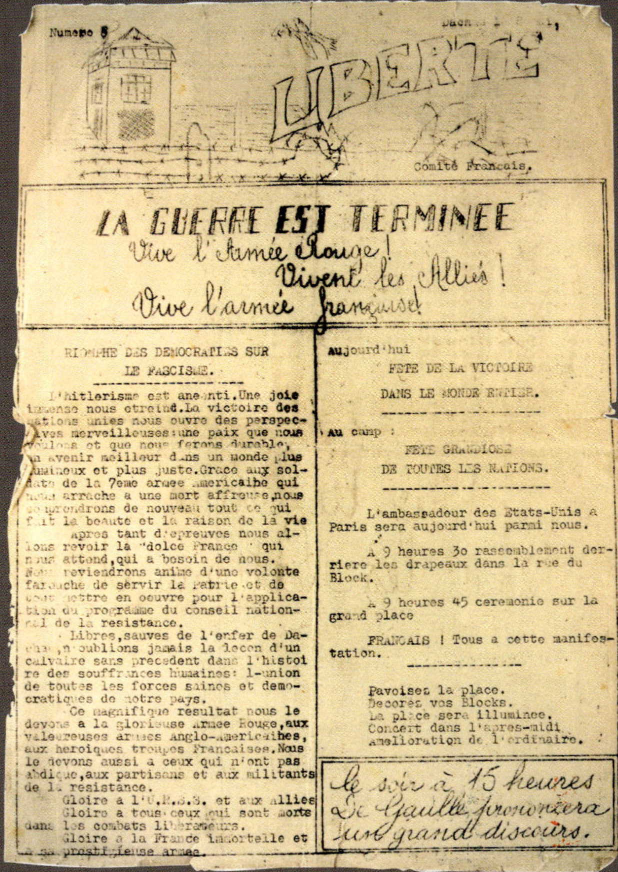

Numero 5

LIBERTE

Comité Français

LA GUERRE EST TERMINEE

Vive l'Armée Rouge !
Vivent les Alliés !
Vive l'armée française !

RIOMPHE DES DEMOCRATIES SUR LE FASCISME.

L'hitlerisme est aneanti. Une joie immense nous etreind. La victoire des nations unies nous ouvre des perspectives merveilleuses : une paix que nous voulons et que nous ferons durable, un avenir meilleur dans un monde plus lumineux et plus juste. Grace aux soldats de la 7eme armee americaine qui nous arrache a une mort affreuse, nous comprendrons de nouveau tout ce qui fait la beaute et la raison de la vie apres tant d'epreuves nous allons revoir la "dolce France" qui nous attend, qui a besoin de nous. Nous reviendrons anime d'une volonte farouche de servir la Patrie et de tout mettre en oeuvre pour l'application du programme du conseil national de la resistance.

Libres, sauves de l'enfer de Dachau, n'oublions jamais la lecon d'un calvaire sans precedent dans l'histoire des souffrances humaines : l'union de toutes les forces saines et democratiques de notre pays.

Ce magnifique resultat nous le devons a la glorieuse Armee Rouge, aux valeureuses armees Anglo-Americaines, aux heroiques troupes Francaises. Nous le devons aussi a ceux qui n'ont pas abdique, aux partisans et aux militants de la resistance.

Gloire a l'U.R.S.S. et aux allies

Gloire a tous ceux qui sont morts dans les combats liberateurs.

Gloire a la France immortelle et a sa prestigieuse armee.

Aujourd'hui

FETE DE LA VICTOIRE DANS LE MONDE ENTIER.

Au camp :

FETE GRANDIOSE DE TOUTES LES NATIONS.

L'ambassadeur des Etats-Unis a Paris sera aujourd'hui parmi nous.

A 9 heures 30 rassemblement derriere les drapeaux dans la rue du Block.

A 9 heures 45 ceremonie sur la grand place

FRANCAIS ! Tous a cette manifestation.

Pavoisez la place.
Decorez vos Blocks.
La place sera illuminee.
Concert dans l'apres-midi
amelioration de l'ordinaire.

Le soir à 15 heures De Gaulle prononcera son grand discours.

Les déportés libérés du Kommando d'Allach

Les internés de toutes les « nations » de Dachau sont représentés à l'IPC, sauf les Allemands (mais l'on retrouve Oscar Müller, un communiste allemand, dans son exécutif, à côté par exemple de Jan Domagala, un prêtre polonais). Son premier président est un Britannique, Patrick O'Leary, accompagné de deux vice-présidents : le Belge Arthur Haulot, sans doute le plus actif jusqu'à son départ en juin, et le Français Edmond Michelet, futur ministre. Des représentants sont désignés pour la Belgique, la Grande-Bretagne, la France, les Pays-Bas, la Yougoslavie, le Luxembourg, l'Autriche, la Pologne, l'Union soviétique, l'Espagne, la Tchécoslovaquie, la Hongrie et différents groupes nationaux des Balkans (le Dr Ali Kuci, également chargé du bureau de presse du camp). Des journaux sont créés : celui des Français s'appelle *Liberté*.

Le 1er mai, sur la place d'appel, tous sont réunis pour fêter la Libération et la fin prochaine de la guerre. Les discours sont prononcés en quinze langues. *« Jamais manifestation de masse ne me parut plus émouvante. La lente procession de ces myriades de survivants européens arrivés à l'extrême limite de leur résistance physique, groupés dans l'ordre alphabétique de leurs pays respectifs, derrière leur drapeau national, avait un aspect saisissant »*, écrira plus tard Edmond Michelet.

Fin juin, les derniers détenus sont tous partis. En novembre, les Américains installent dans le camp leurs tribunaux pour juger les criminels de guerre nazis.

Juger
Le procès international de Nuremberg (1945-1946)

Le procès international des criminels de guerre nazis s'ouvre à Nuremberg le 14 novembre 1945, là où Hitler imposait ses lois nazies dix ans plus tôt. Il ne s'achève que le 1er octobre 1946. La volonté de juger ces criminels avait été affirmée alors même que la guerre se poursuivait, grâce à des conférences entre les puissances alliées, en 1942 à Washington, en octobre 1943 à Moscou ou encore en février 1945 à Yalta. Dès le 25 octobre 1941, à la suite notamment de l'exécution d'otages français du camp de Châteaubriant, le président américain Franklin Roosevelt et le premier ministre britannique Winston Churchill placent *« au nombre des principaux buts de la guerre »*, dans une déclaration écrite, la sanction des crimes commis, notamment les crimes contre les civils.

Les dirigeants nazis sur le banc des accusés lors du procès de Nuremberg

C'est l'accord de Londres du 8 août 1945, une fois le conflit achevé en Europe mais deux jours seulement après la bombe d'Hiroshima, qui pose les statuts du Tribunal militaire international : pour la première fois, des pays n'ayant pas tous les mêmes règles pour rendre la justice s'entendent sur une procédure commune. Ce sont les règles de droit de la *common law* anglo-saxonne qui sont appliquées à Nuremberg, et ce sont les grands vainqueurs de la guerre qui jugent : les Américains, les Anglais, les Soviétiques et les Français, même si chacune de ces grandes puissances représente d'autres pays ayant eu à souffrir des nazis et qui ont aussi participé à l'élaboration du procès et fourni des preuves.

L'invention du terme de génocide

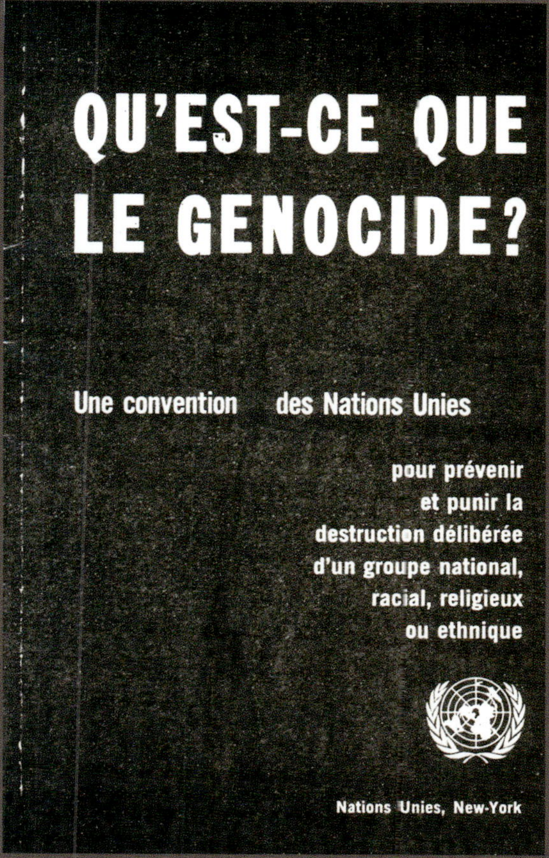

Le terme de « génocide » apparaît dans l'acte d'accusation du procès de Nuremberg.

Il a été inventé en 1944 par le juriste d'origine polonaise Raphaël Lemkin. Mais il est peu utilisé au cours du procès, qui évoque plutôt la « persécution » et l'« extermination » des juifs.

Toutefois, la spécificité du crime est parfois déjà parfaitement comprise par les acteurs du procès, comme par Edgar Faure, chargé de l'accusation française pour les crimes contre l'humanité :

« Cette persécution n'a nullement été entreprise comme représailles à l'égard d'une attitude résistante [...]. Il est bien clair que, dès le début, sans aucune provocation même alléguée, les nazis ont entrepris le "traitement systématique" de la question juive [...]. Les ordres donnés s'étendent, d'une part aux enfants, d'autre part aux Juifs "inaptes au travail" [...].

Aucune excuse, fût-ce celle de l'utilité de l'effort de guerre, ne colore l'entreprise d'assassinat. C'est par ce caractère gratuit de leurs persécutions pourtant méthodiques, que les nazis nous offrent un objet d'horreur sans précédent dans l'histoire. Car, à différentes époques, on a vu des répressions sanglantes dirigées contre des "adversaires". On a vu, également, des violences gratuites commises par des soudards et des brutes agissant dans le désordre de leurs instincts. Mais jamais on n'avait vu ou pu voir la préparation scientifique d'un massacre absolument inutile et immotivé. »

En associant l'extermination des juifs (*caedere*, tuer, en latin) avec la vision raciale d'Hitler (*genos*, race, en grec), R. Lemkin crée ainsi un mot qui cherche à nommer au plus près le processus d'annihilation d'un groupe humain.

La notion devient dès lors générale et universelle, Lemkin cherchant surtout à proposer des dispositions juridiques pour lutter à l'avenir contre ce nouveau crime : son travail est repris en 1948 par les Nations unies dans la Convention pour la prévention et la répression du crime de génocide.

En effet, pour juger les 23 criminels accusés, une énorme documentation a été rassemblée : aujourd'hui encore, les archives du procès de Nuremberg sont une source essentielle pour connaître les événements de cette période. Elles concernent la plupart des aspects de l'action du IIIe Reich.

Car ce sont ses responsables principaux qui sont jugés à Nuremberg et l'on touche ainsi au cœur du régime nazi : le maréchal Goering, longtemps proche d'Hitler, au courant de la plupart des exactions commises ; Joachim von Ribbentrop, le ministre des Affaires étrangères ; le maréchal Wilhelm Keitel, le chef du haut commandement des forces armées ; Ernst Kaltenbrunner, adjoint d'Himmler et responsable des forces de sécurité de l'État nazi ; Albert Speer, le ministre de l'Armement et de la Production de guerre ; Fritz Sauckel, l'homme chargé de contraindre la main-d'œuvre européenne à venir travailler en Allemagne ; Alfred Rosenberg, un des théoriciens du nazisme ; ou encore Hans Frank, qui comme gouverneur général de Pologne a été au courant et responsable de tous les crimes qui y ont été commis, dont l'extermination des juifs d'Europe. Manquent toutefois sur le banc des accusés trois personnages majeurs : Adolf Hitler évidemment, Josef Goebbels, le ministre de la Propagande et idéologue du nazisme, et enfin Heinrich Himmler, le chef de la police du Reich, tous suicidés.

Innovation essentielle, on juge également à Nuremberg des organisations et des institutions criminelles du IIIe Reich : le cabinet du Führer, l'état-major et le haut commandement, les organisations paramilitaires nazies (les SA et les SS), la police nazifiée de l'État allemand (la « Gestapo »), et les responsables régionaux (les *Gauleiter*) et locaux du parti.

À Nuremberg, quatre chefs d'accusation sont énoncés : le premier est celui du plan concerté ou du complot *(conspiracy)* contre la paix et à l'origine de la guerre, caractéristique du droit anglais. Les trois autres sont : les crimes contre la paix, les crimes de guerre et les crimes contre l'humanité. Si les deux premiers sont des notions déjà anciennes apparues dès la convention de Genève de 1907 sur les lois et coutumes de la guerre, le dernier est totalement nouveau, audacieux. Pour la première fois, dans les statuts du Tribunal militaire international, le crime contre l'humanité est défini :

> ***pour la première fois, dans les statuts du Tribunal militaire international, le crime contre l'humanité est défini***

« L'assassinat, l'extermination, la réduction en esclavage, la déportation, et tout acte inhumain commis contre toutes populations civiles, avant ou pendant la guerre, ou bien les persécutions pour des motifs politiques, raciaux ou religieux, lorsque ces actes ou persécutions, qu'ils aient constitué ou non une violation du droit interne du pays où ils ont été perpétrés, ont été commis à la suite de tout crime rentrant dans la compétence du Tribunal, ou en liaison avec ce crime. »

La portée de ce texte est considérable, comme le perçoit dès l'issue du procès un de ses acteurs essentiels, le juge britannique Lawrence : « *De même que la loi internationale doit primer sur la loi nationale, de même la loi divine ou la loi du bien et du mal ou la loi de la conscience – de quelque façon qu'on l'appelle – doit primer sur l'une et l'autre.* »

À Nuremberg, face à ces chefs d'accusation, aucun des accusés ne plaide coupable, tous expliquant qu'ils ont obéi aux ordres. Mais le tribunal s'appuie sur la responsabilité individuelle : en clair, la règle de la conscience doit primer, par exemple, sur la discipline ou la loyauté à un devoir ou à une institution. Dans une dictature, personne n'est libéré de sa responsabilité.

Les témoins à Nuremberg

Nuremberg est souvent présenté comme le triomphe de l'écrit sur l'oral. Pourtant, plus de 110 témoins sont cités à comparaître au procès. Parmi eux, Marie-Claude Vaillant-Couturier, la seule femme appelée à témoigner, résistante, déportée à Auschwitz et à Ravensbrück, venue évoquer tous les aspects de ces camps. En 1986, pour le 40e anniversaire du procès, elle revenait sur l'importance de ce jugement :

« J'ai eu la chance miraculeuse de sortir d'Auschwitz et de Ravensbrück et de me trouver à Nuremberg en face de Goering et des autres hauts dignitaires nazis. […] Je pensais en les regardant : Regardez-moi car, à travers mes yeux ce sont des centaines de milliers d'yeux qui vous regardent, par ma voix ce sont des centaines de milliers de voix qui vous accusent. Une des hantises de tous les déportés dans les camps, et en particulier de ceux qui étaient à Auschwitz, était l'idée que nous puissions tous disparaître sans laisser de trace et que les crimes qui s'y commettaient puissent demeurer ignorés du monde extérieur. Le travail accompli par le Tribunal militaire international a non seulement aidé à les révéler au monde mais à ce qu'ils demeurent dans l'histoire de façon indélébile. […] La Résistance nous a appris qu'il n'était pas nécessaire d'espérer pour entreprendre ni de réussir pour persévérer. La cause des droits de l'homme mérite que nous persévérions pour la faire triompher. Le verdict du Tribunal de Nuremberg me semble être une étape sur ce chemin. »

Déposition de Marie-Claude Vaillant-Couturier à Nuremberg sur la sélection à l'arrivée à Auschwitz, dont elle est un témoin direct

« Quand un convoi de juifs arrivait, on sélectionnait : d'abord les vieillards, les vieilles femmes, les mères et les enfants qu'on faisait monter en camions, ainsi que les malades et ceux qui paraissaient de constitution faible. On ne prenait que les jeunes femmes et les jeunes gens qu'on envoyait au camp des hommes. »

« Il arrivait, en général, sur un transport de 1 000 à 1 500, qu'il en entrait rarement plus de 250 – et c'est tout à fait un maximum – dans le camp. Le reste était directement dirigé aux gaz. »

Les autres procès des tribunaux militaires alliés dans les zones d'occupation (1946-1949)

Douze autres procès se tiennent à Nuremberg, dans la zone occupée par les Américains, d'octobre 1946 à avril 1949. Ils jugent près de 180 personnes.

Le tribunal militaire américain condamne notamment 23 médecins nazis et employés des services de santé et de recherche allemands, impliqués dans les expérimentations médicales pratiquées sur des détenus dans les camps de concentration. Ce procès, ainsi que les travaux qui débutent sur les maladies et les séquelles consécutives de la déportation, permettront d'encadrer les recherches médicales et biologiques par des lois et des comités d'éthique.

Ces procès abordent également d'autres thèmes importants. Le troisième est celui des juristes du IIIe Reich, qui ont pendant douze ans habillé de lois les crimes nazis. Le quatrième juge Pohl et les responsables de l'administration des camps de concentration ; le huitième, les principaux membres de l'Office principal de sécurité du Reich (RSHA). Sont également condamnés différents responsables de grandes entreprises (IG-Farben, Krupp, etc.), notamment accusés d'avoir profité de la main-d'œuvre bon marché offerte par les camps de concentration. Ces jugements permettent aussi de connaître certains aspects du génocide des juifs : le fondement légal de leur persécution en Allemagne, l'aryanisation ou les *Einsatzgruppen*. C'est dans un de ces jugements qu'est présenté pour la première fois le compte rendu de la réunion de Wannsee de janvier 1942, qui détaille le processus de la « solution finale ».

Des tribunaux militaires américains siègent aussi à Dachau, Darmstadt et Ludwigsburg pour juger le personnel des camps de concentration de Buchenwald, Dachau, Flossenbürg, Mauthausen et Dora. Les témoignages de nombreux anciens détenus viennent apporter des preuves irréfutables. 1 500 personnes sont accusées, plus de 320 sont condamnées à mort.

Des criminels de guerre nazis lors d'un des procès américains de Dachau

Les **autorités françaises** jugent plus de 2 100 personnes à Rastatt, dans leur zone d'occupation.

Les **Britanniques** appellent devant leur tribunal militaire presque moitié moins de prévenus.

Les **Soviétiques** jugent plus de 13 500 personnes.

Les Alliés se répartissent ainsi le jugement de milliers de criminels de guerre allemands, en se montrant inégalement sévères.

TRIBUNAL GÉNÉRAL
de
GOUVERNEMENT MILITAIRE
pour la Zone Française
d'Occupation en Allemagne

Le Commissaire du Gouvernement

N° réf. 10358/PM/MR J

Rastatt, le 19 Juin 1947

25 JUIN 1947

P. MORIN Juge d'Instruction
au Tribunal Général de Rastatt

à

Monsieur le Secrétaire Général de la
Fédération Nationale des Déportés
10, rue Leroux Paris (16eme)

J'ai l'honneur de vous faire parvenir sous ce pli, en 40 exemplaires (20 de face et 20 de profil) la photographie du nommé :

HILLEKUM Jakob, né le 2.10.1901 à Dudweiler (sarre) de Michel et Maria Becker, demeurant à Dudweiler, Sudstrasse 16, mineur – SS, Unterscharführer

actuellement détenu à Rastatt, ancien gardien au camp de Neuengamme.

Je vous serais très obligé de vouloir bien faire diffuser ce document dans vos sections, aux fins de provoquer le plus rapidement possible les témoignages des anciens déportés français de Neuengamme qui auraient des griefs à exposer à l'encontre de cet individu. Il leur suffira de se présenter à la brigade de gendarmerie ou au commissariat de police le plus proche de leur résidence et d'y faire leur déclaration, en indiquant que les P.V. doivent etre adressés a

Mr. P. MORIN
Juge d'Instruction au Tribunal Général de Rastatt, S.P. 50.774 – B.P.M. 507

Le Juge enquêteur

Imprimerie nationale (Swb.) 3029

Lettre des services du tribunal militaire français en Allemagne à la FNDIRP, pour récolter des témoignages sur un ancien gardien du camp de Neuengamme

Par ailleurs, si à Nuremberg on a jugé les principaux criminels arrêtés ayant eu des responsabilités s'étendant sur plusieurs pays, l'accord de Londres prévoit de juger devant les juridictions des États concernés les autres criminels de guerre ayant agi dans un pays particulier. En France par exemple, les criminels de guerre allemands seront jugés devant des tribunaux militaires : le procès des deux chefs de la Gestapo est le plus connu, il condamne à mort Karl Oberg et Helmut Knochen en 1954. Ils seront graciés puis libérés peu de temps avant la signature du traité franco-allemand d'amitié et de coopération de janvier 1963. Le gouvernement provisoire de 1944-1945 et la nouvelle IVe République jugent aussi une partie des collaborateurs français et des responsables du gouvernement de Vichy, dont Philippe Pétain et Pierre Laval.

Les procès de la « solution finale »

La république fédérale d'allemagne (RFA) a pris une part, parfois critiquée parce qu'insuffisamment marquée, dans le jugement des criminels de guerre nazis. En 1958, elle crée à Ludwigsburg, près de Stuttgart, le Service central d'enquêtes sur les crimes nationaux-socialistes, qui engage plus de 700 enquêtes, notamment sur le génocide des juifs d'Europe.
En 1964, grâce à ce travail essentiel de collecte d'informations, se tient à Francfort le procès du camp d'Auschwitz et de Rudolf Höss, son commandant.

Mais il a lieu trois ans après le procès du principal artisan de la « solution finale », Adolf Eichmann, à Jérusalem, en Israël. Ce procès est incontestablement un tournant dans la mémoire internationale du génocide : un « *Nuremberg du peuple juif* », selon l'expression célèbre de Ben Gourion, le chef du gouvernement israélien qui a fait enlever l'accusé en Amérique du Sud, par ses services secrets, avant de le ramener à Jérusalem pour le juger. Dans ce procès, pour la première fois, les victimes sont au centre des débats et fondent l'argumentation. L'événement est diffusé sur plusieurs télévisions dans le monde, notamment aux États-Unis. Le génocide des juifs, dans toute sa spécificité, s'impose ainsi nettement dans les consciences universelles.

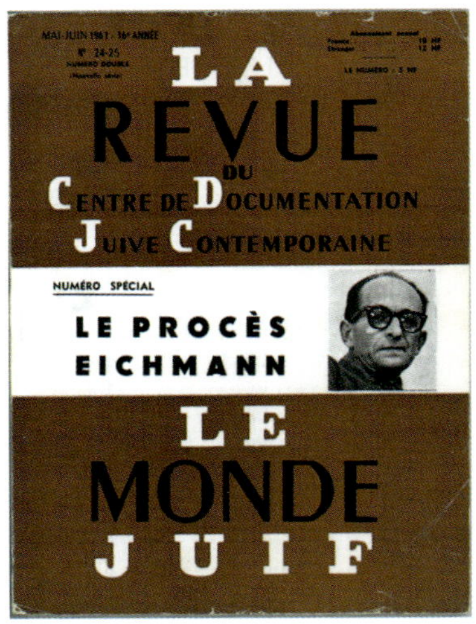

Ci-dessus :
Le Monde Juif, *la revue du Centre de documentation juive contemporaine (CDJC), fondé dans la clandestinité en 1943, qui fournit de la documentation aux juges et couvre le procès Eichmann. Depuis 1945, le CDJC (installé au Mémorial de la Shoah à Paris) est le lieu de recherche et de réflexion par excellence sur le génocide des juifs de France*

Adolf Eichmann au procès de Jérusalem en 1961

Prévenir, légiférer

La Seconde Guerre mondiale aura donc au moins servi à cela : elle fit avancer la construction d'une justice internationale et fit évoluer le droit. C'est ce qui intéresse notamment en priorité les Français à Nuremberg, eux qui portent l'accusation sur les crimes contre l'humanité. C'est l'Organisation des Nations unies, créée en 1945, qui traduit ensuite ces avancées, en fixant les cadres juridiques nécessaires dans des conventions et des institutions internationales.

La Convention pour la prévention et la répression du crime de génocide, 9 décembre 1948

C'est la première avancée, dans la foulée de Nuremberg. Le terme du juriste R. Lemkin est repris, détaillé et consacré par l'Organisation des Nations unies. Le génocide, c'est donc l'un des actes ci-après, « commis dans l'intention de détruire, en tout ou en partie, un groupe national, ethnique, racial ou religieux », en temps de paix ou en temps de guerre :

« *a) Meurtre de membres du groupe ;*
b) Atteinte grave à l'intégrité physique ou mentale de membres du groupe ;
c) Soumission intentionnelle du groupe à des conditions d'existence devant entraîner sa destruction physique totale ou partielle ;
d) Mesures visant à entraver les naissances au sein d'un groupe ;
e) Transfert forcé d'enfants du groupe à un autre groupe. »

Mais cette Convention, aussi innovante soit-elle, ne permet pas, loin de là, de prévenir les crimes futurs. En effet, elle n'est pas contraignante, elle ne s'accompagne pas encore de la création d'une juridiction internationale permanente pour juger ces actes. Son article 6 prévoit ainsi que, si une juridiction internationale reconnue par les autorités d'un État fait défaut, les criminels concernés seront jugés sur le territoire même de leurs forfaits, par des tribunaux compétents, qui ne sont pas définis.

La Déclaration universelle des droits de l'homme, 10 décembre 1948

Le lendemain de l'adoption de la Convention sur le crime de génocide, pour la première fois là aussi, les Nations unies sont à l'origine d'une Déclaration universelle des droits de l'homme, commune à tous les peuples de la terre.

Elle est en préparation depuis mai 1946, dans une commission où le juriste français René Cassin joue un rôle essentiel. De fait, elle s'inspire beaucoup de notre Déclaration des droits de l'homme de 1789. Elle innove aussi en détaillant les droits économiques, sociaux, culturels de toute personne.

les Nations unies sont à l'origine d'une Déclaration universelle des droits de l'homme, commune à tous les peuples de la terre

Mais, là encore, la proclamation de ces libertés fondamentales ne s'accompagne d'aucune contrainte juridique sérieuse. Les gouvernements des États ne sont pas obligés de la suivre ; toutefois, beaucoup s'en inspirent pour rédiger leur propre constitution nationale. La Déclaration universelle est complétée au cours des années par différents protocoles la détaillant encore plus et allant dans le sens d'une plus grande application de ses préceptes.

Les conventions de Genève, 1949-1950

Reste encore à régir la guerre, une vieille idée évidemment pas toujours suivie d'effets. Cette fois, le bilan terrible des 50 millions de morts de la Seconde Guerre mondiale, dont énormément de civils, imposait de réfléchir de nouveau à ce problème.
S'impose ainsi la volonté de fixer des obligations précises de protection et de secours pour les catégories les plus vulnérables des combattants et des populations : ainsi l'amélioration du sort des blessés et des malades des armées en campagne, des naufragés durant les combats sur mer, le traitement des prisonniers de guerre, la protection des personnes civiles « *sans aucune distinction de caractère défavorable basée sur la race, la couleur, la religion ou la croyance, le sexe, la naissance ou la fortune, ou tout autre critère analogue* ». La guerre qui vient de se dérouler est dans tous les esprits : on interdit ainsi spécifiquement les prises d'otages, les condamnations et les exécutions sans jugement, les « *traitements humiliants et dégradants* ». Les conventions de Genève, qui détaillent ces protections, sont rédigées et signées par de nombreux États. Elles ne prévoient pas plus de juger les infractions devant une justice internationale. Elles doivent ainsi être reprécisées dans les années qui suivent : en 1977, un protocole détaille les « infractions graves », dont la torture ou la déportation.

Le crime contre l'humanité : les avancées des années 1960

C'est à Nuremberg que ce crime a été défini pour la première fois. Mais il ne fait l'objet d'aucune convention internationale durant l'immédiate après-guerre. Il faut attendre les années 1960, alors que des crimes de la Seconde Guerre mondiale deviennent prescriptibles, donc susceptibles de ne plus faire l'objet d'inculpations, pour que des acteurs de la mémoire, des responsables politiques et les États engagent une réflexion sur ce sujet. En 1964, l'Allemagne et la France légifèrent pour déclarer imprescriptibles les crimes contre l'humanité. L'Assemblée générale des Nations unies adopte cette mesure le 26 novembre 1968. Désormais, quel que soit le temps écoulé depuis les faits, aucun criminel n'est plus à l'abri. C'est notamment le cas de Klaus Barbie, l'ancien chef de la Gestapo de Lyon, extradé de Bolivie en 1983 et condamné le 3 juillet 1987 par la cour d'assises de Lyon à la réclusion criminelle à perpétuité. En France, deux autres procès se tiennent pour crime ou complicité de crime contre l'humanité : en 1994 contre l'ancien milicien Paul Touvier, et en 1998 contre l'ancien secrétaire général de la préfecture de Bordeaux, Maurice Papon. Les procédures contre René Bousquet et son adjoint Jean Leguay, importants responsables de la police du gouvernement de Vichy et acteurs de la collaboration avec les autorités allemandes, avaient été stoppées par la mort des accusés.

Un outil essentiel : la Cour pénale internationale (CPI)

Tous les textes internationaux, résultats de la réflexion menée après la Seconde Guerre mondiale, sont donc des avancées essentielles. Mais, ils sont restés des mesures incomplètes. Il leur manquait un outil capable de juger les crimes les plus graves, de guerre ou contre l'humanité. Cette faiblesse est largement due au contexte politique international de l'après-guerre et de la « Guerre froide » entre les deux blocs, américain et soviétique, désormais incapables de s'entendre. Il faut donc attendre les années 1990 pour voir se mettre en place des structures internationales. C'est le conflit en ex-Yougoslavie qui relance le processus, avec la création en 1993 d'un tribunal pénal international, pour juger les crimes qui y ont été commis. Un autre tribunal est créé après le génocide au Rwanda. Mais l'idée est toutefois encore la même qu'à Nuremberg en 1945 : ces tribunaux sont certes internationaux, mais ils sont aussi limités dans le temps et dans les faits à juger. L'étape essentielle est donc celle de 2002, qui voit l'ouverture d'un tribunal pénal international permanent, dont le siège est à La Haye. Son statut a été fixé pour la première fois à Rome en 1998. Le préambule de ce texte essentiel rappelle le chemin parcouru et l'équilibre fragile de ce résultat entre des États loin d'être toujours d'accord et qui, tous, ne respectent pas toujours les droits de l'homme et les conventions internationales. En cela, c'est un tour de force qui ne doit pas rester méconnu.

Témoigner, un « devoir de mémoire »

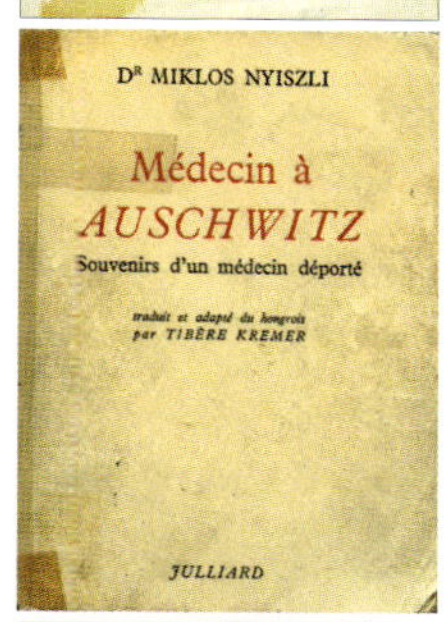

C'est dans l'horreur des camps que les survivants se promettent déjà de témoigner, comme le montre l'exemple de Georges Wellers, déporté de Drancy à Auschwitz :

« Je me suis juré que si un jour je rentrais en France, rien ne m'arrêterait pour crier la terrible vérité que j'avais apprise ; je la ferais connaître par tous les moyens, je me consacrerais à cette tâche jusqu'à mon dernier soupir, car de pareilles horreurs ne devaient pas rester ignorées, ni impunies, ni pardonnées, sinon d'autres fous les recommenceraient. Cette détermination donnait un certain sens à ma misérable existence et elle raffermissait ma volonté de ne pas succomber. J'ai éprouvé un intense réconfort dans ma détresse. »

Ces témoignages des déportés sont donc, à plus d'un titre, une source essentielle. C'est sur eux que s'appuient aujourd'hui encore beaucoup de travaux historiques sur la déportation et les camps nazis. C'est eux qui posent comme une nécessité ce que l'on énonce sans toujours bien l'entrevoir, le « devoir de mémoire ».

Trois grands types de témoignage

Il y a d'abord les témoignages qui sont une réflexion universelle sur l'Homme, et c'est sur eux que s'appuie généralement le « devoir de mémoire » : à partir de son expérience individuelle, l'auteur de ce type d'ouvrage s'élève à l'universalité, grâce notamment à une écriture d'une grande qualité. Les livres de Primo Levi, *Si c'est un homme*, de Robert Antelme, *L'Espèce humaine*, de Louis Martin-Chauffier, *L'Homme et la bête*, de Charlotte Delbo, *Auschwitz et après* ou de Jorge Semprun, L'*Écriture ou la vie*, sont les plus connus de ces œuvres. Mais il y en a d'autres, comme par exemple le texte de Jean Mialet, publié en 1981 sous le titre *Le Déporté*. L'ouvrage est réédité en 1997 chez Robert Laffont avec le titre *La Haine et le pardon*, *Le Déporté* apparaissant de façon plus modeste, en sous-titre. Le propos de Mialet n'est pas d'expliquer l'organisation et le fonctionnement du camp de Dora ou du *Kommando* d'Harzungen, où il a été déporté. Il est d'évoquer ce qui lui est arrivé personnellement, ses réactions et le souvenir qu'il en a gardé.
Des ouvrages, édités dès le retour des camps, montrent que certains déportés ont aussi écrit de véritables synthèses historiques, les premières sur les camps. C'est le cas d'Eugen Kogon, un ancien détenu autrichien de Buchenwald, qui publie dès 1945 *L'Enfer organisé*, et de David Rousset, avec *L'Univers concentrationnaire* ou *Les Jours de notre mort*.
Il y a enfin les témoignages autobiographiques, les plus nombreux, pour beaucoup écrits dès l'immédiate après-guerre, qui relatent les faits et les événements de la déportation et des camps. Un grand nombre de ces livres ne sont plus dans les librairies et

souvent pas plus dans les bibliothèques, malgré leur richesse. Leur diversité et leur qualité permettent pourtant aux historiens de reconstituer l'organisation des camps et ce qui s'y est déroulé. Et si certains auteurs, comme Robert Antelme et Primo Levi par exemple, ont écrit des œuvres splendides de réflexion sur l'Homme, leurs textes sont aussi d'excellents témoignages sur les faits et les événements.

Ces différentes approches peuvent donc s'ajouter dans un récit. Tous portent finalement le « devoir de mémoire », chaque auteur étant la voix d'un message pour toute la société, un message universel.

Un message universel

Le message délivré aux générations futures est une donnée essentielle des témoignages des anciens déportés. Parfois anti-allemand à la Libération, il insiste d'emblée et avec force sur les valeurs des droits de l'homme. Derrière un « *plus jamais ça* » général, le récit ou la parole prennent souvent l'aspect d'une mise en garde, d'un « *avertissement* », à l'image de David Rousset qui dès 1945, à la fin de son livre *L'Univers concentrationnaire*, rappelle l'exemple de la société allemande d'avant-guerre :

« *L'existence des camps est un avertissement. La société allemande [...] a connu une décomposition encore exceptionnelle dans la conjoncture actuelle du monde. Mais il serait facile de montrer que les traits les plus caractéristiques et de la mentalité SS et de ses soubassements sociaux se retrouvent dans bien d'autres secteurs de la société mondiale [...]. Ce serait une duperie, et criminelle, que de prétendre qu'il est impossible aux autres peuples de faire une expérience analogue pour des raisons d'opposition de nature.* »

L'écoute des jeunes générations est dès lors recherchée au premier chef. Marie-José Chombart de Lauwe, aujourd'hui présidente de la Fondation pour la mémoire de la déportation, écrivait déjà en 1963 dans un texte caractéristique de la volonté des déportés de faire de leur expérience un enseignement particulièrement tourné vers eux : « *Comment expliquer à ces jeunes non seulement des événements [...] mais surtout une expérience humaine ? Comment faire pour que le récit de cette expérience les amène à découvrir les valeurs essentielles qui nous ont toujours rapprochés, entre autres le respect de la personne humaine ?* »

Peut-être en évoquant les atteintes à la société humaine dans son ensemble, et plus seulement à la personne, répondent certains textes de déportés. Le témoignage de Georges Petit, *Retour à Langenstein. Une expérience de la déportation,* sur son passage à Langenstein, *Kommando* de Buchenwald, en est un exemple évident. Voici ce qu'écrit son préfacier, Claude Lefort en 2001 :

Spécial Concours national de la Résistance et de la Déportation 2007

Supplément du numéro 804 de décembre 2006. Édité par la Fédération Nationale des Déportés et Internés Résistants et Patriotes, 10 rue Leroux, 75116 Paris. Prix : 0,30 €.

LE PATRIOTE RESISTANT

Abonnez-vous au *PATRIOTE RÉSISTANT* 11 numéros par an

En nous adressant 15 € tarif normal, ou 30 € tarif de soutien, vous recevrez pendant un an le journal de la FNDIRP.

Règlement à adresser : 10 rue Leroux - 75116 Paris Tél. : 01 48 18 38 23.

Concours national de la Résistance et de la Déportation 2007

Le travail dans l'univers concentrationnaire nazi

L'un des aspects importants de l'immense tragédie de la déportation est celui qui concerne le travail effectué par les détenus.

Le thème du Concours 2007 permettra donc, au travers des témoignages des survivants et des études historiques, de comprendre les mécanismes et le sens de l'exploitation de la main-d'œuvre concentrationnaire. Une main-d'œuvre bon marché, mise au service de l'économie nazie, et si abondante qu'on pouvait l'épuiser jusqu'à la mort.

Les candidats prendront garde au cours de leurs recherches à ne pas faire d'amalgame entre ces travailleurs prélevés dans les camps de concentration, véritables esclaves, et d'autres catégories de personnes astreintes au travail par le IIIe Reich en guerre (jeunes Français envoyés en Allemagne dans le cadre du Service du Travail Obligatoire, travailleurs forcés de l'Est de l'Europe notamment), dont les conditions de vie et d'emploi n'étaient pas comparables.

Objets d'un mépris absolu, victimes de violences extrêmes, sous-alimentés, les concentrationnaires devaient néanmoins travailler et produire. Une contradiction qui s'explique par le fait que le travail était aussi considéré par les nazis comme un moyen d'éliminer leurs adversaires, ces « sous-hommes » qu'ils avaient enfermés dans des camps.

Ce numéro « Spécial Concours » du *Patriote Résistant* donne, comme chaque année, des éléments de réflexion que les candidats devront approfondir par leurs propres recherches.

Dessin d'Henri Gayot évoquant le travail au camp de Natzweiler-Struthof.

Couverture d'un numéro du Patriote résistant, *le journal de la FNDIRP, laquelle joue depuis 1945 un rôle essentiel dans la transmission de la mémoire de la déportation. Ce numéro du* Patriote résistant *traite du Concours national de la Résistance et de la Déportation. Le ministère de l'Éducation nationale organise chaque année ce concours, créé à l'initiative des associations d'anciens résistants et déportés*

« Que les camps permettent d'administrer la preuve que les droits de l'homme sont une fiction et qu'il n'y a pas de résistant, de défenseur des libertés qui ne puisse être amené à perdre jusqu'au sens de son humanité, d'autres l'ont dit avant Georges Petit. Mais il nous fait entendre, à partir de son expérience propre, que la destruction de la personnalité de l'individu et celle du lien social sont indissociables. Le projet de briser l'individu, de faire en sorte qu'il perde la mémoire de soi, la faculté de penser […], ce projet, dans un camp de concentration où chacun vit au milieu des autres, va de pair avec celui de s'attaquer à la racine de la coexistence, de ruiner la possibilité de l'échange, de la reconnaissance mutuelle, celle-là même qui cherche encore à s'exprimer par la compassion. »

Enseigner et faire l'histoire

Voici comment Primo Levi, ancien déporté et auteur d'un magnifique livre sur son expérience, *Si c'est un homme*, expliquait en 1976 à des lycéens italiens l'importance de savoir, de comprendre et d'enseigner ce qui s'était passé. Sa pensée n'a pas vieilli :

l'importance de savoir, de comprendre et d'enseigner ce qui s'était passé

« Dans la haine nazie, il n'y a rien de rationnel : c'est une haine qui n'est pas en nous, qui est étrangère à l'homme, c'est un fruit vénéneux issu de la funeste souche du fascisme, et qui est en même temps au-dehors et au-delà du fascisme même. Nous ne pouvons pas la comprendre mais nous pouvons et nous devons comprendre d'où elle est issue, et nous tenir sur nos gardes. Si la comprendre est impossible, la connaître est nécessaire, parce que ce qui est arrivé peut recommencer, les consciences peuvent à nouveau être déviées et obscurcies : les nôtres aussi.

C'est pourquoi nous avons tous le devoir de méditer sur ce qui s'est produit. Tous nous devons savoir, ou nous souvenir, que lorsqu'ils parlaient en public, Hitler et Mussolini étaient crus, applaudis, admirés, adorés comme des dieux. […]

Il faut donc nous méfier de ceux qui cherchent à nous convaincre par d'autres voies que par la raison, autrement dit des chefs charismatiques : nous devons bien peser notre décision avant de déléguer à quelqu'un d'autre le pouvoir de juger et de vouloir à notre place. […] Il vaut mieux renoncer aux vérités révélées, même si elles nous transportent par leur simplicité et par leur éclat, même si nous les trouvons commodes parce qu'on les a gratis. Il vaut mieux se contenter d'autres vérités plus modestes et moins enthousiasmantes, de celles que l'on conquiert laborieusement, progressivement et sans brûler les étapes, par l'étude, la discussion et le raisonnement, et qui peuvent être vérifiées et démontrées.

Bien entendu, cette recette est trop simple pour pouvoir s'appliquer à tous les cas : il se peut qu'un nouveau fascisme, avec son cortège d'intolérance, d'abus et de servitude, naisse hors de notre pays et y soit importé, peut-être subrepticement et camouflé sous d'autres noms ; ou qu'il se déchaîne de l'intérieur avec une violence capable de renverser toutes les barrières. Alors, les conseils de sagesse ne servent plus, et il faut trouver la force de résister : en cela aussi, le souvenir de ce qui s'est passé au cœur de l'Europe, il n'y a pas si longtemps, peut être une aide et un avertissement. »

Qu'est ce que le négationnisme ?

Le négationnisme est une idéologie niant la réalité ou l'ampleur du génocide des juifs pendant la Seconde Guerre mondiale et l'existence des chambres à gaz. Cette idéologie existe dans de très nombreux pays, mais elle a connu en France un développement particulier.

Une question de vocabulaire

Quoique certains médias ou hommes politiques continuent d'appeler cette idéologie « révisionnisme », c'est le terme « négationnisme » (forgé par l'historien Henry Rousso) qu'il convient d'employer. En effet, l'appellation « révisionnisme » est utilisée par les négationnistes eux-mêmes et elle supposerait que ces derniers s'inscrivent dans une démarche intellectuelle acceptable cherchant à réviser des conceptions historiques incomplètes ou fausses. On sait que les historiens révisent régulièrement les conclusions de leurs prédécesseurs. Rien de tel dans la démarche des négationnistes, qui partent de l'affirmation que les chambres à gaz n'ont pas existé, pour conclure après un travail prétendument critique, qu'elles ne peuvent avoir existé ! Il ne s'agit donc pas d'un courant historique, contrairement à ce que les négationnistes ont tenté vainement de faire admettre à partir des années 1970, mais d'une construction idéologique.

Comment peut-on nier l'existence des chambres à gaz ?

Alors même qu'aucun criminel nazi n'a nié la réalité du génocide et des exécutions par gaz, les négationnistes l'ont fait. Leur position est indissociable de leur antisémitisme. Les premiers négationnistes étaient d'ailleurs issus de l'extrême-droite antisémite ayant collaboré sous l'Occupation. Ils furent rejoints par un ancien déporté venu de la gauche, Paul Rassinier, lui-même antisémite et qui peut être considéré comme le véritable fondateur du négationnisme. Mais c'est surtout à la fin des années 1970, dans un contexte de révisions de l'histoire de la Seconde Guerre mondiale, que se produit l'émergence publique du négationnisme avec l'apparition dans les médias de Robert Faurisson, universitaire spécialiste de littérature. Autour de Faurisson se trouve un petit nombre de négationnistes issus de l'extrême-droite et de l'extrême-gauche antisémite. Pour la majorité d'entre eux, le négationnisme est aussi un moyen de remettre en cause l'existence de l'État d'Israël, en considérant qu'Israël est né d'un prétendu génocide.

Les relais politiques et médiatiques du négationnisme : un écho multiplié et actuel

Peu nombreux et marginaux, les négationnistes ont pu diffuser leur idéologie lors de scandales provoqués par des prises de position en leur faveur de personnalités politiques et médiatiques connues.

Ces prises de position, qui banalisent un discours antisémite et raciste, donnent une publicité importante à un discours forgé en dehors de tout critère scientifique, souvent flou, ignorant volontairement les avancées historiques qui, depuis une trentaine d'années pourtant, ont éclairé la réalité du génocide des juifs.

Même si depuis 1990 la loi Gayssot est censée sanctionner toute contestation des crimes contre l'humanité et réprimer tout propos raciste, antisémite ou xénophobe, les prises de position négationnistes s'arrangent souvent pour rester aux limites du droit, démontrant les difficultés à faire appliquer ce texte de loi. Tribunaux et avocats ont peu de prises pour répondre aux négationnistes, et ce n'est pas là que peut s'écrire l'histoire. Quant aux historiens, malgré leurs travaux, ils ont encore aujourd'hui du mal à pouvoir nommer tous ceux que Pierre Vidal-Naquet a pourtant justement appelé « *les assassins de la mémoire* ». Un constat toujours inquiétant.

Commémorer

Depuis 1945, on se souvient de la Seconde Guerre mondiale et de ses victimes. Des lieux, des journées, des acteurs structurent la commémoration d'un événement sans précédent dans l'histoire de l'humanité.

Les principaux lieux de mémoire

Pour le souvenir de la guerre de 1914-1918, chaque commune de France possède un monument où sont inscrits les noms de tous ses « Morts pour la France ». Après 1945, on y a ajouté les noms de ceux morts durant ce second conflit mondial.
À côté de ces monuments officiels, de nombreuses plaques, stèles, etc. rappellent le courage et le sacrifice de tel ou tel résistant, la persécution à l'encontre des juifs.
Deux lieux nationaux, gérés par l'État, sont particulièrement importants pour le souvenir de la déportation : le mémorial des martyrs de la Déportation dans l'île de la Cité, à Paris, où se déroule chaque année une commémoration nationale ; le site de l'ancien camp de concentration de Natzweiler-Struthof en Alsace, où a été installé en 2005 le Centre européen du résistant déporté.

Cérémonies au mémorial de l'île de la Cité

Mais bien des lieux créés par des initiatives privées le sont aussi : l'exemple le plus significatif reste sans doute le Mémorial du martyr juif inconnu inauguré à Paris en 1957, aujourd'hui associé au Mémorial de la Shoah.

Cérémonie en 1973 devant le monument de Ravensbrück au cimetière du Père-Lachaise à Paris, où se trouvent de nombreux monuments d'amicales de camps

Cérémonie devant le Mémorial du martyr juif inconnu à Paris (aujourd'hui le Mémorial de la Shoah)

Le Mémorial national de la déportation dans l'ancien camp de Natzweiler-Struthof

Les anciens camps de concentration deviennent des lieux de commémoration. Ici, à Auschwitz, en 1955, pour le 10e anniversaire de la Libération, à une époque où le lieu est davantage le symbole d'une lutte internationale contre le fascisme que celui du génocide des juifs

Les principales journées commémoratives

En France, comme dans nombre de pays du monde occidental, la victoire et le souvenir des victimes de la Seconde Guerre mondiale sont avant tout commémorés le 8 mai. Mais, spécificité française, depuis 1954, c'est surtout la journée nationale du souvenir des victimes et des héros de la déportation, le dernier dimanche d'avril, qui est consacrée aux déportés. Depuis 1993 également, le dimanche 16 juillet, jour de la date anniversaire de la rafle du Vél' d'hiv, ou le dimanche suivant, une journée commémore les persécutions racistes et antisémites de l'État français. Depuis 2000, la commémoration rend aussi hommage aux « Justes ». Une cérémonie officielle a lieu à Paris devant le monument érigé à l'emplacement de l'ancien Vélodrome d'hiver, ainsi que dans chaque chef-lieu de département.

Les amicales, associations, fédérations et fondations

Aujourd'hui encore, des amicales de camp, des fédérations – dont la FNDIRP –, et des fondations (la Fondation pour la mémoire de la déportation, la Fondation pour la mémoire de la Shoah) préservent, entretiennent et transmettent la mémoire des déportations et du génocide, en développant tout particulièrement des actions pédagogiques et de vulgarisation. Elles se montrent également très vigilantes face à toutes les tentatives de négation ou la résurgence d'idéologies totalitaires, fascistes, racistes et antisémites. Elles diffusent les enseignements de cette tragédie humaine. Ce livre en est une illustration. Si les sociologues ont montré que toute commémoration est une préférence, le message délivré est toujours celui d'une affirmation des droits de l'homme, qu'il s'agit de défendre partout et tout le temps. ■

Bibliographie indicative

De très nombreux ouvrages ont été édités sur ce sujet. Seuls les livres en langue française – et quelques articles – ont été retenus ici. Les ouvrages de référence, les plus accessibles, ont été privilégiés ; ils doivent permettre d'accéder à des bibliographies plus complètes. Ce choix est personnel.
J'invite également le lecteur à se reporter aux différents sites internet de la Fondation pour la mémoire de la déportation, de la Fondation pour la mémoire de la Shoah et de la FNDIRP.

SYNTHÈSES SUR LE GÉNOCIDE ET SUR LE SYSTÈME CONCENTRATIONNAIRE

BÉDARIDA, François, *Le Nazisme et le génocide, histoire et enjeux*, 1989, réédition Paris, Presses Pocket, 1992.

BÉDARIDA, François (dir.), La Politique nazie d'extermination, Paris, Albin Michel, 1994.

BÉDARIDA, François, GERVEREAU Laurent, *La Déportation, le système concentrationnaire nazi*, Paris, BDIC, catalogue d'exposition, 1995.

BENSOUSSAN, Georges, *Histoire de la Shoah*, Paris, PUF, Que sais-je ?, 1996, 2007.

BILLIG, Joseph, *Les Camps de concentration dans l'économie du Reich hitlérien*, Paris, PUF, 1973.

BLATMAN, Daniel, *Les Marches de la mort. La dernière étape du génocide nazi, été 1944 – printemps 1945*, Paris, Fayard, 2009.

BRAYARD, Florent, *La « Solution finale de la question juive ». La technique, le temps et les catégories de la décision*, Paris, Fayard, 2004.

BROWNING, Christopher, *Des Hommes ordinaires : le 101e Bataillon de réserve de la police allemande et la Solution finale*, Paris, Les Belles-Lettres, 1994.

BROWNING, Christopher, *Les Origines de la Solution finale*, Paris, Les Belles-Lettres, 2007.

BURRIN, Philippe, *Hitler et les Juifs. Genèse d'un génocide*, Paris, Seuil, 1995.

CHOUMOFF, Pierre-Serge, *Les Assassinats nationaux-socialistes par gaz en territoire autrichien, 1940-1945*, Vienne, *Bundesministerium für Inneres*, 2000.

Des voix sous la cendre. Manuscrits des Sonderkommandos *d'Auschwitz-Birkenau*, Paris, Calmann-Lévy, 2005.

FRIEDLÄNDER, Saul, *Les Années de persécution. L'Allemagne nazie et les Juifs, 1933-1939*, Paris, Seuil, 1997.

FRIEDLÄNDER, Saul, *Les Années d'extermination. L'Allemagne nazie et les Juifs, 1939-1945*, Paris, Seuil, 2008.

GELLATELY, Robert, *Avec Hitler. Les Allemands et leur Führer*, Paris, Flammarion, 2003.

GILBERT, Martin, *Atlas de la Shoah*, Aix, Éditions de l'Aube, 1993.

HILBERG, Raul, *La Destruction des Juifs d'Europe*, Paris, Fayard, 1988, réédition Folio histoire, 3 vol., 2006.

HUSSON, Édouard, *Heydrich et la Solution finale*, Paris, Perrin, 2008.

KERSHAW, Ian, *Hitler, 1889-1936 : Hubris*, Paris, Flammarion, 1998.

KERSHAW, Ian, *Hitler, 1936-1945 : Némésis*, Paris, Flammarion, 2000.

KOGON, Eugen, *L'État SS, le système des camps de concentration allemands, 1947*, réédition Paris, Seuil, « Points », 1970.

KOGON, Eugen, LANGBEIN, Hermann, RÜCKERL, Adalbert, *Les Chambres à gaz, secret d'Etat*, Paris, Seuil, « Points », 2000 pour la dernière édition.

KOTEK, Joël, et RIGOULOT, Pierre, *Le Siècle des camps, détention, concentration, extermination, cent ans de mal radical*, Paris, Jean-Claude Lattès, 2000.

LE MANER, Yves, *Déportation et génocide, 1939-1945. Une tragédie européenne*, Saint-Omer, La Coupole, 2005.

MATARD-BONUCCI, Marie-Anne et LYNCH, Édouard (dir.), *La Libération des camps et le retour des déportés, L'Histoire en souffrance*, Paris, Éditions Complexe, 1995.

SÉMELIN, Jacques, *Purifier et détruire. Usages politiques des massacres et génocides*, Paris, Seuil, 2005.

SÉRENY, Gitta, *Au fond des ténèbres. De l'euthanasie à l'assassinat de masse : un examen de conscience*, Paris, Denoël, 1975.

SOFSKY, Wolfgang, *L'Organisation de la terreur*, Paris, Calmann-Lévy, Paris, 1995.

STEINBERG, Maxime, *La Persécution des Juifs en Belgique (1940-1945)*, Bruxelles, Éditions Complexe, 2004.

VOUTEY, Maurice, *Les Camps nazis. Des camps sauvages au système concentrationnaire nazi (1933-1945)*, Paris, Graphein-FNDIRP, 2000.

WORMSER-MIGOT, Olga, *Le Système concentrationnaire nazi (1933-1945)*, Paris, PUF, 1968.

MONOGRAPHIES DE CAMPS ET DE CONVOIS

BERNADAC, Christian, *Le Train de la mort*, Paris, France-Empire, 1970.

CARDON-HAMET, Claudine, *Les « 45 000 », mille otages pour Auschwitz. Le convoi du 6 juillet 1942*, Paris, Éditions Graphein, 1997 et 2000.

CARDON-HAMET, Claudine, *Triangles rouges à Auschwitz. Le convoi politique du 6 juillet 1942*, Paris, Autrement, 2005.

CLOGENSON, Henry et LE GOUPIL, Paul, *Mémorial des Français non-juifs déportés à Auschwitz, Birkenau et Monowitz. Ces 4 500 tatoués oubliés de l'Histoire*, autoédition, sd.

DELBO, Charlotte, *Le Convoi du 24 janvier*, Paris, Éditions de Minuit, 1965.

DURAND, Pierre, *Les Armes de l'espoir. Les Français à Buchenwald et à Dora*, Paris, Éd. Sociales, 1977.

FABREGUET, Michel, *Mauthausen, camp de concentration national-socialiste en Autriche rattachée (1938-1945)*, Paris, Honoré Champion, 1999.

LALIEU, Olivier, *La Zone grise, La Résistance française à Buchenwald*, Paris, Tallandier, 2005.

LE GOUPIL, Paul, TEXIER, Gigi et TEXIER, Pierre, *Bad Gandersheim, autopsie d'un* Kommando *de Buchenwald*, autoédition, 2003.

LE MANER, Yves, *Le « Train de Loos », le grand drame de la déportation dans le Nord—Pas-de-Calais*, autoédition, 2003.

POLIAKOV, Léon, *Auschwitz*, 1964, réédition Paris, Gallimard, folio histoire, 2006.

SELLIER, André, *Histoire du camp de Dora*, Paris, La Découverte, 1998 (réédition 2001).

STEEGMANN, Robert, *KL-Natzweiler et ses* Kommandos, *une nébuleuse concentrationnaire des deux côtés du Rhin, 1941-1945*, Strasbourg, La Nuée bleue, 2005.

STREBEL, Bernhard, *Ravensbrück. Un complexe concentrationnaire*, Paris, Fayard, 2005.

TILLION, Germaine, *Ravensbrück, 1973, 1988*, Paris, Seuil, coll. Points Histoire, 1997.

THIERY, Laurent, 2006, « La répression des grèves de mai-juin 1941. Le « convoi des mineurs », *in Gauheria, le passé de la Gohelle*, n° 60 et 61.

ZAMECNIK, Stanislas, *C'était ça, Dachau, 1933-1945*, Paris, Le Cherche-Midi, 2003.

RÉPRESSION ET PERSÉCUTION EN FRANCE OCCUPÉE

AZÉMA, Jean-Pierre, *De Munich à la Libération, 1938-1944*, Paris, Seuil, coll. Points Histoire, 1979, 2004.

AZÉMA, Jean-Pierre et BEDARIDA, François (dir.), *La France des années noires*, Paris, Seuil, 1990.

BERLIÈRE, Jean-Marc, 2001, *Policiers français sous l'Occupation*, Paris, Perrin, tempus, 2009.

BERLIÈRE, Jean-Marc et LIAIGRE, Franck, *Le Sang des communistes : les Bataillons de la jeunesse dans la lutte armée, automne 1941*, Paris, Fayard, 2004.

BESSE, Jean-Pierre, POUTY, Thomas, *Les Fusillés. Répression et exécutions pendant l'Occupation (1940-1944)*, Paris, L'Atelier, 2006.

DELARUE, Jacques, *Histoire de la Gestapo*, 1962, Paris, Éd. Nouveau Monde, 2008.

Fondation pour la mémoire de la déportation, *Livre-Mémorial des déportés arrêtés par mesure de répression*, Paris, Tirésias, 4 vol., 2004.

FONTAINE, Thomas, *Les Oubliés de Romainville, un camp allemand en France (1940-1944)*, Paris, Tallandier, 2005.

FONTAINE, Thomas, « Chronology of Repression and Persecution in Occupied France, 1940-44 » / « Répression et persécution en France occupée. Chronologie, 1940-1944 », *Online encyclopedia of mass violence*, www.massviolence.org, 2008.

GARNIER, Bernard, LELEU, Jean-Luc et QUELLIEN, Jean, *La Répression en France, 1940-1945, actes du colloque international de Caen, 8-10 décembre 2005*, Caen, CRHQ-Université de Caen, 2007.

HUSSER, Beate, BESSE, Jean-Pierre et LECLÈRE-ROSENZWEIG, *Françoise, Frontstalag 122, Compiègne-Royallieu. Un camp d'internement allemand dans l'Oise, 1941-1944,* Beauvais, Archives départementales de l'Oise, 2008.

KLARSFELD, Serge, *Le Mémorial de la déportation des Juifs de France,* Paris, Beate et Serge Klarsfeld, 1978.

KLARSFELD, Serge, *Le Calendrier de la persécution des Juifs de France, réédition,* Paris, Fayard, coll. « La Shoah en France », tomes 2 et 3, 2001

KLARSFELD, Serge, *Vichy-Auschwitz, 1983-1985,* Paris, Fayard, coll. « La Shoah en France », tome 1, 2001.

LA MARTINIÈRE, (de), Joseph, *Le Décret et la procédure* Nacht und Nebel *(Nuit et Brouillard),* Orléans, Impressions Boulas-Vitry, 1981.

LE MANER, Yves, THIERY, Laurent, *Fusillés et déportés du Nord—Pas-de-Calais, 1940-1945,* Lille, Éditions La Voix du Nord, collection « Les Patrimoines », 2004.

LEWY, Guenter, *La Persécution des tsiganes par les nazis,* Paris, Les Belles-Lettres, 2003.

MARCOT, François (dir.), avec la collaboration de LEROUX Bruno et LEVISSE-TOUZE, Christine, *Dictionnaire historique de la Résistance,* Paris, Robert Laffont, coll. Bouquins, 2006.

PAXTON, Robert, *La France de Vichy, 1940-1944,* Paris, Seuil, 1973.

PESCHANSKI, Denis, *Les Tsiganes en France, 1939-1946,* Paris, CNRS, 1994.

PESCHANSKI, Denis, *La France des camps,* Paris, Gallimard, 2004.

POZNANSKI, Renée, *Les Juifs en France pendant la Seconde Guerre mondiale,* Paris, Hachette Littératures, 1997.

WELLERS, Georges, *L'Étoile jaune à l'heure de Vichy. De Drancy à Auschwitz,* Paris, Fayard, 1973.

RÉFLEXIONS ET OUVRAGES SUR LA MÉMOIRE DES DÉPORTATIONS ET DU GÉNOCIDE

BENSOUSSAN, Georges, *Génocide pour mémoire,* Paris, Éditions du Félin, 1989.

BENSOUSSAN, Georges, *Auschwitz en héritage ? D'un bon usage de la mémoire,* Paris, Éditions Mille et une Nuits, 1998.

CHEROUX, Clément (dir.), *Mémoire des camps : photographies des camps de concentration et d'extermination nazis, 1933-1999,* catalogue d'exposition, Paris, Marval, 2001.

FORGES, Jean-François, *Éduquer contre Auschwitz, histoire et mémoire,* Paris, ESF éditeur, collection Pédagogie, 1997.

LAGROU, Pieter, *Mémoires patriotiques et occupation nazie. Résistants, requis et déportés en Europe occidentale, 1945-1965,* Bruxelles, Complexe, 2003.

LANZMANN, Claude, *Shoah,* le film et le texte intégral édité, Paris, Fayard, 1985.

NAMER, Gérard, *La Commémoration en France de 1945 à nos jours,* Paris, Éditions l'Harmattan, 1987.

ROUSSO, Henry, *Le Syndrome de Vichy 1944-198…,* Paris, Seuil, 1987.

SPIEGELMAN, Art, *Maus, un survivant raconte,* Paris, Flammarion, 1987.

WIEVIORKA, Annette, *Déportation et génocide, entre la mémoire et l'oubli,* Paris, Plon, 1992.

WIEVIORKA, Annette, *L'Ère du témoin,* Paris, Plon, 1998.

SUR LE NÉGATIONNISME

FRESCO, Nadine, « Négationnisme », *Encyclopædia Universalis,* 2004, disponible en ligne sur le site de « Pratiques de l'histoire et dévoiements négationnistes » : http://www.phdn.org/negation/universalis.html

IGOUNET, Valérie, *Histoire du négationnisme en France,* Paris, Seuil, 2000.

VIDAL-NAQUET, Pierre, *Les Assassins de la mémoire. « Un Eichmann de papier » et autres essais sur le révisionnisme,* Paris, La Découverte, coll. « Essais », 1991.

QUELQUES-UNS DES GRANDS TÉMOIGNAGES SUR LA DÉPORTATION

ANTELME, Robert, *L'Espèce humaine,* 1947, réédition Paris Gallimard, 1995.

DELBO, Charlotte, Auschwitz et après, 1970-1971, Paris, réédition éditions de Minuit, 1995, 3 volumes.

LEVI, Primo, *Si c'est un homme,* 1958, Paris, Julliard, 1987.

MARTIN-CHAUFFIER, Louis, *L'Homme et la Bête,* Paris, Gallimard, 1947.

MAUREL, Micheline, *Un camp très ordinaire,* Paris, Les Editions de Minuit, 1957.

MICHELET, Edmond, *Rue de la liberté,* Paris, Seuil, 1955.

MÜLLER, Filip, *Trois ans dans une chambre à gaz d'Auschwitz,* Paris, Pygmalion, 1980.

OLERE, David, *L'Œil du témoin, Neufchâtel,* The Beate Klarsfeld Foundation, 1989.

ROGERIE, André, *Vivre c'est vaincre,* Paris, Imprimerie Curial Archereau, 1946 ; réédité, Maulévrier, Hérault Éditions, 1988.

ROUSSET, David, *L'Univers concentrationnaire, 1946.* réédition Paris, Hachette, collection Pluriel, 1993.

ROUSSET, David, *Les Jours de notre mort, 1947,* réédition, Paris, Hachette Littératures, coll. Pluriel, 2005.

SEMPRUN, Jorge, *Le Grand Voyage,* Paris, Gallimard, 1963.

SEMPRUN, Jorge, *L'Écriture ou la vie,* Paris, Gallimard, 1994.

WIESEL, Elie, *La Nuit,* Paris, Éditions de Minuit, 1958.

DES RECUEILS COLLECTIFS, QUE L'ON DOIT AU TRAVAIL DES FÉDÉRATIONS ET DES AMICALES DE DÉPORTÉS

Amicale des anciens déportés et familles de disparus d'Oranienburg-Sachsenhausen, Sachso – *au cœur du système concentrationnaire nazi,* Paris, Éd. de Minuit / Plon, « Terre Humaine », 1982.

Amicale de Ravensbrück et ADIR, *Les Françaises à Ravensbrück,* Paris, Gallimard, 1965.

FNDIRP, *La Déportation, 1967,* réédition Paris, FNDIRP-Ramsay, 1995.

FNDIRP, *L'Enfer nazi,* 5 volumes écrits par Henri Alleg, Gérard Bouaziz, Ady Brille, Dominiqe Decèze, Roger Arnould, Paris, FNDIRP 1975.

FNDIRP (dir. de Jean-Pierre Vittori avec la collaboration d'Irène Michine), *Le Grand Livre des témoins,* Paris, L'Atelier, FNDIRP, 2005.

FNDIR-UNADIF, *Leçons de ténèbres, Résistants et déportés,* Paris, Plon, 1995, 2005.

POUZOL, Henri (présentée et préparée par), *Ces voix toujours présentes. Anthologie de la poésie européenne concentrationnaire,* Paris, FNDIRP-Presses universitaires de Reims, 1995.

Témoignages strasbourgeois, *De l'université aux camps de concentration, publication de la Faculté des lettres de l'université de Strasbourg,* Paris, Les Belles-Lettres, 1947.

WORMSER, Olga et MICHEL, Henri (textes choisis et présentés par), *Tragédie de la déportation, 1940-1945, Témoignages de survivants des camps de concentration allemands,* Paris, Hachette, 1954.

Crédits

Agence France Presse, Paris : 8.

Amicale des anciens déportés de Mauthausen, Paris : 71.

Archives personnelles de Pierre-Serge Choumoff, Paris : 92, 122b, 123b.

Archives personnelles de Paul Le Goupil, Valcanville (Manche) : 16, 68.

Association Mémoires d'Humanité, Paris : 141.

Bundesarchiv, Berlin : 88.

Fédération nationale des déportés et internés, résistants et patriotes (FNDIRP), Paris : 11, 17, 18h, 18bg, 19, 20, 24, 27, 28, 29, 30, 34, 44, 46, 47, 48, 49, 51, 52, 53, 55h, 56b (extrait du recueil de dessins d'André Gayot, *Le Struthof Natzwiller,* s.d.), 62h, 64, 69, 81d, 82h, 83, 89, 94, 96d, 97, 100bd, 101, 103, 105, 109b, 120, 121, 122h, 123h, 124, 125, 127, 129b, 130, 131, 132g, 135, 136, 139, 140.

Hessisches Hauptstaatsarchiv, Wiesbaden : 33b

Imperial War Museum, Londres : 18bd.

La Coupole, Centre d'histoire et de mémoire du Nord–Pas-de-Calais, Saint-Omer : pour les cartes réalisées par Yves Le Maner et André Sellier p. 10, 12, 13, 54, 58 ; les plans du camp de Buchenwald (p. 55), du centre d'extermination de Treblinka (p. 60), du complexe concentrationnaire d'Auschwitz-Birkenau (p. 61) ; les dessins de René Souquet (70) ; l'affiche annonçant la condamnation à mort de Blanche Paugam (82b).

Mémorial de la Shoah / Centre de Documentation Juive Contemporaine (CDJC), Paris : 23, 36, 37, 38, 40, 63, 91h, 132d.

Musée de la Résistance nationale (MRN), Champigny-sur-Marne : 75, 80, 81g, 84, 85, 90, 96g, 100bg, 108, 109h, 110, 112, 113, 129h.

Musée de la Résistance et de la Déportation de Besançon, collection Léon Delarbre : 14, 15.

Musée d'Etat d'Auschwitz-Birkenau, Oswiecim : 33h, 93.

National Archives, Washington : 18 milieu-droit, 41, 126.

Service historique de la Défense, Bureau des archives des victimes des conflits contemporains, Caen : 86, 87, 91b, 98, 99, 100h, 106, 107.

Yad Vashem Art Museum, Jérusalem, collection Thomas Geve : 56h (*Desenfektion,* 1945), 57 (*Auschwitzer A, B, C,* 1945), 62b (*An der Rampe,* 1945).

Pour les extraits d'ouvrages, se référer aux mentions indiquées en bibliographie (p.142-143).

Les cartes concernant la France occupée et annexée ont été réalisées par Hélène Renauld et Thomas Fontaine. Celle sur le Nord–Pas-de-Calais l'a été en collaboration avec Laurent Thiery, celle sur l'Alsace-Moselle annexée avec le concours de Cédric Neveu.

Achevé d'imprimer en juin 2015 par l'imprimerie Soregraph à Nanterre (Hauts-de-Seine).
Dépôt légal : mai 2009
N° d'impression : 14543